法|学|研|究|文|丛
——知识产权法——

人工智能生成内容的著作权法律问题研究
以人本主义为视角

游凯杰 ● 著

知识产权出版社
全国百佳图书出版单位
—北京—

图书在版编目（CIP）数据

人工智能生成内容的著作权法律问题研究：以人本主义为视角/游凯杰著. —北京：知识产权出版社，2024.1
ISBN 978-7-5130-8625-7

Ⅰ.①人… Ⅱ.①游… Ⅲ.①著作权法—研究—中国 Ⅳ.①D923.414

中国国家版本馆 CIP 数据核字（2023）第 002793 号

内容提要

本书以问题为导向，围绕人工智能是否可以成为或视为作者、人工智能生成内容是否可以被定性为作品这两大问题展开研究。在面对和解决这些问题时，本书以"人本主义"为指导思想，以"层层深化"为研究路径，以"先破后立"为论证方法，从反面证否了人工智能生成内容在著作权上的法律地位，再从正面证成了以广义邻接权保护人工智能生成内容的适当性。

责任编辑：王玉茂　章鹿野　　　　责任校对：王　岩
封面设计：智兴设计室　　　　　　责任印制：刘译文

人工智能生成内容的著作权法律问题研究：
以人本主义为视角

游凯杰　著

出版发行：	知识产权出版社有限责任公司	网　　址：	http://www.ipph.cn
社　　址：	北京市海淀区气象路 50 号院	邮　　编：	100081
责编电话：	010-82000860 转 8541	责编邮箱：	wangyumao@cnipr.com
发行电话：	010-82000860 转 8101/8102	发行传真：	010-82000893/82005070/82000270
印　　刷：	北京建宏印刷有限公司	经　　销：	新华书店、各大网上书店及相关专业书店
开　　本：	880mm×1230mm　1/32	印　　张：	10.375
版　　次：	2024 年 1 月第 1 版	印　　次：	2024 年 1 月第 1 次印刷
字　　数：	250 千字	定　　价：	80.00 元
ISBN 978-7-5130-8625-7			

出版权专有　侵权必究
如有印装质量问题，本社负责调换。

序　言

　　当前人工智能技术飞速发展，深刻改变着人们的生活和社会的发展，例如人工智能生成内容已经渗透到文学、音乐等各个领域。我们不禁要问：在这个担心人工智能取代人类、威胁人类生存的时代，人工智能生成内容是否应该受到著作权保护？如何保护？其理论逻辑是什么？对于这些问题，学术界和实务界一直存在争议。在游凯杰博士的著作《人工智能生成内容的著作权法律问题研究：以人本主义为视角》中，她以独到的视角、翔实的经验材料验证和扎实的理论逻辑推理，深入地探讨了这些备受关注的问题。本书有以下三大特色。

　　首先是本书独特的人本主义视角。游凯杰博士敏锐地捕捉到人工智能技术发展中与人类生存发展的张力关系，在本书中从人本主义这一独特视角出发，对人工智能生成内容的著作权保护问题进行了深入研究。这种前沿的视角突出了社会伦理在当前人工智能技术发展中的重要性。人本主义视角将人的尊严和价值置于首位，强调人的独特主体地位、自主权、尊严和个体权利。这具有为人类新时代科技发展"立心"的意涵。她更深层次地追问：知识产权保护固然是为了促进创新，那么，创新又是为了什么？从人本主义的角度出发，游凯杰博士关注并分析了人工智能生成内容的著作权保护问题，着重考虑了人工智能技术对人类创作者权益、人类创造力和社会价值的影响。这种独特视角的选择，使得该著作在众多相关研究中独树一帜。

其次是本书的观点独到而新颖。在本书中，游凯杰博士提出了以人本主义为基础的著作权保护模式，旨在平衡人工智能的拥有者、使用者和人类创作者的权益。她认为，人工智能生成内容虽然缺乏人类的创作意图和情感，但具备一定的准财产属性和类作品属性，应当享有邻接权保护。这种观点的提出，对于我们重新思考智能创作、著作权保护和创新发展具有重要意义。通过游凯杰博士对人本主义视角下的著作权保护问题深入剖析，我们可以更好地思考如何应对当前人工智能技术带来的伦理和法律挑战。

最后是本书展示了作者扎实的理论基础和深入的分析。她在书中充分调研了相关的法律法规、学术理论和案例，深入剖析了人工智能生成内容的权利归属、保护模式、生成过程中的著作权侵权等核心问题。通过对现有理论的批判性评估和对实践案例的深入分析，她提出了具有指导意义的理论框架和解决方案。这种理论的扎实性和分析的深入程度，使得本书不仅具备学术价值，更具有实践指导意义，有利于推动人工智能与著作权法律的良性融合，可为创造一个以人为本的公平、安全、创新和繁荣的智能社会作出积极的贡献。

总之，游凯杰博士的《人工智能生成内容的著作权法律问题研究：以人本主义为视角》是一本对著作权法律研究具有前沿视角、观点新颖和深入分析的佳作。我相信，本书将为学术界、法律界和相关领域的从业者提供一定的借鉴和启发。

厦门大学知识产权研究院院长
林秀芹
2023 年 7 月 22 日

前　言

　　法律是主体化的制度，它调整的是人与人之间的关系。因此，法律问题的研究必须以"人"为中心、为根本、为归宿。本书以问题为导向，围绕人工智能（artificial intelligence，AI）是否可以成为或视为作者、人工智能生成内容是否可以被定性为作品两大问题展开；以人本主义为主线，在人工智能作为著作权主体的适格性分析和人工智能生成内容作为著作权客体的适格性分析中都贯穿了"以人为本"的思想；以"层层深化"为研究路径，沿着"哲学—法学—著作权法"的路径逐层、逐步地展开研究；以"先破后立"为论证方法，先从反面证否了人工智能生成内容在著作权上的法律地位，再从正面证成了以广义邻接权保护人工智能生成内容的适当性。

　　人工智能是模仿、延伸和拓展人的思维过程和行为的技术。人工智能生成内容是人工智能在数据和算法的助力下，脱离人类的预设，自动生成的信息符号组合。人工智能生成内容的出现,引出了关于"人工智能是否可以成为或视为作者",以及"人工智能生成内容是否可以被定性为作品"的激烈争论。

人工智能生成内容的著作权法律问题不仅涉及利益的考量,而且关乎价值的取向。以功能主义还是本质主义为进路,将会得出关于该问题截然不同的答案。实质上,法律并不纯粹是工具理性。在研究法律问题时,研究者们还应抛开"功利、算计和预期的关怀",从"法律的本质是什么"出发,展开更深层次的研究。笔者认为,人工智能生成内容的著作权法律问题之研究应以人本主义法律观为指导思想。这是因为,"人本"价值是著作权的根本价值,其不仅是著作权的正当性缘起,而且是著作权的意蕴和旨归;"人本"价值还是研究人工智能法律问题的目标和底线,是指引和保证人工智能技术朝着为人类福祉服务方向发展的风向标和护盾。

关于"人工智能是否可以成为或视为作者"的问题,涉及哲学层面、法学层面和著作权法层面的追问。在哲学层面,人作为哲学上的主体,具有一种能够超出自身去设定秩序、构造客体的能动性,以及推动生产力和生产关系之间矛盾运动的主体性。人工智能虽具有"类人"属性,但其不具有人类的自然属性、精神属性以及社会属性,因此人工智能与人类之间有着无法跨越的鸿沟。在法学层面,主体包括具有生命的自然人和不具有生命的以法人为代表的非自然人拟制主体。由于人工智能既不具备自然人主体的权利能力、行为能力和责任能力,也不具备通过拟制成为法律主体的价值契机,因此,人工智能难以通过确认或拟制成为法律上的主体。在著作权法层面,主体包括作者和"视为作者"。其一,因为人工智能无法形成主观世界、不具有创作意图和代表创造力的直觉思维，其"创作"与人类的创作存在"质"的区别，所以人工智能不能成为作者；其二，因为人工智能没有私法主体地位，所以人工智能也不能被视为作者或视为职务作品或雇佣作品中的职员或雇员。

关于"人工智能生成内容是否可以被定性为作品"的问题，也存在哲学—法学—著作权法三个层面的论证。在哲学层面，精神客体是一种与主体成"偏正关系"的客体。在"偏正关系"下，客体以主体为中心，为基础，客体映射着主体的作用力，渗透着主体的本质力量，实现着自身的主体（人）化，客体成了主体内在本质力量的物化和凝结。人工智能生成内容虽然具有准财产属性和"类作品"属性，但其不是经由创作者"主观世界"的表达，只有作品之"形"而无作品之"实"，不构成哲学上的作品。在法学层面，由于历史的原因，人们形成了在物化和权利两种思维下解读法学客体的思维模式。物化思维是一种直观的思维，考察的是"人－物"之间的关系。在物化思维下，法学客体是权利所指向的客观、具体、实在的对象。权利思维是一种抽象的思维，考察的是"人－人"之间的关系。在权利思维下，权利客体是权利上的利益与价值的承载和浓缩，其对权利具有指向和说明作用。换言之，权利客体是权利的外在载体。只有从物化思维转向权利思维，对法学客体的解读才能从"物本主义"回归"人本主义"。在著作权法层面，由于价值理念的不同，英美法系的版权（copyright）体系和大陆法系的作者权（author's right）体系对"独创性"的要求不同，因此本书在英美法系语境下使用"版权"，在大陆法系语境下使用"著作权"。在作者权体系下，著作权客体是承载了作者的意志、人类稀缺的创造性以及人类的尊严、自由等人本价值的智力成果。由于人工智能生成内容无法通过"独创性"的验证，也无法承载和凝结著作权最核心的价值——人本价值，因此，人工智能生成内容不能被定性为作品。

对人工智能生成内容的保护应坚持以"人"为本原则。换言之，对人工智能生成内容的保护应与人类作品区别对待，并弱于人类作品。在该原则下，对人工智能生成内容的法律保护有反不正当竞争法保护路径、技术措施保护路径、民法孳息保护路径、单独立法保护路径和邻接权保护路径。经论证，以广义邻接权保护人工智能生成内容在我国最为合理、可行。对于人工智能生成内容邻接权制度的具体安排，应设置人工智能生成内容的保护条件、保护期限以及权利归属等规则，以此达到人工智能生成内容的权利人之间、权利人与公众之间的利益平衡。

在人工智能"创作"的过程中，需要获取和使用大量资料，其中不乏在著作权保护期内受著作权法保护的作品。人工智能对这些作品的获取和使用是否构成侵权？是否可以适用合理使用或法定许可等著作权限制与例外制度对其予以豁免？这是人工智能"创作"对著作权法律制度提出的新的挑战。在面对和解决这些问题时，也应以"人本主义"为指导思想——在尊重和保障著作权人权益的基础上，再兼顾人工智能技术的开发和使用，而不能让著作权人的权益完全让渡于人工智能"创作"的开发与利用。

目录
CONTENTS

绪 论 ‖ 001
　一、引 言 / 001
　二、国内外研究现状 / 008
　三、研究方法 / 024
　四、创新点 / 025

第一章　人工智能生成内容概述及其著作权法律问题的提出 ‖ 027
　第一节　人工智能的定义和特征 / 028
　　一、人工智能的定义 / 028
　　二、人工智能的特征 / 031
　第二节　人工智能生成内容的产出过程、机理和概念界定 / 033
　　一、人工智能生成内容的产出过程 / 033
　　二、人工智能生成内容的产出机理 / 035
　　三、人工智能生成内容的概念界定 / 039

第三节 人工智能生成内容著作权法律问题的提出 / 043
一、人工智能的主体资格问题 / 044
二、人工智能生成内容的定性问题 / 052
三、人工智能生成内容的法律保护模式问题 / 056
四、涉人工智能"创作"的著作权侵权问题 / 059

本章小结 / 060

第二章 以人本主义法律观指导人工智能生成内容著作权法律问题的意义 ‖ 063

第一节 人本主义法律观的基础理论 / 064
一、人本主义思想的历史演进 / 064
二、人本主义之"人""本"解读 / 069
三、人本主义法律观的内涵 / 071

第二节 人工智能生成内容著作权法律问题的考量维度 / 076
一、人工智能生成内容的著作权法律问题涉及利益分配 / 077
二、人工智能生成内容的著作权法律问题更关乎价值取向 / 078

第三节 "人本"价值是著作权的正当性缘起、意蕴和旨归 / 080
一、"人本"价值是著作权的正当性缘起 / 081
二、"人本"价值是著作权的意蕴和旨归 / 084

第四节 "人本"价值：研究人工智能生成内容著作权法律问题的目标和底线 / 089
一、"人本"价值是研究人工智能生成内容著作权法律问题的目标 / 090

二、"人本"价值是研究人工智能生成内容著作权
　　法律问题的底线 / 091
本章小结 / 095

第三章　人本主义视角下人工智能作为著作权主体的适格性分析 ‖ 097

第一节　哲学层面的主体 / 097
　一、传统哲学对主体的发现 / 098
　二、马克思主义哲学对主体的发现 / 104
　三、小结 / 107
第二节　法学层面的主体 / 108
　一、自然人 / 108
　二、非自然人 / 118
　三、小结 / 127
第三节　著作权法层面的主体 / 127
　一、作者 / 128
　二、"视为作者" / 133
　三、小结 / 136
第四节　人工智能作为著作权主体的适格性分析 / 136
　一、人工智能的"类人"属性 / 137
　二、人工智能不具备哲学层面主体的属性 / 138
　三、人工智能不符合法学层面主体的资格与能力 / 142
　四、人工智能不能成为或视为著作权法层面的作者 / 153
本章小结 / 159

第四章 人本主义视角下人工智能生成内容作为著作权客体的适格性分析 ‖ 163

第一节 哲学层面的客体 / 164
一、与主体成"互渗关系"的客体 / 165
二、与主体成"相对关系"的客体 / 166
三、与主体成"偏正关系"的客体 / 167
四、小结 / 169

第二节 法学层面的客体 / 169
一、法学客体的历史之维 / 170
二、法学客体的逻辑之维 / 179
三、小结 / 190

第三节 著作权法层面的客体 / 191
一、著作权客体的历史之维 / 192
二、著作权客体的逻辑之维 / 197
三、小结 / 204

第四节 人工智能生成内容作为著作权客体的适格性分析 / 205
一、人工智能生成内容的准财产属性和"类作品"属性 / 206
二、人工智能生成内容不构成哲学层面的作品 / 207
三、人工智能生成内容不构成著作权法层面的作品 / 213

本章小结 / 216

第五章 人本主义视角下人工智能生成内容的法律保护模式 ‖ 218
第一节 人本主义视角下人工智能生成内容的

法律保护原则 / 219

　一、"分而治之"原则 / 220

　二、"弱保护"原则 / 221

第二节　人工智能生成内容的法律保护路径探讨 / 222

　一、人工智能生成内容的反不正当竞争法保护

　　　路径及其评析 / 222

　二、人工智能生成内容的技术措施保护路径及其评析 / 224

　三、人工智能生成内容的民法孳息保护路径及其评析 / 226

　四、人工智能生成内容的单独立法保护路径及其评析 / 228

　五、人工智能生成内容的邻接权保护路径及其评析 / 229

第三节　人工智能生成内容纳入广义邻接权保护范畴的

　　　　可行性 / 231

　一、传统邻接权表现为"作品传播者权"

　　　具有历史偶然性 / 231

　二、邻接权呈扩张之态 / 235

　三、邻接权与"原始作品"以及"传播"的

　　　关联逐渐淡化 / 238

　四、邻接权客体"无独创性"以及"与作品

　　　（或作品相近信息）相关"的特性越发凸显 / 240

　五、人工智能生成内容与广义邻接权相适应 / 243

第四节　人工智能生成内容邻接权保护的具体安排 / 248

　一、人工智能生成内容的保护条件 / 249

　二、人工智能生成内容的保护期限 / 252

　三、人工智能生成内容的权利归属 / 254

本章小结 / 264

第六章 人本主义视角下人工智能"创作"的著作权侵权问题 ‖ 267

第一节 人工智能"创作"的著作权侵权问题之提出 / 267
一、文本数据获取阶段的著作权侵权问题 / 268
二、数据训练阶段的著作权侵权问题 / 269
三、人工智能内容生成阶段的著作权侵权问题 / 272

第二节 人工智能"创作"的著作权侵权问题之困境 / 273
一、既有的利益平衡将被打破 / 273
二、侵权与侵权例外的判定更为复杂 / 275

第三节 人工智能"创作"的著作权侵权问题之出路 / 277
一、文本数据获取阶段著作权侵权问题的出路 / 278
二、数据训练阶段著作权侵权问题的出路 / 281
三、人工智能内容生成阶段著作权侵权问题的出路 / 284

本章小结 / 287

参考文献 ‖ 290

后 记 ‖ 314

绪 论

一、引 言

法律制度总是应现实的需要而产生和变革。回顾历史，著作权法律制度似乎一路追随着技术发展的脚步而前进。如今，人工智能技术正在掀起新一轮的科技革命，其对社会伦理、法律制度等方面将带来不可估量的影响。具体到著作权法领域，人工智能对著作权法上的"作者"和"作品"概念带来了冲击。在理论界，引发了一场"人工智能是否可以成为或视为作者"以及"人工智能生成内容是否可以构成作品"的激烈争论；在实务界，涉人工智能生成内容的著作权侵权纠纷业已发生。

（一）问题的起源

1. 科技的挑战

作品保护制度与作品传播技术有着如影随形般的关系，其萌芽、诞生与扩张很大程度上起因于历史进程中作品传播技术的变革。由表 1-1 可知，作品保护制度发展的每一步都与作品传播技术的发展与应用密切相连。

表 1-1 作品保护制度诞生、扩张与作品传播技术发展的时间关系[1]

传播技术	应用时间	作品保护制度诞生、扩张时间	相隔时间
雕版印刷	953 年	1068 年中国最早的刻印出版专有权诞生	115 年
活字印刷	1450 年	1469 年意大利首个保护翻印令诞生	19 年
		1710 年《安娜女王法令》诞生	260 年
八音盒	19 世纪上半叶	1908 年《保护文学和艺术作品伯尔尼公约》（以下简称《伯尔尼公约》）确立音乐机械复制权	大约 70 年
录音机	1936 年	1961 年《保护表演者、录音制品制作者和广播组织罗马公约》（以下简称《罗马公约》）设立表演者权与录音制作者权	25 年
广播	1920 年	1961 年《罗马公约》正式确立广播组织权	41 年
互联网	1981 年	1996 年"互联网条约"（即《世界知识产权组织版权条约》和《世界知识产权组织表演和录音制品条约》）确立向公众提供权等	15 年

历史虽然已成为过去，却暗藏着通往未来的道路。随着新的科学与技术的到来，著作权制度也将再次发生变革。

1950 年，艾伦·图灵大胆地预测了 21 世纪将会迎来机器智

---

[1] 刘铁光. 论著作权权项配置中兜底条款的废除：以著作权与传播技术发展的时间规律为中心 [J]. 政治与法律，2012（8）：115.

能时代。❶ 1956 年，人工智能这一概念在美国的达特茅斯会议上被提出。❷ 经过六七十年的研究与发展，人工智能已不再只是时代先行者们脑海中的一种设想。随着以大数据（big data）为基础的机器学习（machine learning）技术的突破，人工智能终于迎来了爆发式的发展。

如今，人工智能已广泛应用到生活、生产中的各个领域，如交通、家居、医疗、安防、零售、金融等。在文化领域，人工智能的表现也毫不逊色。例如，我国互联网公司研发的一套基于数据和算法的智能写作辅助系统智能新闻写作机器人（Dreamwriter）已投入使用❸，世界上第一张由作曲机器人（Amper）制作的专辑问世❹，由微软人工智能（小冰）生成的诗集正式出版❺，日本名古屋大学研发的机器人（有岭雷太）编写的小说入围日本文学奖❻，一个名为"下一个伦勃朗"（The Next Rembrandt）

---

❶ TURING A M. Computing machinery and intelligence [J]. Mind, 1950, 59 (236)：433–460.
❷ 蔡斯. 人工智革命：超级智能时代的人类命运 [M]. 张尧然, 译. 北京：机械工业出版社, 2017：10–68.
❸ 任翀. 腾讯财经开发自动化新闻写作机器人 Dreamwriter [EB/OL]. (2015–09–11) [2020–05–20]. http：//www.cac.gov.cn/2015–09/11/c_1116532821.htm.
❹ 邬楚钰. 世界上第一张由 AI 制作的专辑诞生了，人工智能真的会取代人类吗？[EB/OL]. (2017–08–24) [2020–05–20]. https：//www.sohu.com/a/167047076_109401.
❺ 佚名. 微软（亚洲）互联网工程院微软小冰诗集《阳光失了玻璃窗》[EB/OL]. (2017–05–22) [2020–05–20]. http：//www.xinhuanet.com/fashion/2017–05/22/c_1121012177.htm.
❻ 佚名. 机器人写的小说入围日本文学奖 由人设定故事梗概 [EB/OL]. (2016–03–25) [2020–05–20]. http：//www.chinawriter.com.cn/news/2016/2016–03–25/268361.html.

的绘画软件生成了具有伦勃朗风格的新画作❶，好莱坞的超级计算机（IBM Watson）制作了福克斯电影（Morgan）的预告片❷。

人工智能似乎开始入侵人类创作的专属领地，攻占人类智慧的最后堡垒。随着深度学习（deep learning）技术的发展，人工智能对人的依赖性不断下降，对其生成内容的自主性大幅提升。并且，人工智能生成的内容，从外观上较之人类创作的作品，已无较大区别。

技术的进步带领我们从"互联网+"时代走向"人工智能+"时代。人工智能已经成为未来新一轮科技革命的引擎。这一技术在改变人类现存生活和生产方式的同时，也将在伦理、法律等方面挑战人类社会的既存规则。随着人工智能系统的强大，越来越多的人工智能系统可以协助或替代人类进行劳动或生产。当人工智能自动生成的内容与人类作品从外观上无法区分并具备了市场价值时，人类不得不面对以下问题：人工智能是否会对"作者"的概念造成冲击，其是否可以成为或视为作者？人工智能自动生成的内容是否会对"作品"的概念造成冲击，其是否可以被定性为著作权法保护下的作品？若以上答案是否定的，人工智能自动生成的内容是否能受到法律的保护？应采用何种保护模式？权利应归属于谁？

人工智能的飞速发展及其对法律制度的冲击是一个客观现实。面对这个客观现实，并对其作出合理的预见性制度安排极为

---

❶ 佚名. 下一个伦勃朗：又一个机器仿制大师画作的项目［EB/OL］.（2016-04-11）［2020-05-20］. https：//www.sohu.com/a/68645978_115640.

❷ THOMPSON C. What is I. B. M's watson？［EB/OL］.（2010-07-01）［2020-05-20］. http：//www.nytimes.com/2010/07/04/magazine/04Letters-t.html.

必要。不论是基于法律理论的完善、司法实践的需要，还是产业的良性发展，都需要对人工智能生成内容在著作权法上的地位作出回应。

2. 现实的纠纷

人工智能生成内容的著作权法律问题并非虚无缥缈的空中楼阁。其实，在现实中，涉人工智能生成内容的著作权侵权纠纷业已发生。

（1）菲林律所诉百度网讯案❶

在北京菲林律师事务所（以下简称"菲林律所"）诉北京百度网讯科技有限公司（以下简称"百度网讯"）案中，原告和被告针对原告利用法律统计数据分析软件生成的报告是否构成著作权法保护范围的作品、原告是否为适格的权利主体产生了争议。

在该案中，法院认为分析报告系程序利用输入的关键词与算法、规则和模型生成，而非自然人创作，因而分析报告不是著作权法上的作品。但法院又补充道，这并不意味着该分析报告可以随意流入公共领域被自由利用。法院肯定了程序开发者和使用者的付出，以及分析报告的传播和使用价值，认为如果不对付出者的权益予以合理保护，将不利于其付出成果的传播和使用。鉴于开发者的付出可通过收取使用费等渠道获得补偿和回报，以及分析报告系使用者依照自己需要进行设置而生成的，使用者应当被授予相关权益。法院还认为，虽然使用者不能以作者的名义署名，但是为了保护自身合法权益以及公众的知悉权，其可以通过其他途径对其拥有相关权益进行表示或说明。

---

❶ 参见北京互联网法院（2018）京0491民初239号民事判决书。该案涉及了署名权、保护作品完整权和信息网络传播权。

（2）腾讯诉盈讯科技案❶

在深圳市腾讯计算机系统有限公司（以下简称"腾讯"）诉上海盈讯科技有限公司（以下简称"盈讯科技"）案中，涉案文章是由 Dreamwriter 自动生成，被告未经原告许可，在其经营的网站上转载、公开了该涉案文章。

在该案中，深圳市南山区人民法院认为，该文章是原告的法人作品，理由是虽然该文章是由 Dreamwriter 直接生成，但在软件的背后，有着原告的多个团队支撑，原告的相关人员在数据输入、条件设置、风格取舍等方面都进行了具有独创性的选择和安排，这些与整个文章的具体表达之间有着直接的、无法分割的关联。与普通文字作品创作过程的不同之处在于，原告主创团队为涉案文章生成作出的相关选择与安排，和文章的事实"创作"之间存在时间差，但这种时间差是由创作技术或工具的性质所造成的。基于文章具备一定的独创性，其属于作品的范畴。而被告未经许可的转载、公开行为，属于侵权行为。此外，法院还肯定了原告的主体适格性，其认为，文章是在原告组织下完成的法人作品，是原告集体智慧的结晶，因此，原告享有提起诉讼的权利。

（3）对两个案件的评析

在菲林律所诉百度网讯案中，法院一方面认定了程序自动生成的报告不是作品，不产生著作权；另一方面肯定了投入者的付出、分析报告的价值，以及软件使用者享有的相关权益。但对于软件使用者享有的是何种相关权益，法院未作解释。因而，笔者

---

❶ 参见深圳市南山区人民法院（2019）粤 0305 民初 14010 号民事判决书。

认为，法院在该案中认定被告侵犯了原告的署名权和信息网络传播权是于法无据的。

在腾讯诉盈讯科技案中，法院将软件自动生成的成果完全等同于人类创作的作品，这种做法既无在先案例，也无充分的学理论证过程。因此，该份判决在公开之后，招致了不少来自学界的抨击。

第一个案件看似前后矛盾，并且其判决于法无据，第二个案件直接将人工智能生成内容等同于人类作品，两个案件实际上都是由法律上的空白和学理上深度论证的缺乏所导致。因此，有必要对人工智能生成内容的著作权法律问题展开深度的研究。

（二）研究的意义

1. 理论意义

人工智能技术将挑战传统著作权法律制度的理论预设和基础架构。本书对立法者而言，可以为著作权法律制度如何应对人工智能技术的到来提供有力的理论支撑；对司法者而言，可以为处理人工智能技术背景下出现的著作权法律纠纷提供富有价值的参考。因此，深入研究著作权法律制度在人工智能技术背景下的应对路径，具有重大的理论价值。

2. 实践意义

2021年9月，中共中央、国务院印发了《知识产权强国建设纲要（2021—2035年）》，说明我国正在向创新型国家迈进。著作权法律制度是知识产权制度的三大支柱之一，是这一战略的核心组成部分。人工智能是未来新一轮科技变革的着力点，是一片蕴藏无限生机和可能的新蓝海。因此，在新技术不断变革、国际竞争日益激烈的时代背景下，研究人工智能技术对著作权法律制度带来的影响并解决著作权法律制度可能面临的问题，具有重要的实践意义。

二、国内外研究现状

近几年，关于"人工智能是否享有法律上的主体资格，进而是否可以成为或视为作者"以及"人工智能生成内容是否可以被定性为作品"的研究和争论开展得如火如荼。通过对已有文献的分析可以发现，肯定派和否定派之间的分歧主要源自研究进路的不同：肯定派学者以功能主义为研究进路，认为法律只是一种用来解决社会现实问题的制度工具，如果存在现实需要，可以将人工智能拟制为法律主体，或将其生成内容纳入作品范畴；而否定派学者则以本质主义为研究进路，认为法律是价值理性和工具理性之统一，人工智能是否可以被拟制为法律主体，或者人工智能生成内容是否可以被定性为作品，要对"人工智能生成内容是否与法之精神、法之本质相适应"进行追问。

（一）关于"人工智能是否享有法律上的主体资格，进而是否可以成为或视为作者"

对于人工智能是否具备法律上的主体资格，分为肯定派和否定派。

1. 肯定派

有学者认为，除了将计算机拟制为"虚构作者"，其他方法都只是一种权宜之计。其认为，由于人工智能生成内容是在人工智能和人类的合作之下完成的，因此可以将人工智能和人类视为人工智能生成内容的共同作者。[1] 著作权法上的作者必须具有其创作能够在读者或观众中产生心理效果或影响的意图。[2] 袁曾认为人工智能具有有限的行为能力和责任能力,可以拥有有限的法律人格。[3] 通过考察法律人格的历史演进,袁曾还认为,法律人格的确认或拟制,是法律为了解决实际问题而作出的一种功能性安排。[4] 也有学者认为,可以将人工智能视为人类的雇员,而人类则被视为人工智能的雇主。[5] 具有独立创造力的人工智能与作为"惰性工具"的人工智能之间具有很大的不同。必须基于创作或创造的事实以及因果的逻辑关系,将具有独立创造力的人工智能系统视为作者或发明者。用户由于所作贡献太少,不能被视为作者;而程序员由于无法预知、预见产生的结果,也不能被视为作者。[6] 人工智能固定了作品,其应成为人工智能生成作品的合作作者(joint authors)。[7]

李伟民认为,不能绕开人工智能的作者身份问题而直奔人工

---

[1] BUTLER T L. Can a computer be an author – copyright aspects of artificial intelligence [J]. Hastings Communications and Entertainment Law Journal, 1982, 4 (4): 707 – 748.

[2] BUCCAFUSCO C. A theory of copyright authorship [J]. Virginia Law Review, 2016, 102 (5): 1229 – 1296.

[3] 袁曾. 人工智能有限法律人格审视 [J]. 东方法学, 2017 (5): 50 – 57.

[4] 袁曾. 基于功能性视角的人工智能法律人格再审视 [J]. 上海大学学报(社会科学版), 2020, 37 (1): 16 – 26.

[5] HRISTOV K. Artificial intelligence and the copyright dilemma [J]. The Journal of the Franklin Pierce Center for Intellectual Property, 2017, 57 (3): 431 – 454.

[6] PEARLMAN R. Recognizing artificial intelligence (AI) as authors and investors under U. S. intellectual property law [J]. Richmond Journal of Law & Technology, 2018, 24 (2): i – 38.

[7] Grubow J V. O. K. computer: the devolution of human creativity and granting musical copyrights to artificially intelligent joint authors [J]. Cardozo Law Review, 2018, 40 (1): 387 – 424.

智能生成内容的归属问题。先有作者后有作品，才是基本的逻辑。其认为可以通过法律拟制的方法，将人工智能拟制为事实上的作者，人工智能的操纵者被视为法律上的作者。[1] 李伟民认为，在著作权法中，法律已将不具有生命的法人以及其他组织"视为作者"，因而即使人工智能没有生命，其也可以被"视为作者"。[2] 刘云认为，在功能主义视角下，人工智能法律人格的设立具有多方面的需求，包括明确侵权责任、塑造权利能力和行为能力以及构建社会治理新范式。是以，不能简单排除人工智能具有法律人格之可能。[3]

2. 否定派

有学者认为，可以参照雇佣作品中的雇佣原则，将程序员视为雇主和法律上的作者。如此，可以绕开著作权法无法对机器产生激励的问题。[4] 熊琦认为，由于不可颠覆私法上主体、客体不得互换的基本原理以及著作权法激励"理性人"的基本预设，因此人工智能不能被视为作者。[5] 吴汉东认为，人工智能虽然具有一定的"智性"，但不具有人类独有的"心性"和"灵性"。法律人格的核心要义是意志能力，人工智能不具有生命，也不能与具有独立意志的自然人以及作为自然人之集合的法人相提并

---

[1] 李伟民. 职务作品制度重构与人工智能作品著作权归属路径选择 [J]. 法学评论, 2020, 38 (3): 108-124.

[2] 李伟民. 人工智能智力成果在著作权法的正确定性：与王迁教授商榷 [J]. 东方法学, 2018 (3): 149-160.

[3] 刘云. 论人工智能的法律人格制度需求与多层应对 [J]. 东方法学, 2021 (1): 61-73.

[4] BRIDY A. Coding creativity: copyright and the artificially intelligent author [J]. Stanford Technology Law Review, 2012 (5): 1-28.

[5] 熊琦. 人工智能生成内容的著作权认定 [J]. 知识产权, 2017 (3): 3-8.

论。因此，将人工智能拟制为法律主体，在法理上有待商酌。[1] 李扬、李晓宇从"主、客体统一认识论"以及"人是目的"的哲学思想出发，认为不能将人工智能拟制为法律主体，将人工智能拟制为法律主体意味着人工智能与人类在法律上拥有平等的法律地位。[2] 也有学者认为，将人工智能生成内容的版权分配给非人类，将会导致法律制度中不必要的不确定性。同时，这也违背了版权的激励目标。[3]

李琛认为，对人的定义，应以人的本质主义而不是功能主义为进路。法学上的主体是构筑于自由意志之上。以功能主义为进路，不仅偏离了人的本质，也不符合正确的法学思维。因而，无论人工智能在功能上多么接近于人类，其始终不能与权利、义务和责任关联起来。[4] 苗成林在马克思劳动理论的视域下，论证了人工智能的"创作"过程不具备创造性，人工智能只是人类处理信息的劳动工具而已。[5] 曹新明等认为，人工智能产生于人类在追求全面发展道路上对工具的需求，即便其可以独立于人类生成符号组合，也只不过是人类的辅助工具。知识产权主体制度体系应严格遵循以自然人为原点、以法人或其他组织为补充。[6] 李

---

[1] 吴汉东, 张平, 张晓津. 人工智能对知识产权法律保护的挑战 [J]. 中国法律评论, 2018, 20 (2): 1-24.
[2] 李扬, 李晓宇. 康德哲学视点下人工智能生成物的著作权问题探讨 [J]. 法学杂志, 2018, 39 (9): 43-54.
[3] PALACE V M. What if artificial intelligence wrote this: artificial intelligence and copyright law [J]. Florida Law Review, 2019, 71 (1): 217-242.
[4] 李琛. 论人工智能的法学分析方法：以著作权为例 [J]. 知识产权, 2019 (7): 14-22.
[5] 苗成林. 马克思劳动论视域下人工智能生成物独创性之否证 [J]. 编辑之友, 2020 (5): 87-95.
[6] 曹新明, 咸晨旭. 人工智能作为知识产权主体的伦理探讨 [J]. 西北大学学报（哲学社会科学版）, 2020, 50 (1): 94-106.

育侠认为，将人工智能生成内容的权利主体界定为人工智能是一种劳动异化的表现，这样导致人工智能的地位等同甚至凌驾于人类劳动者之上，从而不利于人类的进步与发展。❶ 林爱珺等认为，智能机器缺乏"心智"和人格，无法承担法律责任，也无法被激励，因而不能赋予其著作权法上的作者身份。❷

（二）关于"人工智能生成内容是否可以被定性为作品"

1. 肯定派

有学者认为，美国的版权法只保护作品上的经济利益而不保护创作者的精神权利。"作者是自然人"并不是版权法对作品予以保护的预设。雇佣理论已经为非自然人作者提供解决方案。美国国会只需修改其版权法第101条中的雇佣作品的定义，就可以将计算机自主编创的作品纳入其中。❸ 也有学者认为，从读者的角度，算法创作的作品与人类作品具有同等的阅读、欣赏价值，因此是值得保护的。❹ 易继明认为，不能仅以人工智能创作物并非源自人类创作而否认其可受著作权保护。具体而言，其是否构成作品，应以独创性的客观标准来判定。❺ 梁志文认为，只要将法律理念从以作者（创作）为中心转向以读者（受众）为中心，

---

❶ 李育侠. 人工智能生成物版权的主体归属辩正 [J]. 出版广角, 2020 (13): 57 - 59.

❷ 林爱珺, 余家辉. 机器人写作的身份确权与责任归属研究 [J]. 湖南师范大学社会科学学报, 2020, 49 (5): 126 - 132.

❸ BRIDY A. The evolution of authorship: work made by code [J]. Columbia Journal of Law & the Arts, 2016, 39 (3): 395 - 402.

❹ KAMINSKI M E. Authorship, disrupted: AI authors in copyright and first amendment law [J]. UC Davis Law Review, 2017, 51: 589 - 616.

❺ 易继明. 人工智能创作物是作品吗？[J]. 法律科学（西北政法大学学报）, 2017, 35 (5): 137 - 147.

即可解决创造物之法律保护问题。[1] 熊琦认为,人工智能生成内容是人工智能编程者意志之产物,其是否构成作品仍可根据一般独创性标准来判断,其权利归属可效仿法人作品制度进行安排。[2] 刘影认为,基于促进产业发展的政策考量,有必要在人工智能技术发展到一定程度时,打破现行著作权法的一些规定对非源自人类创作的人工智能生成物予以保护。[3] 王小夏等认为,人工智能只是辅助创作的工具,人工智能生成物并没有脱离人类算法之预先设置,仍是人类智能的延伸;若其符合"独创性"条件,应被认定为作品。[4] 而原创性的定义是模糊的、不可测量的,创作意图大部分是隐藏或未知的,因此为了避免猜测,原创性应以客观方法来判定。在司法实务中,法官在分析涉案作品和著作权所保护的作品之间是否存在实质性相似时,采用的也是客观标准。[5]

李扬等认为,人工智能生成物是人类利用人工智能这一工具进行创作的作品,其权利原则上归属于人工智能操作者,例外情形之下归属于雇主或委托人。[6] 李伟民认为,作品是一种实然的客观存在,根据著作权法只保护表达的原理,对作品的判断应持

---

[1] 梁志文. 论人工智能创造物的法律保护 [J]. 法律科学(西北政法大学学报),2017, 35 (5): 156-165.
[2] 熊琦. 人工智能生成内容的著作权认定 [J]. 知识产权, 2017 (3): 3-8.
[3] 刘影. 人工智能生成物的著作权法保护初探 [J]. 知识产权, 2017 (9): 44-50.
[4] 王小夏,付强. 人工智能创作物著作权问题探析 [J]. 中国出版, 2017 (17): 33-36.
[5] YANISKY-RAVID S, VELEZ-HERNANDEZ L A. Copyrightability of artworks produced by creative robots and originality: the formality-objective model [J]. Minnesota Journal of Law Science & Technology, 2018, 19 (1): 1-54.
[6] 李扬,李晓宇. 康德哲学视点下人工智能生成物的著作权问题探讨 [J]. 法学杂志, 2018, 39 (9): 43-54.

客观标准。而作品的存在,又是推定作者的前提和基础。[1] 马治国等认为,"独创性"可以释义为"独立完成"和"与众不同的表达",只要人工智能生成物达到这两个条件就可以构成作品。[2] 朱梦云认为,予以人工智能生成物著作权保护具有必要性,可以将职务作品的有关规定适用于人工智能生成物,其权利归属于人工智能的使用者。[3] 孙正樑认为,人工智能是人类进行创作的工具,人工智能生成内容是否构成作品按照一般的独创性标准进行判断即可。[4] 黄姗姗认为,人工智能生成内容是创作效率提高的重要成果,其最终体现的仍是人类的创造性劳动。人工智能作品已具备一般作品的所有客观属性,是文化领域的有益补充,应予以其著作权保护。[5]

郭欢欢认为,人工智能生成物符合人工智能研发人员的初步预期,是人工智能研发人员的智慧体现,其是著作权的客体。而人工智能只是人类创作的工具而已。[6] 王雪乔认为,对人工智能生成物予以知识产权保护具有丰富智力成果之意义。它在知识产权中的定性与它的权利归属是两个不同问题。[7] 王涛认为,不能

---

[1] 李伟民. 人工智能智力成果在著作权法的正确定性:与王迁教授商榷 [J]. 东方法学, 2018, 63 (3): 149-160.

[2] 马治国, 刘桢. 人工智能创作物的著作权定性及制度安排 [J]. 科技与出版, 2018 (10): 107-114.

[3] 朱梦云. 人工智能生成物的著作权归属制度设计 [J]. 山东大学学报(哲学社会科学版), 2019 (1): 118-126.

[4] 孙正樑. 人工智能生成内容的著作权问题探析 [J]. 清华法学, 2019, 13 (6): 190-204.

[5] 黄姗姗. 论人工智能对著作权制度的冲击与应对 [J]. 重庆大学学报(社会科学版), 2020, 26 (1): 159-169.

[6] 郭欢欢. AI 生成物版权问题再思考 [J]. 出版广角, 2020 (14): 37-39.

[7] 王雪乔. 人工智能生成物的知识产权保护立法研究 [J]. 湖南科技大学学报(社会科学版), 2020, 23 (2): 96-102.

仅仅因人工智能生成内容由非法律主体生成而否定其著作权客体属性。[1] 吴汉东认为,在"后人类时代","读者中心主义"将对"作者中心主义"进行修正,著作权法的价值取向将走向工具理性和价值理性的统一,以及技术理性和制度理性的统一。[2]

2. 否定派

王迁认为,外在表现与人类作品类似的人工智能生成内容是否构成作品,要从其产生过程来判断。当前来看,人工智能生成内容都是算法、规则和模型运作下的产物,无法反映作者的独特个性,因此不能被定性为作品。在不披露生成过程的情形下,可能出现以假乱真的现象,这是由举证规则造成的,并不意味著作权法要因此作出改变。[3] 袁博认为,非出自主观意志的人工智能生成物缺少了文学中必不可少的"人类情感",所谓人工智能"创作"没有"思想/表达二分法"的存在空间,与人类创作没有同质性。[4] 陶乾认为,人工智能生成内容并非人类的个性化表达,不是人类的智力成果,因而不构成著作权法上的作品。[5] 宋红松认为,纯粹的人工智能生成内容虽然可以满足著作权法上独创性的外在标准,但不符合独创性的内在要求。对于从数据中挖掘出的具有市场价值的表达可以予以弱于著作权的排他权保护。

---

[1] 王涛. 人工智能生成内容的著作权归属探讨:以"菲林案"为例 [J]. 出版广角, 2020 (7): 71–73.

[2] 吴汉东. 人工智能生成作品的著作权法之问 [J]. 中外法学, 2020, 32 (3): 653–673.

[3] 王迁. 论人工智能生成的内容在著作权法中的定性 [J]. 法律科学(西北政法大学学报), 2017, 35 (5): 148–155.

[4] 袁博. 论文学领域人工智能著作权之证伪 [J]. 电子知识产权, 2018 (6): 20–30.

[5] 陶乾. 论著作权法对人工智能生成成果的保护:作为邻接权的数据处理者权之证立 [J]. 法学, 2018 (4): 3–15.

如此，不仅可以防范"数据圈地"，还可以合理分配纯粹的人工智能生成内容上的权责。[1]

李琛认为，作品与作者的关联是具有法律意义的，不能割裂作品与作者之间的关联简单地从客观结果上对人工智能生成的符号组合进行判定。[2] 刘银良认为，"作品由自然人创作"是作品的前提及内在要求，人工智能生成内容不能满足著作权法对作品的该项要求，因而不是著作权的客体。[3] 吴午东认为，人工智能生成物的产生未经作者将思想注入表达这一过程，即使其在客观上具有"独创性"，也只是人类对既有表达要素重新分类、排列组合的结果，不符合著作权制度的内在要求。[4] 曾白凌认为，人工智能创作物没有著作权意义，其属于财产权的客体范畴。对创造性的确认只是手段和路径，而法律保护的终极目标是对人类整体价值和利益的追求。[5] 江帆认为，人工智能创作物只是一种没有"思想"的"表达"，而独创性是一种事实判断，并非法律赋权的充分必要条件。法律是否赋权是更深层面的一种价值选择。[6] 冯晓青等认为，著作权的"人格-财产"二元体系决定了著作权意义上的"创作"的本质。根据人工智能的"创作"机理可以判定，这种"创作"构不成著作权上的"创作"，其生成

---

[1] 宋红松. 纯粹"人工智能创作"的知识产权法定位 [J]. 苏州大学学报（哲学社会科学版），2018，39（6）：50-56.
[2] 李琛. 论人工智能的法学分析方法：以著作权为例 [J]. 知识产权，2019（7）：14-22.
[3] 刘银良. 论人工智能作品的著作权法地位 [J]. 政治与法律，2020（3）：2-13.
[4] 吴午东. 人工智能生成内容与传统版权制度的分歧 [J]. 山东社会科学，2020（7）：36-42.
[5] 曾白凌. 目的之"人"：论人工智能创作物的弱保护 [J]. 现代出版，2020（4）：56-64.
[6] 江帆. 论人工智能创作物的公共性 [J]. 现代出版，2020（6）：29-36.

内容属于信息产品。❶

3. 中立派

曹源跳出"作品"定性之辩，提出了一个中立的观点。其认为，人工智能生成内容是否构成作品以及能否对其予以著作权保护不在于独创性或者固定性抑或人格属性的讨论，而取决于其进入市场后带来市场效应对社会、经济的发展是利大于弊还是弊大于利。因而，能否对人工智能生成内容予以著作权保护，是一项具体国情下的公共政策的选择。❷

（三）关于"人工智能生成内容的保护模式"

少部分学者持人工智能生成内容流入公共领域的认识。有学者认为，由于法律经验基础仍然十分有限，因此需要足够的时间以完善新的标准是明智之举。短期内的一些模糊性只是一个很小的代价。❸ 也有学者认为，由于不是"人"创作了人工智能生成物，因此人工智能生成物应进入公共领域。分配人工智能的版权将导致非人类的地位，并导致法律制度中不必要的不确定性。尽管公司、程序员或用户没有获得版权，但他们仍将获得补偿和报酬。相反，将版权分配给公司、程序员或用户，将会导致"奖

---

❶ 冯晓青，潘柏华. 人工智能"创作"认定及其财产权益保护研究：兼评"首例人工智能生成内容著作权侵权案"[J]. 西北大学学报（哲学社会科学版），2020, 50 (2): 39–52.

❷ 曹源. 人工智能创作物获得版权保护的合理性 [J]. 科技与法律, 2016 (3): 488–508.

❸ MILLER A R. Copyright protection for computer programs, databases, and computer-generated works: is anything new since CONTU? [J]. Harvard Law Review, 1993, 106 (5): 977–1073.

励"过度。❶ 还有学者从公共政策的角度出发，认为将人工智能生成物纳入版权保护是毫无意义的。在实践中，最终用户对人工智能生成物拥有准财产处理权。❷ 江帆认为，人工智能创作物具有公共性，应归属于公共领域。❸

还有部分学者反对将人工智能生成内容流入公共领域。熊琦认为，若不明确界定人工智能生成内容的内容属性和权利归属，人工智能生成内容将沦为另类"孤儿作品""无主作品"，这将不利于著作权市场的稳定。❹

至于应采取何种保护模式，学者们提出了不同的保护进路。

例如，有学者认为，将计算机生成作品的所有权分配给用户是最符合知识产权推进创新之目的，也是最切实可行的解决方案。❺ 计算机的程序员是唯一能够提供足够的创造性智力以满足作者身份要求的人。版权法最基本的目标之一是给作者带来经济效益以激励其创作。因而，授权给程序员，从而激励其创建程序可以实现这一重要目标。❻ "计算机生成的作品"涵盖了各种类型，不可能以一条简单的规则对权利归属进行划分，而有必要采用逐案处理的方法。可以根据实质性贡献，将作者身份赋予程序

---

❶ PALACE V M. What if artificial intelligence wrote this: artificial intelligence and copyright law [J]. Florida Law Review, 2019, 71 (1): 217-242.

❷ YU R. The machine author: what level of copyright protection is appropriate for fully independent computer generated works [J]. University of Pennsylvania Law Review, 2017, 165 (5): 1245-1270.

❸ 江帆. 论人工智能创作物的公共性 [J]. 现代出版, 2020 (6): 29-36.

❹ 熊琦. 人工智能生成内容的著作权认定 [J]. 知识产权, 2017 (3): 3-8.

❺ SAMUELSON P. Allocating ownership rights in computer-generated works [J]. University of Pittsburgh Law Review, 1986, 47 (4): 1185-1228.

❻ FARR E H. Copyrightability of computer-created works [J]. Rutgers Computer & Technology Law Journal, 1989, 15 (1): 63-80.

员、用户或是程序员和用户,同时不排除在未来将作者身份赋予人工智能的可能。❶ 程序员能够控制作品,用户需要被激励,因此,可以在程序员和用户之间提供可分割的所有权。❷ 对计算机生成的作品进行保护也具有必要性。在具体保护路径上,可以将其归于"进行创作所需安排的人"。如果采用类似于欧盟数据库法律保护指令的单独保护,显然过于严格。❸ 所谓作品之作者,是从版权中受激励并因此获益的人。美国版权法并不是以人类作者为核心的,其功利目的是激励作者为社会创作新作品进而增进社会福祉。美国版权法的低独创性门槛和雇佣作品制度为算法作品留有很大空间。因此,作者可以解释为作品的所有者。❹ 或者对雇佣原则中的"雇员"和"雇主"重新解释,将人工智能作品的版权授予人工智能的所有人或程序员,这种方法可以激励人工智能的开发者。❺ 梁志文认为,将人工智能创作物纳入公共领域适用于"超人工智能"时代。在有关作品保护的制度选择上,我国可以借鉴英国版权、外观设计和专利法(CDPA)第 9 条第

---

❶ WU A J. From video games to artificial intelligence: assigning copyright ownership to works generated by increasingly sophisticated computer programs [J]. AI PLA Quarterly Journal, 1997, 25 (1): 131 – 180.

❷ WENZEL R. Ownership in technology – facilitated works: exploring the relationship between programmers and users through virtual worlds [J]. Intellectual Property Law Bulletin, 2013, 17 (2): 183 – 202.

❸ MCCUTCHEON J. The vanishing author in computer – generated works: a critical analysis of recent Australian case law [J]. Melbourne University Law Review, 2013, 36 (3): 915 – 969.

❹ KAMINSKI M E. Authorship, disrupted: AI authors in copyright and first amendment law [J]. U. C. Davis Law Review, 2017, 51 (2): 589 – 616.

❺ HRISTOV K. Artificial intelligence and the copyright dilemma [J]. The Journal of the Franklin Pierce Center for Intellectual Property, 2017, 57 (3): 431 – 454.

(3) 款。[1]

此外，有学者认为，如果用户只是按下"启动"按钮，没有参与创作，不能视为作者；如果用户参与选择等，可视为作者。无须修改现有的著作权制度或将作者扩展到非人类主体，只需根据实质性贡献的权重进行判定即可。[2] 黄姗姗认为，应当对人工智能生成内容予以著作权保护，具体参考电影制片人模式。[3]

陶乾认为，人工智能生成内容虽然不是作品，但其具有财产价值，对其加以传播和利用可以增进社会福祉。人工智能生成内容的保护价值与广义邻接权的价值相吻合，可以设立数据处理者权，将其作为一种数据处理成果纳入广义邻接权客体范畴。[4] 秦涛等认为，邻接权的保护力度和范围均弱于著作权，应当对人工智能创作物予以邻接权保护。[5] 许辉猛认为，采用邻接权对人工智能生成内容进行保护较为合理，在具体规则的设计上，应降低保护水平、缩短保护期限。[6] 向波认为，由于人工智能生成内容与人类作品的不同相关特性，有必要将二者进行区分。基于制度

---

[1] 梁志文. 论人工智能创造物的法律保护 [J]. 法律科学（西北政法大学学报），2017, 35 (5): 156–165.

[2] DELTORN J M, MACREZ F. Authorship in the age of machine learning and artificial intelligence [EB/OL]. [2020–04–29]. http://papers.ssrn.com/abstract = 3261329.

[3] 黄姗姗. 论人工智能对著作权制度的冲击与应对 [J]. 重庆大学学报（社会科学版），2020, 26 (1): 159–169.

[4] 陶乾. 论著作权法对人工智能生成成果的保护：作为邻接权的数据处理者权之证立 [J]. 法学，2018 (4): 3–15.

[5] 秦涛，张旭东. 论人工智能创作物著作权法保护的逻辑与路径 [J]. 华东理工大学学报（社会科学版），2018, 33 (6): 77–87.

[6] 许辉猛. 人工智能生成内容保护模式选择研究：兼论我国人工智能生成内容的邻接权保护 [J]. 西南民族大学学报（人文社会科学版），2019, 40 (3): 100–106.

成本、激励相容约束、"强-弱"保护程度以及著作权制度的内部协调，以邻接权保护人工智能生成内容是一种合适的制度路径。❶ 张惠彬等认为，由于人类对人工智能生成内容的贡献较少，应将其作为邻接权客体加以保护。❷

郭如愿认为，人工智能生成内容的本质属于信息，应予以其信息权保护。相应地，其所有人具有生成、控制信息以及享有信息权益、承担信息侵权责任，应成为该信息权的主体。❸ 饶先成认为，依据我国现行《中华人民共和国反不正当竞争法》（以下简称《反不正当竞争法》）对人工智能编创物予以保护是比授权保护更优的路径。❹ 林秀芹等认为，人工智能生成物是一种由原物（人工智能）所生并独立于原物的新物，其可以被视为民法上的孳息。相应地，人工智能生成物的权利归属也可以借鉴民法上的孳息归属方法，兼采"原物主义"与"生产主义"原则。❺ 黄玉烨等认为，以民法上的孳息理论来解释人工智能和其生成作品之间的关系，是一种较为合理的法律解释路径。❻ 刘银良认为，赋予人工智能生成内容著作权或邻接权客体地位都不合适，对于人工智能生成内容的规制可以采用"网络登记+当然许可"等专门的管理机制，即相关主体可选择在专门的网络平台公开及

---

❶ 向波. 论人工智能生成成果的邻接权保护 [J]. 科技与出版, 2020 (1): 70-75.
❷ 张惠彬, 刘诗蕾. 挑战与回应: 人工智能创作成果的版权议题 [J]. 大连理工大学学报（社会科学版）, 2020, 41 (1): 76-81.
❸ 郭如愿. 论人工智能生成内容的信息权保护 [J]. 知识产权, 2020 (2): 48-57.
❹ 饶先成. 困境与出路: 人工智能编创物的保护路径选择与构建 [J]. 出版发行研究, 2020 (11): 80-87.
❺ 林秀芹, 游凯杰. 版权制度应对人工智能创作物的路径选择: 以民法孳息理论为视角 [J]. 电子知识产权, 2018 (6): 13-19.
❻ 黄玉烨, 司马航. 孳息视角下人工智能生成作品的权利归属 [J]. 河南师范大学学报（哲学社会科学版）, 2018, 45 (4): 23-29.

登记人工智能生成内容,使用者可以自由使用但需付出一定的对价。[1] 吴午东认为,对人工智能生成内容予以法律保护是可行的,但由于其或将对人类创作造成抑制,进而与著作权的初衷相悖,因而不可将其与人类作品相提并论。[2] 还有学者认为[3][4],应对人工智能创作物予以财产权保护。

(四)关于"人工智能'创作'的著作权侵权问题"

人工智能在"创作"中对在先作品的获取和使用有可能侵犯他人的在先著作权。万勇认为,为了适应人工智能产业的发展,有必要对合理使用制度作出改革。由于我国在 2020 年新修正了《中华人民共和国著作权法》(以下简称《著作权法》),而《中华人民共和国著作权法实施条例》(以下简称《著作权法实施条例》)尚未修改,可以在修改条例时,将为了进行数据挖掘而使用他人作品的行为作为专门例外纳入合理使用的范畴。[5] 林秀芹也认为,为了促进人工智能技术的发展,有必要对合理使用制度进行重塑。具体优化路径有二,一是采用美国开放式的"合理使用+具体列举"立法模式,二是在修改《著作权法实施条

---

[1] 刘银良. 论人工智能作品的著作权法地位 [J]. 政治与法律, 2020 (3): 2-13.
[2] 吴午东. 人工智能生成内容与传统版权制度的分歧 [J]. 山东社会科学, 2020 (7): 36-42.
[3] 冯晓青,潘柏华. 人工智能"创作"认定及其财产权益保护研究:兼评"首例人工智能生成内容著作权侵权案" [J]. 西北大学学报(哲学社会科学版), 2020, 50 (2): 39-52.
[4] 曾白凌. 目的之"人":论人工智能创作物的弱保护 [J]. 现代出版, 2020 (4): 56-64.
[5] 万勇. 人工智能时代著作权法合理使用制度的困境与出路 [J]. 社会科学辑刊, 2021 (5): 93-102.

例》时明确将"为了人工智能学习和创作的使用"列为合理使用。[1] 焦和平认为,为了实现数据规模化利用、促进文化艺术繁荣、维护公平竞争、促进人工智能技术发展以及协同国际立法,有必要将人工智能创作使用数据纳入合理使用的范畴。[2]

高佳佳认为,应在类型化视角下对合理使用制度在机器学习中的适用进行分析。[3] 李富民认为,应区别对待智能写作中的展示性使用和非展示性使用,对于非展示性使用可以认定为合理使用。[4] 徐龙认为,在机器学习输入阶段的数据处理行为可以构成合理使用,但后续模仿、融合阶段的行为,已不在著作权法规制范围之内了,有必要创设一种新型著作权对其进行规制。[5]

华劼认为,合理使用制度运用于人工智能"创作"存在两难困境:一方面,合理使用制度的缺失不利于人工智能"创作",而合理使用制度的适用又会剥夺普通著作权人的利益而增强大型技术公司的实力,这有违合理使用制度设置的初衷;另一方面,推定集体管理机制和税收制度可以化解以上困境。[6] 刘友华等认为,过于严苛的著作权保护模式将阻碍人工智能机器学习技术的发展,而过于宽松的著作权保护模式又将抑制人类创作者

---

[1] 林秀芹. 人工智能时代著作权合理使用制度的重塑 [J]. 法学研究, 2021, 43 (6): 170-185.
[2] 焦和平. 人工智能创作中数据获取与利用的著作权风险及化解路径 [J]. 当代法学, 2022, 36 (4): 128-140.
[3] 高佳佳. 类型化视角下机器学习的合理使用分析 [J]. 电子知识产权, 2021 (5): 18-28.
[4] 李富民. 智能写作使用他人作品的合法性界限:以展示性使用与非展示性使用区分为视角 [J]. 社会科学家, 2021 (8): 131-135.
[5] 徐龙. 机器学习的著作权困境及制度方案 [J]. 东南学术, 2022 (2): 237-245.
[6] 华劼. 合理使用制度运用于人工智能创作的两难及出路 [J]. 电子知识产权, 2019 (4): 29-39.

的创作热情。在人工智能机器学习场景下,法定许可是一种既能保护著作权人利益,又能兼顾人工智能技术发展的制度模式。❶

三、研究方法

(一) 文献研究法

通过收集、翻译、整理与本书相关的各类文献资料,包括政府工作报告、学术论著、期刊文献等,准确追踪、把握国内外关于人工智能生成内容的最新立法和司法动态,确保研究工作的开展有根有据。

(二) 比较研究法

著作权法律制度是我国近代以来的"舶来品"。相比之下,我国缺乏著作权法律制度的历史根基。并且,近现代的大多新技术也主要由西方国家引领。因此,在全球化的背景下,研究人工智能生成内容在著作权法律制度下的保护问题,必然需要借鉴发达国家的学术研究与立法、司法实践。

(三) 法理分析法

在回答著作权法律制度如何应对人工智能生成内容的冲击时,需要研究一些先决性的法理上的问题。诸如,人何以成为法律上的主体?物何以成为法律上的客体?这些根本问题和人工智能生成内容的其他问题是"道"与"术"的关系。若不对这一

---

❶ 刘友华,魏远山. 机器学习的著作权侵权问题及其解决 [J]. 华东政法大学学报,2019,22 (2): 68 - 79.

根本性问题进行研究，面对人工智能生成内容的著作权法律问题，将一直会有浮云蔽日、长安不见的迷茫和惆怅。本书沿着"哲学—法学—著作权法"的线索层层深入、步步为营，以一种剥茧抽丝的方法逐层、逐步地展开研究。

（四）案例研究法

法律制度的变革不是一蹴而就的，而是在科学技术的推动、生产关系的演进以及法律案例的积累下发生的。案例研究是法学研究不可或缺的分析范式。本书通过分析既有案例，进行理论反思，去找寻暗藏的"未来之路"。

四、创新点

（一）研究视角的创新

本书以人本主义为视角对人工智能生成内容的著作权法律问题进行研究，在研究视角上具有一定创新。

人工智能生成内容的著作权法律问题其实是一个价值导向问题。若以效率或创新为最高价值导向，得出的结果很可能是人工智能可以被拟制为作者或其生成内容可以被定性为作品。面对人工智能生成内容的著作权法律问题，最高的价值尺度不是正义、公平或效率、创新，而是以人为本。不论是人工智能，还是法律，都是相对于人（主体）的客体。在主－客体关系中，主体是中心，是根本，是归宿，而客体必须按主体的尺度去满足主体的需求。因而人工智能的发展和法律的制定都要以人为中心，为根本，为归宿，人工智能和法律的存在都要以人的自由全面地发展为最高目标。

(二)研究思路的创新

本书的明线是"主体—客体—权利",其实隐藏着"以人为本"的暗线。在客观的法(法律规范)背后,存在的是主观意义上的法(主体依其自由意志可以在法律范围内主张的权利)。在"以人为本"的指导思想下,权利的主体必须有自由意志(个人自由意志或集体单一意志),权利的客体必须承载一定价值或凝结一定利益。因而,没有生命、没有灵魂、没有自由意志的人工智能不能成为著作权法上的作者,没有承载作品精神功能的人工智能生成内容也无法成为著作权法上的作品。

(三)研究方法的创新

1. 层层深入法

本书沿着"哲学—法学—著作权法"的线索层层深入、步步为营,逐层、逐步地展开研究。这种类似于剥茧抽丝的方法,可以将问题追溯至最根本的源头。

在"哲学—法学—著作权法"这条线上,前者都是后者的上位概念,后者都是前者的下位概念。对下层具体问题的研究,只有追本溯源,才能拨云见日、豁然开朗。著作权法层面的问题是哲学-民法学问题的具体化,若仅在著作权法层面对人工智能生成内容的著作权法律问题进行研究,则终将迷失在乱象之中。

2. 反面证否法

本书先从反面证否,论证了人工智能不能成为著作权法上的作者,其生成内容无法成为著作权法上的作品,再从正面证成,去寻找法律应对人工智能生成内容挑战最适合的路径——以邻接权保护的进路。这种先排除再找答案的方法,在逻辑上,更为周全严密。

CHAPTER 01 >>

第一章

人工智能生成内容概述及其著作权法律问题的提出

人工智能是一门模仿、延伸和拓展人类的思维过程和智能行为的技术。如今,人工智能技术正深刻地影响、改变着人类社会和生活的各个方面。就在人们为人工智能的强大而惊叹、欢呼之际,人们也为人工智能带来的风险而焦虑和恐慌。人工智能的出现,对既有的伦理准则和法律规则都提出了前所未有的挑战。在著作权法领域,人工智能提出的两大问题是:其一,在权利主体方面,人工智能能够脱离人类预设独自"创作",那么人工智能能否成为或视为著作权法上的作者?其二,在权利客体方面,人工智能独自"创作"生成的信息符号组合从外观上与人类作品几乎无异,那么该信息符号组合能否被纳入作品的范畴?

第一节　人工智能的定义和特征

人工智能的概念是本书展开的基点。然而至今,人工智能仍未有统一的定义。为了避免在不确定的概念上"盖楼",本章先对人工智能的定义进行界定和诠释。

一、人工智能的定义

"人工智能"一词最早由美国科学家约翰·麦卡锡和他的同事于1956年世界经济论坛上正式提出。[1] 自从"人工智能"这一术语出现后,人们在不同时期、从不同角度对其进行了定义,其中历史上具有代表性的定义有以下五种[2]:①人工智能是能够模拟学习或智能的机器[3];②人工智能是一门使机器做那些需要通过人的智能来做的事情的学科;③人工智能尝试使机器(计算机)具有思维或智力;④人工智能研究的是如何让计算机做目前唯有人类才能做好的事;⑤人工智能是使知觉、推理及行为成为可能的计算机系统。

从以上代表性定义中,我们可以归纳出人工智能涉及了三个

---

[1] 蔡斯. 人工革命:超级智能时代的人类命运 [M]. 张尧然,译. 北京:机械工业出版社,2017:10–68.
[2] 徐洁磐. 人工智能导论 [M]. 北京:中国铁道出版社,2019:7–11.
[3] 1956年世界经济论坛建议书中提出的定义。

关键词：计算机❶、模拟、人类智能❷。其中，计算机是主要工具，模拟为研究方法，人类智能为模仿对象和研究目标。

人们所知的人类智能包括感知、记忆、思维等人脑活动。其中，思维是最重要的人类的大脑活动，如分析、计算、联想、类比、判断、推理、决策等。思维又可分为形象、抽象以及顿悟思维。形象思维是依据直觉、表现为非线性过程的思维活动，又称为直觉思维。抽象思维是依据逻辑表现为线性过程的思维活动，又称为逻辑思维。顿悟思维是一种潜意识和显意识相互作用的思维活动，其穿插于形象思维和抽象思维之间，起着突破和升华的作用。顿悟思维是沿着非线性过程不定期产生的。人们在进行顿悟思维时，大脑处于极为活跃的状态。"苦思冥想"后的"茅塞顿开"，指的就是顿悟思维。人工智能对人脑活动的模仿，主要是对人类逻辑思维的模仿。❸ 因此，人工智能只能局部模仿人的大脑活动，而无法完全复制人的大脑活动。

在上述提及的三个关键词中，计算机属于计算机科学范畴，人类智能属于脑科学范畴，而真正属于人工智能研究范畴的是模拟方法。基于现阶段科学技术的有限水平，人们对人脑的内部结构还知之甚少，也无法从生物学的角度制造出人类的大脑，因而只能通过运用人工制造设备（主要指计算机）模仿人类的大脑已知功能的方法实现机器对人脑功能的替代。根据模拟方法的不同，人工智能研究形成了三大学派。一是符号主义学派。该学派立足于逻辑运算和符号表示，以人脑逻辑思维活动的形式化表示

---

❶ "计算机""机器"，可以归纳为"计算机"。
❷ "学习或智能""人的智能""思维""具有智力""人类才能做好的事""智力、推理"，可以归纳为"人类智能"。
❸ 王万良. 人工智能导论［M］. 北京：高等教育出版社，2017：2－4.

为研究进路，解决需要运用逻辑推理的复杂问题，又被称为逻辑主义学派。二是连接主义学派。其在研究人脑神经生理学结构的基础上，模仿神经网络的原理构造出人工神经网络模型，因而又被称为仿生学派。仿生学派可以模拟人类的形象思维。三是行为主义学派。其方法是通过研究人脑智能活动所产生的外部表现行为，构建出感知-动作模型，又被称为进化主义学派。❶❷ 这三种学派都是采取了模拟人类智能、构建相应模型的研究方法。虽然仿生学派在近些年有了划时代意义的突破——建立了卷积神经网络模型，但鉴于人们对人类大脑的了解依然微乎其微，仿生学派构建的人工智能系统依然处于非常初级的水平。

在人工智能科学界，专家们根据研究目标，将人工智能的研究分为弱人工智能、强人工智能和超强人工智能三个阶段。在弱人工智能阶段，计算机可以局部模拟人类智能；在强人工智能阶段，计算机有可能拥有与人类智能大致相当的功能；在超强人工智能阶段，计算机能够拥有与人类智能完全一样，甚至局部超过人类智能的功能。❸ 实际上，学者们所讨论的人工智能大部分是弱人工智能。由于人们所了解的智能只是人类智能的冰山一角，因此强人工智能还只是一个遥远的目标，而超强人工智能更是一个遥不可及的理想。

因此，可以总结出，人工智能是这样一项技术，其以计算机为主要工具，以模拟人类智能、构建出相应的模型为方法，以实现延伸和扩展人类智能为目标。虽然人工智能概念的内涵和外延会随着时间的推移而改变，例如，在符号主义盛行时代，人们对

---

❶ 徐洁磐. 人工智能导论 [M]. 北京：中国铁道出版社，2019：10-11.
❷ 丁世飞. 人工智能 [M]. 北京：清华大学出版社，2011：8-9.
❸ 徐洁磐. 人工智能导论 [M]. 北京：中国铁道出版社，2019：9-10.

连接主义和进化主义是闻所未闻的；但总体而言，人可能始终只能是人工智能模拟的对象，是人工智能一直追赶却无法到达的地平线。

二、人工智能的特征

如果人工智能与以往的技术一样，如照相机、文本编辑软件、绘图软件等，仅为辅助人类创作的工具，则无开展本研究的必要——人们借助人工智能产生的成果，就是著作权法上的作品。但人工智能出现了与以往技术不同的特征。

以往的技术，完全是辅助人类创作的"惰性工具"。在创作的过程中，人类只是借助这些工具呈现脑海里的思想、情感。以摄影作品的创作为例，人们先是对外部世界有了自己的感观认识，然后通过对光线、角度等的选择，运用照相机等摄影工具将自己眼中独特的主观世界定格。其中，照相机是工具，摄影者是作品独创性的实质贡献者，作品的独创性映现于摄影者对拍摄的对象、视角、光线、距离等方面的选择。与此类似，文本编辑软件、绘图软件等同样也是将承载人们主观世界的表达固定下来的工具。

人工智能与以往技术的不同之处在于，人工智能在大数据和机器学习等相关技术的支撑下，具备了以下十种特征：①能够生成全新内容的创造性；②可以自主、独立完成高级任务而无需外部干预的自主性和独立性；③能够结合随机输入的算法，产生不可预测的最佳方案，即不可预测性；④能够收集外部数据，并与外部数据进行通信；⑤可以通过接收反馈信息来改进结果，即学习能力；⑥可以根据新输入的数据，不断发现新的模型，即具有不断发展的能力；⑦能够感知数据并作出最大化地实现某一目标的决定，即拥有理性；⑧能够以远超出人类大脑的能力准确、快速地处理大量数据，即高效性；⑨能够在不同的选项之间作出最佳选择，即能够自由选择；⑩能够以目标为导向来运作。❶ 这些特征是相互关联、部分重叠的。人工智能系统可以部分或全部嵌入这些特征。

因而，在信息成果生成的过程中，人工智能扮演的不仅是"惰性工具"的角色，人类也并非独创性的实质贡献者。人工智能可以借助（大）数据、算法、模型等，自动生成信息符号组合，而人类的实质性贡献在于创造了人工智能。对于最终成果，人类的介入可能仅是对生成的内容作了选择、整理以及细微的修改，甚至在一些情形下，人类仅点击了"启动"按钮。在整个生成过程中，可以不存在人类的预设。

其实，早在1986年，美国国会技术评估办公室（Office of Technology Assessment，OTA）就在一份报告中指出，美国国家版权作品新技术利用委员会（the National Commission on New Technological Uses of Copyrighted Works，CONTU）将计算机认定为"惰性"工具的观点具有误导性。CONTU 曾在 1978 年的一份报告中认为，计算机仅能直接或间接地由人启动，在人的指令下操作，相当于照相机或者打字机这样的"惰性工具"。1986 年，OTA 发布了一份评估计算机网络和交互式计算快速发展对知识产权政策所产生影响的报告。该报告强调了计算机程序的日益复杂化和计算的交互性。OTA 认为，内容自动生成系统与文字处理程序不同，计算机不仅是"创造的惰性工具"，在许多情形下，计算机

---

❶ YANISKY – RAVID S. Generating rembrandt：artificial intelligence, copyright, and accountability in the 3a era—the human – like authors are already here—a new model [J]. Michigan State Law Review, 2017 (4): 659 – 726.

至少是作品的"共同创作者"。[1]

暂且不论 OTA 的观点是否正确,但有一点是无疑的,即 OTA 意识到了计算机具有自动生成内容的潜力,或者说可能性,这也是当时计算机超越先前"惰性"工具的地方。如今,人工智能几经迭代,在大数据和深度学习等技术的助力下,人工智能的智能化程度更高,自主性更强,自动进化速度更快,其已开始脱离了"惰性工具"的桎梏。

第二节 人工智能生成内容的产出过程、机理和概念界定

人工智能生成内容的概念界定对研究人工智能生成内容在著作权法上的定性至关重要。如果不先明确人工智能生成内容的概念,人们所指称和讨论的可能是具有不同属性的不同对象。在界定人工智能生成内容的概念之前,还应先了解人工智能生成内容的生产过程和机理。

一、人工智能生成内容的产出过程

上文已经阐述了人工智能与以往的"惰性工具"具有跨越式的区别。例如,摄影机、录音机等工具在作品的创作过程中,仅发挥着技术支持的作用,作品中的表达仍直接来自人类的创

---

[1] BRIDY A. Coding creativity: copyright and the artificially intelligent author [J]. Stanford Technology Law Review, 2012 (5): 1–28.

作。著作权所关注和保护的正是人类具有独创性的表达。人工智能的出现，挑战了直接来自人类的表达。

人工智能生成信息符号组合主要包括了数据输入和训练、内容编写/修改以及最终成果的选择/公开三个步骤。在这三个步骤中，根据人类干预程度的不同，又可以划分为不同的情形。

步骤1：输入和训练数据。

这里的数据可以是已有作品，也可以是由摄影机、传感器或互联网等获得的数据。

情形a：人类进行干预（++），即人类对用于训练的数据进行选择并分类/标记。

情形b：人类进行干预（+），即人类对用于训练的数据进行选择，但未进行分类/标记。

情形c：人类未进行干预（-），即人类对用于训练的数据未进行选择，也未进行分类/标记。

步骤2：编写/修改内容。

情形a：人类进行干预，通过两种方式直接参与成果生成：

① 给予人工智能指示以修改其生成内容。

② 修改人工智能生成的内容以获得最终成果。

情形b：人类未进行干预，即人工智能无须人类干预或协助即可生成信息符号组合。

步骤3：选择/公开最终成果。

情形a：人类进行了干预，选择并公开最终成果。

情形b：人类未进行干预，人工智能无须任何人类干预公开最终成果。

由此可知，人类对最终生成内容的贡献不是直接的"创作性贡献"。发明人或程序员虽然发明了人工智能或编写了智能程序，但他们没有生成信息符号组合的意图、目的，人工智能输出的信息符号组合不是发明人或程序员主观世界的表达，与发明人或程序员没有直接联系。人工智能的使用者和操作者也没有付出实质、直接的"创作性贡献"，他们只是作了一些辅助性的干预或介入，甚至仅仅按下程序的"启动"按钮。

二、人工智能生成内容的产出机理

人工智能之所以能够在人类干预甚至完全不依赖人类干预的情况下生成信息符号组合，关键在于人工智能系统具备了机器学习功能。

（一）人工智能机器学习的主要方式

机器学习让人工智能系统能够从原始数据中抽取模型，这类似于人类的学习、获取知识的过程。机器学习的主要方式有：监督学习（通过示例学习）、无监督学习（通过差异学习）和强化学习（通过试错学习）。[1]

1. 监督学习——通过示例学习

监督学习的核心理念是通过示例（也称为训练数据、训练样本）进行学习，即根据已有数据集、变量与自变量之间的关系，训练得到一个最优模型，并依据该模型作出预测。在监督学习中，人类需要根据训练数据的特征打上标签，通过训练，机器可以自己找到特征与标签之间的联系。监督学习常运用于机器翻

---

[1] DENG A. An antitrust lawyer's guide to machine learning [J]. Antitrust, 2018, 32 (2): 82-88.

译、图像和语音识别。

2. 无监督学习——通过差异学习

无监督学习的核心理念是通过差异进行学习,其类似于人的大脑对一堆混合的形状进行分组的过程,当不同形状之间的差异"小"时,大脑会将对象放入一组,当差异"大"时,会将对象放入另一组。这种分组,在术语中称为"聚类"。智能娱乐、财经和体育新闻就是以这种"聚类"方式生成的。

3. 强化学习——通过试错学习

强化学习的核心理念是通过反复尝试、不断试错进行学习。这类似于拿着手机在房间里找最强信号的过程。以教神经网络识别猫为例,在强化学习下,程序员无须告诉神经网络如何识别猫的胡须、耳朵、皮毛等特征,而只需显示成百上千张猫的图像,神经网络就可以自己识别猫了。如果神经网络一直犯错,人工智能的训练者无须改变程序,只需继续指导神经网络。❶❷ "阿尔法零"(AlphaGo Zero)就是通过强化学习技术,在无任何人类输入之下通过自我对弈来自学围棋的。❸ 强化学习的功能非常强大。假设,一名音乐爱好者是周杰伦的歌迷,他可以通过不断打分的方式训练智能系统输出周杰伦风格的歌曲(比如他心目中的歌曲是10分,智能系统会通过不断"试错"接近或达到10分)。

---

❶ TANZ J. Soon we won't program computers, we'll train them like dogs [EB/OL]. (2017-06-17) [2018-05-27]. https://www.wired.com/2016/05/the-end-of-code/.

❷ PEARLMAN R. Recognizing artificial intelligence (AI) as authors and investors under U. S. intellectual property law [J]. Richmond Journal of Law & Technology, 2018, 24 (2): i-38.

❸ 佚名. ALphaGo 进化,新一代 ALphaGo Zero 诞生![EB/OL]. (2017-10-19) [2021-01-07]. https://baijiahao.baidu.com/s?id=1581662955507456019&wfr=spider&for=pc.

因此，这名音乐爱好者可以在不作任何抄袭的情形下，竞争和抢占周杰伦音乐作品的市场。

（二）人工智能"创作"与人类创作智能机制不同

人工智能"创作"是依赖（大）数据、算法和模型，通过对人类智能（主要是逻辑思维）的模拟完成的，其主要机制是对输入的大量作品或其他信息进行分析，寻找其中的规律，并加以重新排列组合。逻辑思维是一种以过往经验、知识和技巧分析事物本质规律的思维过程。[1] 由于既有的经验、知识和技巧是有限的，这种思维模式缺乏突破性和超越性，并且停留于对事物表象（what）的意识。虽然实现了"自主学习"的人工智能具有一定的开放性和交互性，能够不断累积和更新，但其仍无法挣脱数据库和算法的束缚。逻辑思维是线性的显性智能[2]，是人类对过往经验的归纳、总结与运用，主要运用于解决问题。解决问题依赖的主要是外显能力，如获取信息、提炼规律以及执行策略。[3] 人工智能的自动编创过程基本没有超出解决问题的模式，其生成的成果也基本是在旧事物组合的基础上产生的新事物。[4]

而人类创作更多是依赖于属于隐性智能的直觉思维（面型）和顿悟思维（体型）[5]，如直觉、灵感、顿悟、想象和审美能力

---

[1] 姜成林. 直觉思维与逻辑思维 [J]. 社会科学辑刊, 1992 (4): 18-19.
[2] 彭健伯. 创新的源头工具：思维方法学 [M]. 北京：光明日报出版社, 2010: 262.
[3] 钟义信. 人工智能：概念·方法·机遇 [J]. 科学通报, 2017, 62 (22): 2473.
[4] 龙文懋, 季善豪. 作品创造性本质以及人工智能生成物的创造性问题研究 [J]. 电子知识产权, 2019 (5): 4-15.
[5] 彭健伯. 创新的源头工具：思维方法学 [M]. 北京：光明日报出版社, 2010: 262.

等❶。人类创作的过程表现为显性智能与隐性智能不断交替进行的过程，创造性产生于二者的共同作用。隐性智能不局限于事物的表象，还探寻事物的本质（why），其能够对过往经验进行突破，能够让人类在变化的环境中凭借以往的经验不断获得前所未有的新知识和技能。显性智能是有限的，而隐性智能是无限的。❷ 正是由于人类拥有了隐性智能，因此人类的智力是没有边界的，这也是人类成为"万物之灵长"的原因。从某种角度而言，著作权正是为了鼓励和保护人类这份可贵的创造性而存在的。

"创作"一词，本身就包含对既有经验的突破之意。人工智能借助（大）数据、算法和模型生成信息符号组合的过程，与真正意义上的创作具有本质上的区别。

其一，在隐性智能之下，人类创作可以不断突破和跃迁，而人工智能"创作"只能获得重新排列组合的结果。例如物种进化，人类创作可以进行物种突变和进化；由于人工智能的"创作"不具备顿悟思维，因此只能在原有物种之内进行个体的复制、繁衍。有学者甚至宣称，只有创作出不能被算法基于既往数据（已有作品）构建起来的模型所完全拟合的新样本，才能称得上"艺术创作"。❸

其二，人工智能"创作"更接近于规模化、批量化的机器制造、生产（produce），而不是创作（create）；相应地，人工智能生成内容更接近于产品、成果（production），而不是创作物（creation）。人工智能"创作"的效率之高、速度之快，较之人

---

❶ 钟义信. 人工智能：概念·方法·机遇 [J]. 科学通报, 2017, 62 (22)：2473.
❷ 钱学森. 关于思维科学 [M]. 上海：上海人民出版社, 1986：122.
❸ 李丰. 人工智能与艺术创作：人工智能能够取代艺术家吗？[J]. 现代哲学, 2018 (6)：99.

类具有碾压性的优势。

三、人工智能生成内容的概念界定

人工智能生成的信息符号组合存在不同的表述。国内大部分学者通常称其为人工智能生成物[1][2]，或者称其为人工智能创作物[3][4]、人工智能创造物[5]、人工智能智力成果[6]、人工智能生成内容[7]、人工智能生成的内容[8][9]、人工智能生成的符号组合[10]，还有学者直接将其称为人工智能作品[11][12]。

在国际上，人工智能生成内容的表达也不统一。许多学者将

---

[1] 李扬. 应从哲学高度探讨人工智能生成物著作权问题 [J]. 中国出版，2019 (1)：1.

[2] 刘影. 人工智能生成物的著作权法保护初探 [J]. 知识产权，2017 (9)：44-50.

[3] 许明月，谭玲. 论人工智能创作物的邻接权保护：理论证成与制度安排 [J]. 比较法研究，2018 (6)：42-54.

[4] 易继明. 人工智能创作物是作品吗？[J]. 法律科学（西北政法大学学报），2017，35 (5)：137-147.

[5] 梁志文. 论人工智能创造物的法律保护 [J]. 法律科学（西北政法大学学报），2017，35 (5)：156-165.

[6] 李伟民. 人工智能智力成果在著作权法的正确定性：与王迁教授商榷 [J]. 东方法学，2018，63 (3)：149-160.

[7] 陶乾. 论著作权法对人工智能生成成果的保护：作为邻接权的数据处理者权之证立 [J]. 法学，2018 (4)：3-15.

[8] 王迁. 论人工智能生成的内容在著作权法中的定性 [J]. 法律科学（西北政法大学学报），2017，35 (5)：148-155.

[9] 熊琦. 人工智能生成内容的著作权认定 [J]. 知识产权，2017 (3)：3-8.

[10] 李琛. 论人工智能的法学分析方法：以著作权为例 [J]. 知识产权，2019 (7)：14-22.

[11] 刘银良. 论人工智能作品的著作权法地位 [J]. 政治与法律，2020 (3)：2-13.

[12] 黄玉烨，司马航. 孳息视角下人工智能生成作品的权利归属 [J]. 河南师范大学学报（哲学社会科学版），2018，45 (4)：23-29.

其表述为 "computer – generated works"❶❷❸，还有学者表述为 "computer – created works"❹。1988 年，英国版权、外观设计和专利法对计算机生成的成果设置了专门规定，将其表述为 "computer – generated works"❺。但这种表述在澳大利亚受到了版权委员会的否决。澳大利亚版权委员会认为 "computer – generated work" 不具有 "独创性"，不能被列入作品类别。澳大利亚版权审议委员会根据版权委员会的观点将 "computer – generated work" 用语改为 "computer – generated material"❻。1991 年，世界知识产权组织（WIPO）组织专家对《伯尔尼公约》进行修订，在探讨关于受公约保护的作品类别的最初版本中，计算机生成物被表述为 "computer – produced works"❼。2019 年，国际知识产权保护协会（AIPPI）在英国伦敦世界知识产权大会上将全部或部分使用人工智能编创的成果称为 "artificially – generated works"，英文解释

---

❶ MCCUTCHEON J. The vanishing author in computer – generated works: a critical analysis of recent Australian case law [J]. Melbourne University Law Review, 2013, 36 (3): 915 – 969.

❷ MILLER A R. Copyright protection for computer programs, databases, and computer – generated works: is anything new since CONTU? [J]. Harvard Law Review, 1993, 106 (5): 977 – 1073.

❸ DENICOLA R C. Ex machina: copyright protectionfor computer generated works [J]. Rutgers University Law Review, 2016, 69 (1): 251 – 288.

❹ FARR E H. Copyrightability of computer – created works [J]. Rutgers Computer & Technology Law Journal, 1989, 15 (1): 63 – 80.

❺ Copyright, Designs and Patents Act 1988 [EB/OL]. [2021 – 05 – 12]. http://www.legislation.gov.uk/ukpga/1988/48.

❻ Australian Copyright Council. Response to the Copyright Law Review Committee's Draft Report on Computer Software [R]. Australian Copyright Council, 1993: 18.

❼ 1991 年，WIPO 召集专家对《伯尔尼公约》进行修订。在讨论关于受公约保护的作品类别的最初版本中，"computer – produced works" 被列入其中，但后期又被排除在外。

为：A work created in whole or in part using Artificial Intelligence (AI) is referred to as an artificially-generated work or an AI-created work.❶。

人工智能生成内容的准确表述和概念界定应建立在人工智能生成内容的特征之上。由人工智能生成内容的生成过程、机理，可以得出人工智能生成内容具有以下四种特征。

第一，人工智能生成内容是借助（大）数据、算法、模型等生成的。

第二，在生成过程中，人工智能具有某种程度的自主性，能够在一定程度上脱离人类预设，自动"表达"出信息符号组合，而人类的贡献是间接的干预或介入（甚至完全没有干预或介入），不是直接的"创作性贡献"（没有直接生成或固定表达）。

第三，人工智能"创作"与人类创作的智能机制不同，人工智能模拟的主要是人类的逻辑思维（一小部分为形象思维），无法模拟人类的顿悟思维。

第四，人工智能生成内容是智能程序规模化、批量化产生的成果，建立于同一输入数据库的人工智能生成内容具有同质性。以"下一个伦勃朗项目"为例，人工智能将伦勃朗大师的画用作输入和训练数据，生成具有伦勃朗风格的新画，虽然每幅新画是独一无二的，但这些新画都具有相同的风格。

概言之，人工智能生成内容是人工智能借助（大）数据、算法、模型等自动生成的内容，其间人类只有间接的（甚至没

---

❶ International Association for the Protection of Intellectual Property. 2019 - study question - copyright/data copyright in artificially generated works summary report［EB/OL］.（2019-11-13）［2021-05-12］. http：//114.247.84.87/AIPPI/ztyj/jy/201911/t20191113_236228.html.

有）干预或介入。该过程以模拟人类逻辑思维为主，可以规模化、批量化进行。

从人工智能生成内容的以上特征和概念可知，人工智能生成内容与人类作品有着本质上的不同，其是否可以被定性为著作权法意义上的作品，还有待考证。❶ 因此，"人工智能创作物""人工智能创造物""人工智能作品"的用语都不太准确。再者，这些信息符号组合是类似人类在文学、艺术和科学领域的表达，因而称其为"人工智能生成内容"更为贴切，相应的英文为"artificially-generated material"或"AI-generated material"。在弱人工智能阶段，人工智能生成内容更确切的表达是"算法生成的内容"。

为了让研究对象更为明确，现将不属于本书研究范畴的对象排除在外：①在生成过程中，人类的干预或介入达到了可以直接控制生成内容的程度（即客观表达就是人类主观世界的反映），此时智能程序已成为辅佐人类进行创作的工具，相应的生成内容即是作品；②在生成之后，人类对生成内容的修改或整理达到了演绎或汇编的程度，则演绎或汇编后的成果因具有了一定独创性，则属于演绎作品或汇编作品。

以上两种情形下的人工智能生成内容已不是纯粹的"（大）数据＋算法"的产物。在这两种情形下，人工智能仍在权利主体的意志控制范围，只是人工智能技术导致了创作行为与创作结果在时间和空间上的分离，以及创作者的稀释和隐藏。在人工智能的助力之下，创作行为与创作结果之间不再是即时、直接的，二

---

❶ 本书第四章将对此作全面的讨论。

者在时间、空间上的同步被技术和资本打破,在原有的简单的"作者-作品"直线关系中,增加了人工智能创造者、程序设计者、数据训练者以及人工智能操作者等角色。因此,"作者"的形象及其创作行为的脉络不再清晰。❶

综上所述,对人工智能生成内容的概念界定,指的是纯粹的"(大)数据+算法"的产物。但是,有自然人参与并表达了其自由意志和思想情感的创作行为(无论是否使用人工智能以及人工智能参与到何种程度),所得的成果仍然属于著作权法所保护的作品范畴。

第三节　人工智能生成内容著作权法律问题的提出

人工智能的著作权法律问题,包括人工智能是否可以成为或视为作者、人工智能所生成的内容是否可以被定性为作品,以及人工智能在机器学习中可能涉及的侵权问题。例如,复制在先作品可能涉及著作权侵权,收集个人信息可能侵害个人信息权、隐私权等。囿于篇幅限制,本书把研究焦点集中于人工智能的著作权主体适格性和人工智能生成内容的著作权客体适格性分析,关于人工智能的其他著作权法律问题,暂不讨论。

---

❶ 曾白凌. 目的之"人":论人工智能创作物的弱保护[J]. 现代出版,2020(4):56-64.

一、人工智能的主体资格问题

人工智能成为著作权的主体，是人工智能成为法律主体的下位问题。对于人工智能是否可以成为法律主体，存在肯定派和否定派之争。肯定派学者主要采用类比的思维，将人工智能与自然人或法人进行类比，认为人工智能具有与自然人或法人相似的特征，因而可以视为或通过法律手段拟制为法律上的主体；否定派学者则从法哲学、宪法、民法、著作权法等不同层面，捍卫人类在法律上的唯一、绝对主体地位。

（一）肯定派

持人工智能可以被视为或通过法律拟制方法成为法律主体的肯定派，又有有限人格说、特别人格说、拟制人格说等代表性观点。其中，有限人格说、特别人格说采用类比思维，以自然人为类比对象；拟制人格说则主要是以法人为类比对象。

1. 有限人格说

对于何为"人"，具有本质主义与功能主义两种认识视角。若以本质主义为视角，由于人具有区别于人工智能的某些本质特征，因此人工智能与人不可相提并论；若以功能主义为视角，由于人工智能可以完成人能够完成的事情，因此可以将人工智能与人等而视之。[1] 认为人工智能可以成为法律主体的学者，主要是以功能主义为进路进行论证的。

---

[1] 程广云. 从人机关系到跨人际主体间关系：人工智能的定义和策略 [J]. 自然辩证法通讯, 2019, 41 (1)：9-14.

有限人格说的代表学者袁曾认为，法律主体地位的确认是法律为了解决现实中的问题（如无人驾驶的侵权责任认定、智能写作的著作权归属等）而作出的功能性安排。❶ 由于人工智能已经拥有一定的自主意识，能够作出一定的独立自主行为，其可以成为法律主体，拥有权利并承担义务与责任。然而囿于人工智能承担行为后果的能力有限，故其法律人格是有限人格，而非完全人格。❷"有限人格说"追溯了历史上法律主体的演进过程，认为法律主体的范围需要与生产力发展和现实相适应。从历史上人类权利获得历程来看，法律主体资格的范围是渐进扩大的，而不是封闭的。在人类社会初期，统治阶级按照人的身份实施人格减等制度。如《汉谟拉比法典》将巴比伦人分为享有完全法律权利的上等自由民、享有部分法律权利的无公民权自由民以及无法律主体资格、可视为权利客体被自由买卖的奴隶。直至 19 世纪末，在一些国家，已婚妇女仍不能作为独立个体享有法律上的权利，而只能屈从于其丈夫的意志。❸ 因而，部分学者从自然人法律主体的演进过程中得出，机器人在法律上的主体地位并不为现行法律所当然排斥。

2. 特别人格说

特别人格说认为，可以将人工智能的身份界定为"电子人"或"电子代理人"。"电子人说"代表学者郭少飞认为，人工智能具有一定的自主性，其已经不是纯粹的受支配客体，其可以在

---

❶ 袁曾. 基于功能性视角的人工智能法律人格再审视 [J]. 上海大学学报（社会科学版），2020，37（1）：16-26.
❷ 袁曾. 人工智能有限法律人格审视 [J]. 东方法学，2017（5）：50.
❸ 伊辛，特纳. 公民权研究手册 [M]. 王小章，译. 杭州：浙江人民出版社，2007：263.

人类的管控之外,自主开展社会活动并作出合理决策。随着科技进步,由于人工智能的自主能力将会产生不可预见的风险,因此有必要在法律上将人工智能设置为"电子人",以对其进行统一管控。❶"电子人说"还列举了日本授予宠物机器人"户籍"、美国公路交通安全管理局视自动驾驶系统为"驾驶员"、欧盟议会提议赋予自主机器人"电子人"(electronic persons)身份、沙特阿拉伯宣告"女性"机器人索菲亚"公民身份"等例证。❷

电子代理人说认为人工智能是人类的"非人类代理人",理由是:人工智能可以自主完成人类交代的任务,可以独立作出决策,这些特征和代理人的认定条件相吻合。❸ 该观点还提到,美国将具备独立运算、存储、交易等能力的智能机器人定性为"电子代理人",当"电子代理人"依据使用者的意图与第三方建立法律关系时,不能因某个记录或签章以电子方式表示就否认其法律效力。❹❺❻

3. 拟制人格说

拟制人格说认为,对于非自然人可以运用法律拟制手段将其拟制为法律上的主体。权利主体并不限于生物意义上的人,权利能力也不完全依托于人的生命,其衔接点在于社会人格。不同于现实中的人,法律上的人是抽象化、形式化的"人格人""理性

---

❶ 郭少飞. "电子人"法律主体论 [J]. 东方法学, 2018 (3): 38-49.
❷ 郭少飞. "电子人"法律主体论 [J]. 东方法学, 2018 (3): 41.
❸ 郭剑平. 制度变迁史视域下人工智能法律主体地位的法理诠释 [J]. 北方法学, 2020, 14 (6): 125.
❹ 参见美国统一计算机信息交易法第102条定义之27及第107条。
❺ 余厚德. 从主体资格到权责配置:人工智能法学研究视角的转换 [J]. 江西社会科学, 2020, 40 (6): 178.
❻ 唐林垚. 人工智能时代的算法规制:责任分层与义务合规 [J]. 现代法学, 2020, 42 (1): 200.

人"，这种"人"已经除去了欲望、个性、偏好等非理性因素。法人也非生物意义上的人，法人制度之所以产生，是基于该制度可以让以实体组织存在的投资者在商事活动中规避风险，换言之，法人制度的产生只是因为现实生活的需要。鉴于人工智能与现代民法中的法人多有相通之处，当人工智能发展到需要法律制度对实际需要作出回应时，可以借助类似法人的法律拟制技术在立法上肯定人工智能的法律主体地位，以解决现实生活中的权利归属和责任追究等问题。❶❷

（二）否定派

肯定派学者主要以功能主义为进路、以类比为思维方式论证人工智能可以视为或成为法律上的主体，而否定派学者则从本质主义出发，坚守只有自然人或自然人的集合体才可以拥有法律上的主体资格。从论证层面看，否定派学者分别从法哲学、宪法、民法、著作权法等不同层面进行论证。

1. 法哲学层面

从法哲学上对人工智能主体性进行否定的学者认为，人工智能不具有欲望、意志等人类的本质属性。有学者认为，即使人工智能具备了"理性"，但由于其没有欲望，也不能成为法律上的主体。法律预设的主体是拥有理性与欲望的融合体。权利是主体的欲望在法律上的主张，欲望与法律上的利益得失有着紧密的关系，只有欲望主体才能负担利益。抽离了欲望的人，不是现实中的人，其无法感受快乐和痛苦，而快乐和痛苦是法律上的利益所

---

❶ 石冠彬. 论智能机器人创作物的著作权保护：以智能机器人的主体资格为视角 [J]. 东方法学，2018（3）：140-148.
❷ 吴高臣. 人工智能法律主体资格研究 [J]. 自然辩证法通讯，2020，42（6）：20-26.

在。由于人工智能只具有技术理性，不具有欲望，因此人工智能不具有主体性，无法拥有法律主体资格。❶

人之所以独特，是因为人拥有自由意志，能够自由选择和自我决定，按照"自己的自由意志来生长和发展"❷。有学者认为，功能主义背离了基本的法学思想，人之所以为"人"（法律上之主体），不是基于能够做什么，而是基于其具有自由意志。强大并不能说明人性，相反，自由选择的脆弱才能体现这种特性。法是为人"量身定做"、以人为规制对象的，在法学上，人的特性对其主体性地树立是具有意义的。人工智能无论多么强大，但由于其没有自由意志，因而相应的权利、义务和责任无从建立。❸

还有学者认为，弱人工智能虽然具有一定的自主性，但不具有独立的自由意志，其所有"行为"都是来自研发者或操作者的意志。弱人工智能的可支配性也反映了其典型的工具属性。从工具对人类的替代程度而言，人工智能与石器、铜器、铁器，或蒸汽机、电器不同之处仅在于，它不仅替代了人类的体力，而且替代了一部分人类的脑力。从某种意义上，人工智能的出现反映了人类智慧的进步——使用的工具越来越精密、复杂。❹

2. 宪法层面

从宪法层面反驳人工智能法律主体地位的学者认为，法律上

---

❶ 龙文懋. 人工智能法律主体地位的法哲学思考 [J]. 法律科学（西北政法大学学报），2018，36（5）：24-31.
❷ 布克哈特. 意大利文艺复兴时期的文化 [M]. 何新，译. 北京：商务印书馆，1979：351-352.
❸ 李琛. 论人工智能的法学分析方法：以著作权为例 [J]. 知识产权，2019（7）：14-22.
❹ 刘宪权. 智能机器人工具属性之法哲学思考 [J]. 中国刑事法杂志，2020（5）：20-34.

的主体必须具备法律人格,而法律人格首先是一个宪法上的概念。宪法上的"人"拥有生命,具有独特性与尊严性,是不可重复的神圣存在。❶ 而人的尊严又是任何权利的渊源。人的尊严是权利体系的基础。人类发展史实质上就是一个不断发现、确认与保障人之尊严的过程。❷ 人的尊严与人权,是宪法的核心关切。以德国基本法为例,其开篇第1条即将人的尊严作为基本法价值秩序的基础,以此统摄整个法秩序。❸

科技发展必须符合宪法的基本价值要求——人作为主体,不能被边缘化和工具化。在所创造的文明面前,人类不能让自己的主体价值越来越贬低和减损。科技发展是为了造福人类,人永远是目的,是主体,而技术永远是手段,是客体。人永远是技术的主宰。因此,人工智能技术发展的前提是,尊重人的价值,确保人类主体性人格的自由发展。❹❺ 而人的价值前提是生命的存在。人工智能是没有生命的实体,若把人工智能拟制为法律主体,很可能导致人的异化和贬损。

人工智能作为革命性的新技术,既是潘多拉魔盒,又是达摩克利斯之剑,其本身存在不安全性和不确定性。法律是一种保守的力量,它的使命是审视并降低科技可能带来的风险和非理性的后果。❻ 宪法是具有最高效力的根本法,应当筑起最后一道防线。因此,人类在发展人工智能技术的同时,应从源头上维护人在自

---

❶❸ 叶祝弟,张蕾. 新生命哲学:新兴科技与开放的伦理建构 [J]. 探索与争鸣,2018 (12): 4, 149.

❷ 韩大元. 人的尊严是权力存在与运行的正当性与合法性基础:人的尊严是权利的渊源 [N]. 北京日报,2019-02-18 (12).

❹❻ 韩大元. 当代科技发展的宪法界限 [J]. 法治现代化研究,2018, 2 (5): 1-12.

❺ 叶祝弟,张蕾. 新生命哲学:新兴科技与开放的伦理建构 [J]. 探索与争鸣,2018 (12): 4, 149.

然界中的主体地位，避免让人工智能技术逾越人的尊严、价值和主体性。若把人工智能视为或拟制为法律主体，意味着把神圣的人降格为物。

3. 民法层面

从民法层面否定人工智能法律主体地位的学者认为，在私权体系中，权利主体和权利客体之间的法律地位是相对的，不得转换的。权利客体永远是权利主体法定支配权的对象。若肯定人工智能与自然人同等的主体地位，将会颠覆私法原理，并在主体的意思表示、侵权行为中的主观过错考量等方面带来实践难题。❶

民法上预设的主体是"理性人"，能够依据自己的意识和意志进行利弊分析和自由选择，并能够对该结果承担责任。"理性人"的预设还发展出了"谨慎人的注意义务"等理念。虽然人工智能是人类技术理性的延伸和拓展，但这种"理性"排除了情感、欲望等人的特质，只具有逻辑、推理方面的理性，非法律意义上的理性。❷ 法律意义上的"理性人"，拥有精神属性和社会属性，而人工智能无论在功能上多么接近人类智能，其也无法获得人所特有的这两种属性。

此外，民法上的预设主体还拥有识别和承担法律后果的能力——责任能力。然而，即便人工智能可以实施法律行为，但其无法识别和承担其行为的法律后果，如赔礼道歉、赔偿损失等。因此，人工智能不具有承担责任的可能，无法成为民法上的主体。

---

❶ 布洛克斯，瓦尔克. 德国民法总论 [M]. 张艳，译. 北京：中国人民大学出版社，2012：456.
❷ 杨红军. 理性人标准在知识产权法中的规范性适用 [J]. 法律科学（西北政法大学学报），2017, 35 (3): 161-168.

4. 著作权法层面

从著作权法层面进行证否的学者主要从激励理论出发，认为著作权制度没有赋权给人工智能的必要，或者人工智能的"创作"机制与人类具有本质不同，因而人工智能不必也无法成为著作权的主体。

按照著作权的激励理论，之所以赋予作者或其他著作权人有限的排他权，是为了通过提供经济回报和予以精神认同，来激励其创作出更多更好的新作，进而促进文化进步与繁荣。由于人工智能没有主体意识，无法享受物质和精神的利益，因此授予其著作权无法达到立法上预期的激励目标。[1]

有学者从"创作"的意涵切入，否定人工智能的著作权主体适格性。著作权法上的"创作"特指人类运用文字、符号、声音或色彩等元素将无形的思想、情感外化，直接产生智力成果的活动。这意味着，真正意义上进行创作的主体——作者只能是具有思想、情感，能够进行智力活动的自然人。[2] 著作权承载着人格价值，其客体——作品彰显着人的个性，具有明显的人格属性，属于人的精神财富的范畴，因而只有自然人才拥有创作的能力或资格。还有学者从创作过程角度指出，根据人工智能技术的实际应用，人工智能"创作"极大地依赖流水线般的程序、模块、规则、算法，与人类的自由思维相差甚远。由于这样的过程没有渗入人的个性、思想和情感，相应的输出结果不具有独创

---

[1] 李扬，李晓宇. 康德哲学视点下人工智能生成物的著作权问题探讨 [J]. 法学杂志，2018，39（9）：43-54.
[2] 易继明. 人工智能创作物是作品吗？[J]. 法律科学（西北政法大学学报），2017，35（5）：137-147.

性，因此人工智能无法成为著作权法上的作者。❶❷

二、人工智能生成内容的定性问题

人们在判断某个具体表达或信息符号是否构成作品时，一般从作品的构成要素进行分析。根据《著作权法》关于作品的定义可知，作品的构成必须具备三个要素：①属于特定领域的智力成果；②具有独创性；③能以一定形式表现。在关于人工智能生成内容是否构成作品的讨论中，①和③这两个要素并不存在争议，争议主要聚焦于"独创性"的判断。持"人工智能生成内容是作品"观点的肯定派认为，作品的独创性判断应采用客观标准，对于作品是否来源于人在所不问；而持"人工智能生成内容不是作品"观点的否定派则坚持认为，作品必须来源于人的创作，人与作品的关联不能切断。李琛教授把肯定派的观点称为创作的结果论，把否定派的观点称为创作的来源论。❸

（一）肯定派观点

结果论仅关注创作的结果而不关注创作的过程。持创作结果论的学者认为，作品的认定，只要从形式上或客观表达上符合作品要件即可，不必要证明作品与创作之间的因果关联。❹ 有学者

---

❶ 袁博. 谁是人工智能"作品"的作者？[N]. 中国知识产权报，2019 – 07 – 12（10）.

❷ 王迁. 论人工智能生成的内容在著作权法中的定性 [J]. 法律科学（西北政法大学学报），2017，35（5）：148 – 155.

❸ 李琛. 论人工智能的法学分析方法：以著作权为例 [J]. 知识产权，2019，221（7）：14 – 22.

❹ 梁志文. 论人工智能创造物的法律保护 [J]. 法律科学（西北政法大学学报），2017，35（5）：156 – 165.

认为可以依据"图灵测试"对某项成果的创造性进行客观判断。❶ 结果论的理由主要可以归纳为以下五个方面。

第一，国际公约❷和各国著作权法都普遍遵循"思想/表达二分法"。从"思想/表达二分法"出发，著作权法保护的范围仅限于表达本身，表达背后所包含的思想不在保护范围之内。

第二，作品中的作者个性正在消退。越来越多类似地图、词典、百科全书等功能性作品被纳入著作权法保护范围，这种趋势反映出作品体现人类人格、个性的条件正在逐渐消退。另外，创作大众化的趋势也折射出作者个性的稀释。在互联网和新媒体下，作品创作趋向交互性和开放性，逐渐由艺术家的"独白"转向大众的"对话"。❸ 例如，美术作品"翻船体"漫画《友谊的小船说翻就翻》被众多网络用户进行再创作，原作者只能通过微博公开许可"翻船体"漫画的使用。❹ 由此可见，创作者或专属创作团体的主体地位逐渐淡化，传统艺术家的主体地位逐渐消解，作品中个性的体现越来越模糊。❺

第三，创作意图以及思想、情感、个性是主观范畴，不可估量、无法探知、无从考量，而表达属于客观范畴，是客观真实

---

❶ 朱梦云. 人工智能生成物的著作权归属制度设计 [J]. 山东大学学报（哲学社会科学版），2019（1）：118-126.
❷ 参见《与贸易有关的知识产权协定》第 9 条第 2 款，著作权保护仅延及表达方式，而不延及思想、程序、操作方法或数学概念之类。
❸ 熊琦. "用户创造内容"与作品转换性使用认定 [J]. 法学评论，2017，35（3）：64-74.
❹ 邹韧. 微信原创内容被擅自转载，作者维权有难度 [N] 中国新闻出版广电报，2016-05-12（5）.
❺ 林秀芹，游凯杰. 版权制度应对人工智能创作物的路径选择：以民法孳息理论为视角 [J]. 电子知识产权，2018（6）：16-17.

的。[1] 客观方法是一种比主观视角更可衡量和有效的工具。在实践中，对涉案作品进行判定时，通常仅对其中的表达予以审查，而不评判作品的创作过程。[2]

第四，法官在进行实质性相似等测试时，一般根据人们对作品的解读，以及"跳到平均观察者眼中的细节"来对涉案作品和在先作品的相似性进行判断。[3] 如果作品与既往智力成果之间存在"足够可区分的变化"，那么作品达到独创性的判断标准。[4] 再者，以作品受众为标准而不是以作者为中心来确立作品的创作要件，也符合艺术审美理论。创作是对受众（audience）产生精神影响（mental effect）的活动。作品的意义体现在对受众/读者产生的精神效果。[5] 因此，只要在理念上从以作者为中心转向以读者为中心，而不需要发生根本的制度变革，人工智能生成内容的著作权法律问题就可以迎刃而解。[6]

第五，若对人工智能生成内容和人类作品区别对待，容易导致问题发生，即投机者不披露人工智能生成内容的真实生成过程，将人工智能生成的内容谎称为人类自己创作的作品，从而获

---

[1] 李伟民. 人工智能智力成果在著作权法的正确定性：与王迁教授商榷[J]. 东方法学, 2018, 63 (3): 149-160.
[2] 梁志文. 论人工智能创造物的法律保护[J]. 法律科学（西北政法大学学报）, 2017, 35 (5): 156-160.
[3] YANISKY-RAVID S, VELEZ-HERNANDEZ L A. Copyrightability of artworks produced by creative robots and originality: the formality-objective model [J]. Minnesota Journal of Law Science & Technology, 2018, 19 (1): 1-54.
[4] BALGANESH S. Causing copyright [J]. Columbia Law Review, 2017, 117 (1): 1-4.
[5] BUCCAFUSCO C. A theory of copyright authorship [J]. Virginia Law Review, 2016, 102 (5): 1229-1232.
[6] 梁志文. 论人工智能创造物的法律保护[J]. 法律科学（西北政法大学学报）, 2017, 35 (5): 161.

得更高水平的保护。❶ 另外，随着人机合作、人机融合技术越来越成熟，人和智能机器在创作中的贡献将会更加难以划分。因此，以人工智能的运作过程和机理对人工智能生成内容的作品属性予以否定是不合理的。❷

（二）否定派观点

首先，创作是自由意志支配下进行的活动。自由意志"是主体的依据、核心和灵魂"。❸ 创作是有意图的活动。创作意图是人类发挥创造潜能的内生力量，对创作的发生、发展起着决定性的作用。❹ 法学上的主体概念是以自由意志为根基构筑起来的，而人工智能没有自由意志，只能在算法、模型、规则之下进行单纯的机械运作。它无法理解其正在创建和输出内容的含义。正如"中文房间"（chinese room）实验，❺ 房间里的美国人虽然能够对递进来的中文问题用中文进行回答，但实际上他对中文一窍不通。

其次，作品源自人类富有个性的创作，是人类主观世界的呈现，其反映了作者的思想、精神与情感，留下了作者的聪明才智以及人格特质的烙印。以王迁教授为代表的学者认为，人工智能的运行是确定的、具有规律的，与人类的自由思维有着根本区

---

❶ 崔泽夏. 人工智能生成物著作权问题研究 [D]. 上海：华东政法大学，2018.
❷ 李伟民. 人工智能智力成果在著作权法的正确定性：与王迁教授商榷 [J]. 东方法学，2018，63（3）：153.
❸ 李锡鹤. 民法原理论稿 [M]. 北京：法律出版社，2009：10.
❹ 龙文懋，季善豪. 作品创造性本质以及人工智能生成物的创造性问题研究 [J]. 电子知识产权，2019（5）：9.
❺ "中文房间"（chinese room）实验：假设有位只懂英文不懂中文的被试者被关在一个房间里，其只有一本手册或一个计算机程序，被试者在收到从窗子递进来的中文问题时，可以通过使用这个手册或程序，用中文回答问题。尼克. 人工智能简史 [M]. 北京：人民邮电出版社，2017：185.

别；相应地，人工智能输出的内容是应用特定算法、规则和模型的结果，只要方法正确，无论何人操作，结果都是唯一的、可重复的，不具有个性化特征的。[1] 因此，在人工智能系统中，创作与生活或世界的关联被切断，"创作"成了符号的重新排列组合与增生。[2]

最后，创作源自人们思想、情感交流的需要，作品承载着交流思想、情感的功能。"作者—作品—读者"这一链条上的三个元素是缺一不可的。作者将主观世界呈现到作品上，读者通过欣赏他人的作品从中寻找共鸣。在这个过程中，作品传递了思想和情感，个别自我（读者和作者）与普遍自我（人性）达到了统一。而人工智能"作品"只是空洞的符号组合，其背离了作品交流思想、情感的功能。[3]

三、人工智能生成内容的法律保护模式问题

对人工智能生成内容采取何种法律保护模式，学界也存在很大分歧和争议。主流的学说有公共领域说、狭义著作权说、邻接权说和专有权利说。

（一）公共领域说

公共领域说认为让人工智能生成内容流入公共领域，其主要理由有三个方面：①人工智能生成内容不是人类创作的，只有人

---

[1] 王迁. 论人工智能生成的内容在著作权法中的定性 [J]. 法律科学（西北政法大学学报），2017，35（5）：148-155.
[2] 马草. 人工智能艺术的美学挑战 [J]. 民族艺术研究，2018，31（6）：90.
[3] 李琛. 论人工智能的法学分析方法：以著作权为例 [J]. 知识产权，2019（7）：20.

类需要激励和补偿,而机器是不需要激励和补偿的[1];②由于人工智能进行"创作"的素材源自聚合的人类在先作品,是集体智慧的结晶,因此人工智能生成内容具有公共属性[2];③人工智能生成内容是一种新生事物,在没有足够司法案例和法律经验积累的情况下,暂时将其流入"公共领域"是明智之举[3]。

(二) 狭义著作权说

部分学者将人工智能生成内容定性为著作权法意义上的作品,因此,以狭义著作权保护人工智能生成内容即可。该学说认为,从现实角度来看,难以区分某成果是人类作品还是人工智能生成内容,只要人工智能生成内容在客观上与人类作品无异,即可对其予以著作权保护。[4][5] 从理论角度来看,人工智能生成内容只是在创作过程中出现了"智慧输入"与"成果输出"的分离(相比之下,传统作品"智慧输入"和"成果输出"是同步的),而著作权法律制度是一种财产权制度,其主要目的是对成果上的利益进行分配,因此,生成过程的不同并不影响著作权对人工智能生成内容予以保护的正当性。至于人工智能生成内容上的权利归属于哪个主体,只需要对权利归属规则进行重新设计。

---

[1] PALACE V M. What if artificial intelligence wrote this: artificial intelligence and copyright law [J]. Florida Law Review, 2019, 71 (1): 217 – 242.
[2] 江帆. 论人工智能创作物的公共性 [J]. 现代出版, 2020 (6): 29 – 36.
[3] MILLER A R. Copyright protection for computer programs, databases, and computer-generated works: is anything new since CONTU? [J]. Harvard Law Review, 1993, 106 (5): 977 – 1073.
[4] 朱梦云. 人工智能生成物的著作权保护可行性研究 [J]. 出版科学, 2019, 27 (3): 53 – 58.
[5] 梁志文. 论人工智能创造物的法律保护 [J]. 法律科学(西北政法大学学报), 2017, 35 (5): 156 – 165.

（三）邻接权说

持邻接权说的学者坚持认为，应对人类作品与人工智能生成内容分野、并行而治。智能化、规模化、批量化、产业化的生成方式，必然使得人工智能生成内容与人类作品之间存在不同。著作权的制度功能是激励人类创作，促进人类自由、全面地发展。若以（狭义）著作权对人工智能生成内容予以保护，会导致人类创作空间的挤压、人类创作热情的消退和人类尊严的贬损。而人工智能生成内容与邻接权制度在权利主体、权利客体、制度功能、保护强调和范围等方面高度契合，可以考虑以邻接权对人工智能生成内容予以保护。[1]

（四）专有权利说

还有部分学者认为，人工智能生成内容与著作权和邻接权客体都不相符，基于其财产属性或信息属性，可以创设独立的专有财产权[2][3]或信息权[4]等新型权利对其予以保护。创设新的专有权利被认为是一种综合性的改革方案。[5] 从长远来看，设置专门的

---

[1] 陶乾. 论著作权法对人工智能生成成果的保护：作为邻接权的数据处理者权之证立 [J]. 法学, 2018 (4): 3-15.
[2] 冯晓青, 潘柏华. 人工智能"创作"认定及其财产权益保护研究：兼评"首例人工智能生成内容著作权侵权案"[J]. 西北大学学报（哲学社会科学版）, 2020, 50 (2): 39-52.
[3] 曾白凌. 目的之"人"：论人工智能创作物的弱保护 [J]. 现代出版, 2020 (4): 56-64.
[4] 郭如愿. 论人工智能生成内容的信息权保护 [J]. 知识产权, 2020 (2): 48-57.
[5] MCCUTCHEON J. Curing the authorless void: protecting computer-generated works following ice TV and phone directories [J]. Melbourne University Law Review, 2013, 37 (1): 94.

权利可以对权利主体、权利客体、权利范围、权利限制等作出全面、全新的安排。

四、涉人工智能"创作"的著作权侵权问题

人工智能在"创作"中获取、使用著作权法保护的作品是否侵权，以及著作权法律制度是否将其纳入著作权权利限制与例外的适用情形，是涉人工智能生成内容最复杂的著作权法律问题。学者们的立场大致可以划分为"倾向促进科技进步"和"兼顾保障著作权人权益和促进科技进步"两大类。

（一）倾向促进科技进步

持该立场的部分学者认为，为了实现数据规模化利用、促进文化艺术繁荣和促进人工智能技术发展等，有必要扩大合理使用的适用范围并对合理使用制度进行重塑[1]，让人工智能对在先作品的使用合法化。具体路径有二，一是采用美国开放式的"合理使用+具体列举"立法模式，二是在修订我国《著作权法实施条例》时明确将"为了人工智能学习和创作的使用"列为专门的合理使用情形。[2]

（二）兼顾保障著作权人权益和促进科技进步

持该立场的部分学者认为，如果将人工智能对在先作品的使用都视为著作权法意义上的使用，将不利于人工智能技术的开发

---

[1] 焦和平. 人工智能创作中数据获取与利用的著作权风险及化解路径［J］. 当代法学，2022，36（4）：128－140.
[2] 林秀芹. 人工智能时代著作权合理使用制度的重塑［J］. 法学研究，2021，43（6）：170－185.

与运用,但如果将这些使用都视为合理使用,又有损作品著作权人的权益。因此,需要平衡各方利益,同时兼顾作品保护和科技进步。但具体如何应对,不同学者有不同的思路,有学者认为可以采用法定许可制度❶,有学者认为可以引入推定集体管理机制和税收制度❷,还有学者认为应在类型化的思想下对人工智能使用在先作品的行为进行规制,只有非展示性使用才能被纳入著作权侵权例外的范畴❸。

本章小结

人工智能是模仿、延伸和拓展人的思维过程和智能行为的技术。人工智能生成内容是人工智能在数据和算法的助力下,脱离人类的控制,自动生成的信息符号组合。"作品由作者创作而来",是作品获得著作权保护的预设。人工智能生成内容的出现,对这一前提进行了挑战,并引出了关于"人工智能是否可以成为或视为作者""人工智能生成内容是否可以被定性为作品""对人工智能生成内容以何种法律模式进行保护""人工智能在'创作'中获取、使用著作权法保护的作品是否侵权"的激烈争论。

关于人工智能的主体性问题,存在肯定派和否定派之争。肯

---

❶ 刘友华,魏远山. 机器学习的著作权侵权问题及其解决 [J]. 华东政法大学学报,2019,22 (2): 71-72.

❷ 华劼. 合理使用制度运用于人工智能创作的两难及出路 [J]. 电子知识产权,2019 (4): 29-39.

❸ 李富民. 智能写作使用他人作品的合法性界限:以展示性使用与非展示性使用区分为视角 [J]. 社会科学家,2021 (8): 131-135.

定派学者又分别持有人工智能有限人格说、特别人格说以及拟制说等不同论点。有限人格说认为，由于人工智能已经具有一定程度的自主意识和理性，具有一定的逻辑推理和计算能力以及行为能力，可以根据其有限的独立责任能力赋予其有限人格；特别人格说认为，可以将人工智能的身份界定为"电子人"或"电子代理人"；拟制说提出，可以通过法律拟制技术将人工智能拟制为新型民事主体。否定派学者则从法哲学、宪法学、民法学、著作权法等不同进路进行否定。从法哲学进路对人工智能主体性进行否定的学者认为，人工智能没有人类的理性、情感、欲望；从宪法学进路进行否定的学者认为，将人工智能设立为法律主体会贬损人类的尊严和价值；从民法视角对人工智能主体性予以否定的学者认为，人工智能无法拥有人类的"理性"和社会性；从著作权法视角进行否定的学者认为，人工智能无法完成真正意义上的"创作"。

关于人工智能生成内容的定性问题，存在来源论学者（否定派）和结果论学者（肯定派）之辩，来源论学者坚持认为作品必须来源于人类的创作，创作是其自由意志支配下进行的活动，作品是其主观世界的呈现，反映了作者的思想与情感，承载着交流思想、情感的功能。因此，作者与作品之间的连接不可切断，不能将人工智能生成内容定性为作品。结果论学者从客观标准出发，认为人工智能生成内容从外观上与作品无异，也可以为读者提供同等的感官享受，可以将人工智能生成内容定性为作品。该派具体论证理由如下：①著作权法仅保护表达而不延及思想；②创作意图以及思想、情感、个性是主观范畴，不可估量、无法探知、无从考量；③法官在司法实务中进行实质性相似等测试时，一般也是根据人们对作品的解读来判断；④若对人工智能生成内容和人类作品区别对待，容易导致"以假乱真"僭称现象的出现；⑤随着功能性作品的出现以及创作大众化、去中心化趋势的出现，作品中作者的个性正在消退，"作品反映个性"的要求正在弱化。

关于人工智能生成内容的法律保护模式问题，也存在很大的分歧和争议，主流的学说有公共领域说、狭义著作权说、邻接权说和专有权利说。看似人工智能生成内容的法律保护模式问题是最迫切需要解决的问题，但实质上，该问题是建立在上述两个问题之上的，是该等问题在实践层面的具体延伸。

关于人工智能在"创作"中获取、使用著作权法保护的作品是否侵权以及著作权法律制度是否将其纳入著作权权利限制与例外的适用情形，是涉人工智能生成内容最复杂的著作权法律问题。学者们的立场大致可以划分为"倾向促进科技进步"和"兼顾保障著作权人权益和促进科技进步"两大类。前者建议将人工智能"学习"和"创作"中使用在先作品的行为视为合理使用，后者则建议采用法定许可或推定集体管理、税收制度等更利于保障著作权人权益的方法。

上述问题虽是著作权法领域的问题，但如果仅在著作权法的层面寻找上述问题的答案，终将迷失在乱象之中。关于人工智能生成内容的著作权法律问题的答案，不仅要在著作权法层面寻找，而且应上升到法学、法理学甚至哲学的层面寻找。以下章节沿着"哲学—法学—著作权法"的线索，将对人工智能生成内容的著作权法律问题层层深化地进行剥茧抽丝的研究。

CHAPTER 02>> 第二章

以人本主义法律观指导人工智能生成内容著作权法律问题的意义

以功能主义还是本质主义为进路,将会得出"人工智能生成内容的著作权法律问题"截然不同的答案。实质上,法律并不纯粹只是工具理性。在研究法律问题时,研究者们还应抛开"功利、算计和预期的关怀",从"法律的本质是什么"出发,展开更深层次的研究。❶ 法律根据人之需要而产生,也以人之需要的满足为归宿。法是良法还是恶法,更是以人的评价为标尺的。因此,人工智能生成内容的著作权法律问题之研究不能偏离人本主义法律观。

---

❶ 米健. 从人的本质看法的本质:马克思主义法观念的原本认识 [J]. 法律科学(西北政法大学学报), 1997 (1): 3-11.

第一节　人本主义法律观的基础理论

人本主义法律观根植于人本主义思想。想要理解人本主义法律观的内涵，必须先了解人本主义思想。人本主义思想，即以人为中心、为根本、为归宿的哲学思想，其强调了人的意义、价值、尊严以及自由。

一、人本主义思想的历史演进

人本思想在东西方皆有之，但人本思想的种子分别在东西方的文化土壤上萌芽、发展之后，包含了不同的内涵。现代西方的人本思想虽然混合了人权主义、生态主义和民族主义，但仍以个人主义为核心；以中国为代表的东方人本思想，则从民本论中走来，如今正踏着马克思哲学中的唯物史观基石，向以人为本的科学发展观走去。

（一）西方人本主义思想的历史演进

人本主义思想在人类历史上可谓源远流长。在西方，人本主义的思想最早萌芽于古希腊时期。"人本主义"（humanism）一词源自拉丁语"humanitas"，该词最早出现于古罗马哲学家马尔库斯·图利乌斯·西塞罗和作家奥卢斯·格利乌斯的著作中，意指"人情""人性""万物之灵"之义。❶ 至苏格拉底时期,人本主义观念悄然滋长,人开始替代了自然,成为"思辨的中心"。❷ 普罗泰戈拉的"人是万物的尺度",喊出了人本主义哲学思想最早的宣言。❸ 自此,人为万物主体的价值观和认识论开始滥觞。以人——而非上帝——为中心,成为古希腊思想最具魅力之处。❹ 但人们刚刚觉醒的自我意识很快被欧洲中世纪的神学思想所吞没。在原罪和救赎的宣扬之下,人性被致命地蔑视和压抑,人的自由和尊严被全然否定。

直至欧洲文艺复兴时期,在人们反封建和反神权的努力之下,人本主义思想才重新被点燃。在该阶段,人本主义呈现为人文主义,人文主义者认为人的理性、人性具有至高无上的地位,应将人从神学桎梏之中解放出来,恢复人的尊严,肯定人的价值,释放人的个性,促进人的自由发展,提出要以人本替代神本。❺

在14~16世纪末文艺复兴时期人文主义思潮的影响下,西方在18世纪爆发了一场规模宏大,以自由、平等、民主、博爱为追求目标的启蒙运动。该时期的人本主义具体表现为资产阶级的人道主义。启蒙思想家们以自然法、契约论为武器,向封建主义君权、中世纪宗教神权发起了进攻。

在人文主义和人道主义的基础之上,德国哲学家路德维希·

---

❶ 高武平. 人本主义的宪法与宪法的人本主义 [EB/OL]. (2005-05-03) [2020-10-25]. http://www.aisixiang.com/data/6649.html.
❷ 罗斑. 希腊思想和科学精神的起源 [M]. 陈修斋, 译. 北京: 商务印书馆, 1965: 163.
❸ 罗素. 西方哲学史: 上卷 [M]. 何兆武, 李约瑟, 译. 北京: 商务印书馆, 1963: 111.
❹ 布洛克. 西方人文主义传统 [M]. 董乐山, 译. 北京: 生活·读书·新知三联书店, 1997: 14.
❺ 李永成. 经济法人本主义论 [M]. 北京: 法律出版社, 2006: 14.

安德列斯·费尔巴哈从哲学的角度提出了人本主义的概念。[1] 神本、君权的思想让位于人本思想，人性与人权也得到极大的弘扬，人的主体性在人本主义思潮中树立了起来。启蒙运动最后也是思想家伊曼努尔·康德提出，人是目的，人的理性要为自然立法。[2]

资本主义民主革命把人从神权、君权统治中解放出来，推动了历史划时代的进步。但后来，资本主义的商品经济、科技理性则再次把人异化。随着商品经济的繁荣和工业文明的发展，商品、科技成为人们追崇的新的"上帝"，"物本"和"工具理性"开始侵蚀人本主义。马克思对此进行了批判，其指出，一切异化源自劳动的异化。马克思也提出了自己对人本主义思想的理解，即人的本质是人性，是人的自然属性、精神属性和社会属性的统一，人应走向自由自觉的活动，走向自由全面的发展。[3]

在西方历史上，人本主义思想在与"神本"对立中产生，在与"物本"和"工具理性"对抗中发展。"人本主义"中"人"的内涵也不断扩展和丰富。具体而言，西方人本主义中"人"的概念经历了从生物上的个人，到社会上的众人，再到种族、民族，甚至子孙后代，这样一个从个体属性到社会属性的认识过程。[4] 总体而言，西方社会主流的人本主义指的是个人主义，其中的人性主要指人的"理性"。

---

[1] 刘先春，朱延军. 科学发展观中"以人为本"的中国时代特色 [J]. 学术论坛，2010，33（8）：17.
[2] 康德. 实践理性批判 [M]. 韩水法，译. 北京：商务印书馆，2005：95.
[3] 马克思. 马克思恩格斯全集：第1卷 [M]. 北京：人民出版社，2016：9.
[4] 高武平. 人本主义的宪法与宪法的人本主义 [EB/OL]. (2005-05-03) [2020-10-25]. http://www.aisixiang.com/data/6649.html.

(二) 中国人本主义思想的历史演进

与西方源于反动与对抗的人本思想大相径庭,中国的人本思想源于中国人自觉和自省的功夫,包含在中国以儒、道、佛为主的传统文化之中。❶ 中国的传统文化是典型的人文型文化,包含丰富的人文精神。

中国的人文精神发端于西周。西周时重"天"轻"人"的天神崇拜思想开始改变❷,人们意识到,虽然天意不可违,但"惟人乃万物之灵"❸。在《周易·贲卦象辞》中,最早出现汉语"人文"一词:"观乎天文,以察时变;观乎人文,以化成天下",以仿效刚柔交错的"天文"现象,借助"天神"的授意对人们进行教化。❹ 到了春秋战国,以人为重的人文精神进一步弘扬光大。例如管仲所言:"夫霸王之所始也,以人为本。"❺ 即国君欲成就霸业,必须以人为根本,要顺民心、重民意。真正将人文精神和价值加以自觉了解和深层挖掘的是孔子及其所代表的先秦儒家学派。"己欲立(达)而立(达)人。"❻ "己所不欲,勿施于人。"❼ 在对神的态度上,孔子的思想则更先人而后神。"未

---

❶ 唐君毅. 中华人文与当今世界:二 [M]. 桂林:广西师范大学出版社,2005:442-455.
❷ 汪太贤. 论中国法治的人文基础重构 [J]. 中国法学,2001 (4):7.
❸ 《尚书·周书·泰誓上》。
❹ "观乎天文,以察时变;观乎人文,以化成天下",其意指观察天文日月刚柔交错的现象,就能知道四时寒暑相代谢的规律;根据人的文明礼仪须各守其分的要求,就可以教化天下人,使其具备高尚的道德品质。杨奕华. 法律人本主义:法理学研究诠论 [M]. 台北:汉兴书局有限公司,1997:72.
❺ 《管子·霸言》。
❻ 《论语·雍也》。
❼ 《论语·颜渊》。

能事人，焉能事鬼。""未知生，焉知死。"❶ 对人性讨论比较多的是孟子。孟子发现了人与动物之间的差别为，人有仁义，人性为善。此外，孟子认为，人的尊严应通过人的社会地位来体现。于是有了"民为贵，社稷次之，君为轻"❷ 的排序。与孔子、孟子一样，荀子也非常"重民"，认为"君者，舟也；庶人者，水也。水则载舟，水则覆舟。"❸ 后来，民本思想被不断丰富和充实，至唐朝，被演绎为"治天下者，以人为本"。❹

总体而言，中国传统的人文精神并非一种纯粹的理性思想，而是一种附属于政治的"伦理精神"。❺ 虽然在价值方面，民本与人本相通，但民本主要是维护王权的工具，是官本下的民本。由此可见，中国传统的人本主义不是以自然人个体为基础的，而是以人民群体为基础的；其关注的不是个体的自由、价值或诉求，而是社会整体人格的塑造以及群体内在"德性"的修养。❻

当代中国的人本主义对偏重理性的西方人本主义和带有伦理色彩的中国传统人本主义都有了新的突破和超越。中国当代的人本主义是构建在马克思主义唯物史观和科学发展观之上的人本主义，其内涵是把人作为价值的核心以及自然和社会的本位，把人的生存与发展作为最高目标。❼ 即以人为价值取向、为根本、为目标。

---

❶ 《论语·先进》。
❷ 《孟子·尽心下》。
❸ 《荀子·王制》。
❹ 《贞观政要·择官》。
❺ 张分田. 关于深化民本思想研究的若干思考 [J]. 江西社会科学, 2004 (1): 161.
❻ 李永成. 经济法人本主义论 [M]. 北京: 法律出版社, 2006: 18–19.
❼ 冯契. 哲学大辞典（分类修订本）: 下 [M]. 上海: 上海辞书出版社, 2007: 1794.

二、人本主义之"人""本"解读

人本主义法律观是"人本"和"法律"结合之产物。其中,"人"是人本主义法律观的原点和归宿,"本"是人本主义法律观的价值观和方法论。在探明人本主义法律观的内涵之前,应先对"人"和"本"之要义进行解读。

(一)人本主义之"人"

"人"是人本主义的逻辑起点。准确把握"人"的内涵是科学理解人本主义的前提。

人本主义之"人"在过往存在各种不同的解析:有学者认为人本主义之"人"就是"个人",即人的个体;有学者从政治学角度将其释义为"民";有学者将其解析为抽象的无差别的人;还有学者将其定义为"理性人",即纯粹追求市场利益之"经济人";等等。❶

上述观点,从不同角度揭示了人本主义中"人"的不同面相。其实,人本主义中的"人"是一个高度叠加与融汇的概念,其是一个集物性、理性、感性、灵性、社会性等于一体的价值主体。展开而论:①物性,指人的自然属性,即人是一个有生命的活生生的存在,是一个有吃、穿、住、行生存需要的生物,在这一点上,人与动物体无异;②理性,人的理性体现了人与"神"同源的一面,弘扬人的理性,就是弘扬公平、正义、自由、平

---

❶ 汪习根. 论人本法律观的科学含义:发展权层面的反思 [J]. 政治与法律,2007 (3):64-65.

等、博爱等美德,因而自然法又被称为"正当的理性准则"[1];③感性,暗含了人性中脆弱的一面,或是包含了恶和欲望的一面;④灵性,主要指人在自由意志下的创造性;⑤社会性,即人不仅是个体存在物,更是集体存在物,人的本质是"是一切社会关系的总和"[2],每个个体的人都是存在交换与交往的社会关联网中的人,因此,人具有社会性、集群性。[3][4]

(二)人本主义之"本"

在汉语中,"本"是根本、中心、主要之意,其与"末"(次要、边缘、枝节),相对。因此,"人本"合在一起,意指相对于人之外的事物,如神、物、社会或其他,人占据着根本、中心、主要,而非次要、边缘、枝节之地位。从哲学的角度来看,人本主义之"本"指向的是一种价值观和方法论。

人本主义是一种以人为本的价值观,体现为其将人置于立论的中心,把人的价值视为最高价值和最终目的,反对把人仅仅作为手段或工具。人本主义价值观不仅确认人的人格、尊严,而且强调人的主体性,以及呼吁人的全面发展和解放。

人本主义是一种以人为本的方法论,体现在其是一种以人的价值、尊严与自由为切入点的研究方法或行为指南。将人本主义应用到法学研究和实践中,表现为在立法、司法和执法过程中进行视角、思路或途径选择时,应以人为核心,以切合人类发展规

---

[1] 法学教材编辑部《西方法律思想史编写组》. 西方法律思想史资料选编 [M]. 北京:北京大学出版社,1983:143.

[2] 马克思. 马克思恩格斯全集:第4卷 [M]. 北京:人民出版社,2016:376.

[3] 严存生. 法律的人性基础 [M]. 北京:中国法制出版社,2016:338-378.

[4] 汪习根. 论人本法律观的科学含义:发展权层面的反思 [J]. 政治与法律,2007(3):65-66.

律的人性、人伦和人道来建构、评审和适用法律。❶ 此外，人本主义还是一种以人为尺度的评价方法。判断一部法律是良法抑或恶法，最根本的方法就看这部法律是否以人为本。只有浸润了人文关怀、具有了应然法上价值的法律规范，才是法治所欲求的良法。

三、人本主义法律观的内涵

与"以人为本"的法律观相对的是，"以神为本""以物为本""以社会为本"的法律观等。在"以神为本"法律观下，理性与自然、神等同，法律被认为是诸神的意志，是"自然中固有的最高理性"。❷ 在"以物为本"法律观下，金钱和商品被摆在了第一重要的位置，法学家们思考法律通常也从"以最小的成本获得最大的利润"的视角出发，人的价值被漠视，金钱和商品受到无限崇拜；在"社会为本"的法律观下，社会和集体的利益被呼吁重于个人利益，法律成为实行社会职能、管理公共事务、维护社会普遍利益的工具；在"以人为本"法律观下，法律重返以人为出发、为归宿、为评价尺度的价值维度，法律被强调应符合人性、尊重人格、讲求人道、保障人权以及实现人的全面发展。❸

---

❶ 汪习根. 论人本法律观的科学含义：发展权层面的反思 [J]. 政治与法律，2007（3）：68.
❷ 博登海默. 法理学：法律哲学与法律方法 [M]. 邓正来，译. 北京：中国政法大学出版社，1999：14.
❸ 詹建红，吴家峰，等. 人本法律观下的检察职权配置及其实现 [M]. 北京：法律出版社，2014：1-5.

(一) 人是法之源

法律并不是从天而降的,而是历经了漫长的过程逐步形成的。关于法律是如何产生的,许多法学家都进行了探索和诠释。

在古代西方,法律被认为是神的意志之体现。例如《法学阶梯》认为法来自神的意志。[1] 之后,古罗马学者认为自然、神、理性是等同的,法出于自然神,"是自然中固有的最高理性"[2]。到了中世纪,在神学的统治之下,法律是神的意志之反映的意识被进一步强化。实在法(人法)只不过是执行神的意志罢了。[3]

在我国,法律是由作为原始习俗的礼逐步演进而来的。礼又是人们在祭祀鬼神和先祖的活动中发展而来的,具有一定制约作用的规范。而后,礼被纳入法,天命、人事合于法律之中。因此,当时的法律是以天命观为理论基础、以宗教迷信为精神枷锁、以天神合一为特征的。[4] "君权神授" "天讨" "天罚"正是当时政治法律观的体现。[5]

法源于神的思想,是统治者借以维护其政治统治的一种手段。之后,随着人类自我意识的觉醒,人们开始对"法源于神"的观点进行质疑和批判。在西方,文艺复兴运动掀起了"以人性、人权、人道反对神性、神权、神道"的人文主义思潮。古典

---

[1] 拉德布鲁赫. 法学导论 [M]. 米健,朱林,译. 北京:中国大百科全书出版社,1997:3.
[2] 西塞罗. 论共和国 论法律 [M]. 王焕生,译. 北京:中国政法大学出版社,1997:189.
[3] 托马斯·阿奎那将法分为永恒法、自然法、神法和实在法(人法)。阿奎那政治著作选 [M]. 马清槐,译. 北京:商务印书馆,1963:120.
[4] 张晋藩. 中国法制史 [M]. 北京:群众出版社,1991:7.
[5] 李龙. 人本法律观研究 [M]. 北京:中国社会科学出版社,2006:62.

自然法学派在人文主义思潮的影响下，开始否定神创国家和法律的观念，并提出人对国家和法律的产生具有决定性作用的论述。自然法学派以自然状态为逻辑起点，提出"法是人类的理性"❶"理性，即自然法"❷"自然法普遍永恒"❸等思想。意识到人之理性才是法律的渊源，是人本主义法律观的发端。但遗憾的是，自然法学派的理论由于证据和逻辑不足，难以令人完全信服。之后，随着资产阶级革命的胜利，自然法学逐渐走向衰落，以论证资产阶级法律合理性为目的的分析法学、社会法学等法学理念开始兴盛。❹ 虽然这些理念之间存有差异，但它们都是"以物为本"，围绕以"促进和维护资本主义商品经济"为宗旨。

  直至近代，马克思主义法学运用唯物主义观，首次在人类史上揭示了法律产生之缘由——当社会发展到某个阶段，产生了一种把日常生产、分配和交换适用一个共同规则予以约束的需要，这种共同规则先是发展为习惯，之后演进成了法律。❺ 因此，法律产生的真正原因系人类生产和生活的需要。为了生存下去，人类需要吃、穿、住、行；为了满足吃、穿、住、行所需的资料，人类需要进行劳动实践活动；在劳动实践活动中，发生了产品的生产、分配和交换，并产生了制定共同规则的需要。由此可见，如果没有人类以及人类社会，法律则没有产生的必要和可能。因此，人是法存在和发展的前提，法是人社会实践活动的产物。❻

---

❶ 孟德斯鸠. 论法的精神：下卷 [M]. 许明龙, 译. 北京：商务印书馆, 2012：15.
❷ 洛克. 政府论：下篇 [M]. 叶启芳, 瞿菊农, 译. 北京：商务印书馆, 1964：6.
❸ 提出该思想的是西塞罗. 萨拜因. 政治学说史：上册 [M]. 北京：商务印书馆, 1986：204 – 205.
❹ 李龙. 人本法律观简论 [J]. 社会科学战线, 2004 (6)：198 – 206.
❺ 马克思. 马克思恩格斯全集：第3卷 [M]. 北京：人民出版社, 2016：211.
❻ 陈寿灿. 人本法律观的伦理意蕴 [J]. 政法论坛, 2007 (6)：174 – 175.

法律的生成和消灭，皆与人相关。[1]

（二）人是法之目的

法因人的需要而产生，也以人的需要之满足为归宿。人是一切创造的源泉，也是一切创造的目的所在。因此，"人是法之目的"应是法的最高原理和绝对命令。[2] 人之所以创造法律，源自其对生存和生活的不确定和不安定感。康德曾提出"人是目的而不仅仅是手段"[3]，其认为，世上的一切事物，只对人而言才是有价值的。法的价值，体现为法对满足人之需要的积极意义[4]，以及法的属性对人之生存、发展和完善所产生的各种效应（如为人提供稳定的社会环境、对人的活动或行为予以保障、促进和指导等）的总和。[5]

法的价值，是法对人之需要的映射。人之需要是多层次的，因此，法也呈现了不同维度的价值取向，如公平、正义、自由、平等、秩序、效率等。其中，让人类的力量得到最大限度挖掘和开发是法永恒不变的目标。而不同时空下的法，只是不同背景下为了达到这个目标的一种手段而已。法律的根本追求和终极目标，不是法律本身，而是人类更好的生存和发展。只是法律演进的某些时空下，法律发生了异化。当法律偏离以人为目的这一根

---

[1] 杨奕华. 法律人本主义：法理学研究泛论 [M]. 台北：汉兴书局有限公司，1997：99–100.
[2] 陈寿灿. 人本法律观的伦理意蕴 [J]. 政法论坛，2007 (6)：175.
[3] 康德. 道德形而上学基础 [M]. 苗力田，译. 上海：上海人民出版社，2002：86.
[4] 这里的人包括个人、群体、阶级、社会. 孙国华. 法理学教程 [M]. 北京：中国人民大学出版社，1994：94.
[5] 杜飞进. 法律价值概念论析 [J]. 学习与探索，1994 (3)：97.

本时，法律就变成了压迫人或束缚人的工具。❶

其实，"人是法之目的"的思想很早就出现了。如古希腊思想家亚里士多德提出，事物的真正本质是其得到充分发展的状态，而法律的目的，就是使人们在社会中达到最完善的状态；欧洲中世纪哲学家托马斯·阿奎那认为，法的目的是公共幸福；文艺复兴时代的社会契约论者认为法因人而生、因人而存在。❷

（三）人是法之评价尺度

法不仅是在人的需要中产生的，而且是在人的评价中不断修正和发展的。法的评价体系非常复杂，归结为一点便是判断法是良法还是恶法。法的良恶标准又如何确定呢？在西方历史上，第一个提出良法标准的是英国哲学家托马斯·霍布斯。他认为，良法是清晰明确的、为人民利益所需的。其中，"清晰明确"只是形式标准，"为人民利益所需"才是实质标准。霍布斯又作了进一步解释，良法的用处不在于约束人民，而在于指导和维护人民。❸ 之后，西塞罗提出，法是划分正义与非正义的界线，当其与自然标准相符时，构成了惩罚邪恶、捍卫善良的人类法。❹ 法的良恶问题的提出，是人类对"应然"之法与"实然"之法区分的结果，其评价的对象是"实在法"，其追求的目标是符合人性的"自然法"。自然法的精神不是来源于上帝或神，而是来源于人在社会实践和交往中所形成的主流的道德、伦理观念。❺

---

❶ 陈寿灿. 人本法律观的伦理意蕴 [J]. 政法论坛，2007，138（6）：174–175.
❷ 李龙. 人本法律观研究 [M]. 北京：中国社会科学出版社，2006：86–89.
❸ 霍布斯. 利维坦 [M]. 黎思复，黎廷弼，译. 北京：商务印书馆，1985：270–271.
❹ 法学教材编辑部《西方法律思想史编写组》. 西方法律思想史资料选编 [M]. 北京：北京大学出版社，1983：78.
❺ 李永成. 经济法人本主义论 [M]. 北京：法律出版社，2006：25.

在中国，最早提出法的良恶标准的是《商鞅徙木立信论》，其指出：判断法的良恶的标准是法为人民谋幸福与否。[1] 从中也可以解读出，法之良恶，在于其是否反映与维护人权。[2] 可见，良法是能够让人们最大限度地实现自由、幸福、发展、进步的法律，在这一点上，东西方基本达成了共识。

人对法的评价主要体现在对法的良恶的评判上。当法合乎人性、尊重人格、讲求人道、保障人权，蕴含丰富的人本思想时，法就是良法；当法偏离人性、贬损人格、违背人道、践踏人权，漠视和背弃人本思想时，法就异化为了恶法。而人的实践是检验法是良法还是恶法的唯一标准。良法促进人和人类社会的前进，恶法阻滞人和人类社会的前进。因此，法的根本尺度是人的尺度，对法的良恶评判应着眼于人本身，法的价值理念、制度设计和实践，都应围绕"有利于人类更好的生存和发展"这一核心目标。

第二节 人工智能生成内容著作权法律问题的考量维度

人工智能生成内容的著作权法律问题不仅是一个涉及利益考量的政策性问题，而且是一个关系价值取向的法学问题。在不同的价值取向甚至不同的价值排序之下，该问题将会得出迥乎不同

---

[1] 中共中央文献研究室，中共湖南省委《毛泽东早期文稿》编辑组. 毛泽东早期文稿 [M]. 长沙：湖南出版社，1990：1.
[2] 李龙. 良法论 [M]. 武汉：武汉大学出版社，2001：11-12.

的答案。

一、人工智能生成内容的著作权法律问题涉及利益分配

人工智能生成内容的著作权法律问题是一个基于利益考量的政策性问题，其不仅涉及人工智能编程者、投资者、使用者等投入者之间的利益分配，而且涉及人类作品的创作者与以上人工智能投入者之间的利益博弈，以及私人领域和公共领域之间的利益平衡。

首先，从外观上与人类作品几乎没有差异的人工智能生成内容，具有可读性、可欣赏性。换言之，人工智能生成内容是具有使用价值的，其在丰富人们的文娱生活、便利人们的生产和科研等方面都发挥了巨大作用。与此同时，人工智能生成内容的价值还符合马克思的劳动价值论，其凝结了人工智能编程者、投资者甚至使用者大量的技术性、经济性、组织性投入，体现了人类的汗水和智慧。因而，人工智能生成内容是具有使用价值和价值的非天然存在物，人工智能生成内容之上的权利安排涉及了多方投入者的利益分配。

其次，人工智能生成内容除了在外观上与人类作品别无二致，人工智能生成内容在生成效率上还具有人类作者无法比拟的优势。若扩大作品的范畴，将人工智能生成内容定性为作品，则人类作品的定价可能会受到严重碾压；若任其流入公共领域，较之需要付费的人类作品，读者很可能会选择不必付费的人工智能生成内容，这将会导致人类作品版权市场逐步萎缩。是以，人工智能生成内容的著作权法律问题涉及人类作品创作者和人工智能投入者之间的利益博弈。

最后，人工智能生成内容触及知识产品"产生—传播—使

用"链上的利益平衡。从使用者的角度来看，为了降低成本和提高效率，其必然希望能够免费使用人工智能算法生成的内容；但对投入者而言，基于其已付出了大量投入，对这种"不劳而获"的"搭便车"行为则无法容忍。对人工智能生成内容予以保护有利于激励创新，让其进入公共领域则有利于促进其利用。因此，人工智能生成内容的著作权法律问题还需在促进知识产品的利用和激励知识产品的产生之间进行考量。

建立清晰的权利界限，通过权利配置实现资源的有效利用以及社会财富的最大化，是法律制度的目标之一。德国法学家鲁道夫·冯·耶林认为，权利之争很大程度上是利益之争。[1] 从某种意义上讲，人工智能生成内容的著作权法律问题就是一个基于利益考量的政策性问题，该问题有待解决的是，如何对人工智能生成内容进行权利安排，进而达到社会资源的最优配置和社会整体利益的最大化。

二、人工智能生成内容的著作权法律问题更关乎价值取向

虽然从某种意义上讲，人工智能生成内容是一个涉及不同利益主体之间的利益分配问题，但利益分配问题的背后存在的是更为复杂的价值世界。对利益分配的考量，往往受制于价值的判断。因而，在进行制度设计时，不仅要考虑有哪些利益需要平衡，更要考虑这些不同利益的取舍和排序将会影响哪些价值，其是否会抵触人类社会价值的底线。

在哲学上，价值是指客体独特的功能、性质与主体需要之间

---

[1] 狄骥. 宪法论：第1卷 [M]. 钱克新，译. 北京：商务印书馆，1959：204.

满足与被满足的功用关系，是一个标志主体和客体相互关系范畴的概念。❶ 在法学上，法律的价值是指法律作为一种制度对人以及人类社会所具有的作用与意义。法律的价值是以法与人之间的关系为基础的。公平、正义、秩序、效率、创新、福利等都是法律的价值。法律的价值具有多元性。在不同的时空背景以及不同的部门法之下，这些价值的位阶排序是不同的。例如，刑法侧重秩序与正义，民法关注自由与平等，而经济法追求效率。法律的价值取向，体现着法律设立与实施的目的，同时界定着权利和义务的分配格局。❷

著作权法律制度具有所有法律制度共同的普适价值，如正义、效率、自由等价值，还具有作为部门法的特别价值，如创新价值。著作权法律制度对创造者的智力投入的补偿，体现了正义价值；著作权法通过对知识产品的著作权保护、利用与限制等制度安排，以实现信息资源在"创作－传播－使用"链中最优配置，体现了效率价值；著作权法律制度作为一种创新激励工具，对创作予以促进和保护，对创作主体能动性进行干预和控制，体现了创新价值。

人工智能生成内容的著作权法律问题，从表面上看，是一个涉及多方主体的利益考量问题，更是一个关乎多元价值的取舍与排序问题。

"人工智能是否可以成为作者或视为作者"涉及了法律对主体地位的认定标准：若以功能主义为标准，法律仅具有工具理性，是权利和义务的分配工具；若以本质主义为标准，法律对主

---

❶ 李连科. 价值哲学引论 [M]. 北京：商务印书馆，1999：3－4.
❷ 张文显. 马克思主义法理学 [M]. 北京：高等教育出版社，2003：224.

体地位的认定，体现了法律对主体的自由意志，以及尊严、平等、自由等价值的肯定。

"人工智能生成内容是否可以被定性为作品"涉及了公平正义、表达自由、创新激励、以人为本等多个维度的价值，这些价值的不同排序也会得出不同的结果。例如，关于人工智能生成内容的定性问题，若侧重体现公平正义，则应对人工智能生成内容予以法律保护，不能任其流入公共领域；若倾向激励创新，则以功利主义为进路，可将人工智能生成内容视为作品；若重视人类的表达自由，则对人工智能生成内容的法律保护，应以不影响人类的自由表达为前提；若坚持以人为本，则人工智能生成内容上必须承载作者的意志、人类稀缺的创造性以及人类的尊严、自由等人本价值。

第三节 "人本"价值是著作权的正当性缘起、意蕴和旨归

著作权具有多元价值，如公平、正义、效率、创新、人本等。当著作权的诸价值之间发生冲突时，应将著作权最根本的价值列为首要价值。无论是在著作权缘起的正当性论证还是著作权作为一种权利的意蕴解读中，人本价值都具有重要甚至根本的地位。因此，人工智能生成内容的著作权法律问题之研究，不可背离著作权的人本价值。

一、"人本"价值是著作权的正当性缘起

在欧洲文艺复兴浪潮和宗教改革之风的席卷之下,人们对作品来源的思考从"上帝-真理"的范式转变为"作者-作品"的范式。从此,个体作者取代了上帝,在观念上成为作品的主人。之后,出版商打着保护作者自然权利的旗号,认为作者对其作品享有独占和专有的权利(出版商基于作者权利之转让而取得出版专有权)。在出版商和作者们的呼吁之下,世界上首部近现代版权法《安娜女王法令》顺利通过。《安娜女王法令》宣告了"出版特许权"跃迁为版权,而作者也华丽转身为作品保护制度的出发点和正当性基点。

(一)"上帝-真理"到"作者-作品"的范式转变

中世纪的欧洲,人们被宗教神学的思想所笼罩。该时期,上帝被认为是一切的主宰(其将主管神圣事务的权力交由教皇,将主管世俗事务的权力交由皇帝),是真理的拥有者。在这样的意识形态下,人们注重传统思想的传播,高度颂扬既存的古书,但对最近、最新的个人思想和陈述较为忽略。当时,学者们的任务并不是叙说无意义的见解,而是发现古书。❶ 个体作者的统一概念并不存在,作者被认为只是合作或公有体制的一部分,连抄写员的地位都置于作者之上。❷

在文艺复兴的浪潮下,人们的自我意识重新被唤醒。人的世

---

❶ GOLDSCHMIDT E. Medieval texts and their first appearance in print [M]. New York: Biblo & Tannen Booksellers & Publishers, 1943: 112.
❷ 李雨峰. 著作权的宪法之维 [M]. 北京: 法律出版社, 2012: 92-93.

俗本性被发现,人作为万物之灵的高贵和尊严得到了凸显。16世纪,马丁·路德的宗教改革是文艺复兴运动的延续和深入。这场宗教改革给人们的思想带来又一次洗礼。马丁·路德在这场宗教改革中宣扬,真理存在于"圣书"之中,每一个圣徒可以不用依赖教会直接解读《圣经》——"真理只需内心思想的肯定"❶。改变了之前只能由教会传递"圣书"而不能由个人解读"圣书"的传统。这种认识的转变,开辟了近代理性运动之路,人的理性被推上了主宰世界的宝座。

从此,作者具有创作自主和解释作品的权威,作品的意义由作者决定。之所以将作品的产权归属于作者,是源自作品与作者之间无法分离的连接。关于作品来源的观念从"上帝 - 真理"转变为"作者 - 作品",给近代著作权法的正当性论证打下了意识基础。❷

到了 18 世纪,法学家们在论证作者有权禁止他人重印其作品(复制权的正当性)时,再次运用了"作者 - 作品"的范式。之前,作者仅被认为一种匠才(craftsman)或传承者,体现在作品中的灵感系源自上帝,而非作者。法学家们通过内化灵感,将灵感解释为作者的"独创性"或"个性",再次把作者与作品直接关联起来。灵感不再被认为来自上帝,而是来自作者自身。❸从灵感转化而来的"独创性",不仅划分了私有领域与公有领域之间的界限,而且成为现代著作权制度正当性的基石。

---

❶ 罗素. 西方哲学史:上卷 [M]. 何兆武,李约瑟,译. 北京:商务印书馆,1963:13 – 14.
❷ 李雨峰. 著作权的宪法之维 [M]. 北京:法律出版社,2012:91 – 93.
❸ WOODMANSEE M. The genius and the copyright: economic and legal conditions of the emergence of the "author" [J]. Eighteenth – Century Studies, 1984, 17 (4):425 – 448.

（二）"出版特许权"到"私权"的制度转变

近代著作权制度是由封建社会的"出版特许权"演化、嬗变而来的。公元1455年，约翰·古登堡初次在西方运用活字印刷术之后，该技术迅速被推广至英国、法国等国家。印刷技术的运用和推广，让图书印刷成为商人们有利可图的新兴产业。为了保障自身利益，出版商们开始争取排他性的图书复制和发行专有权。16世纪中叶，英国成立了印刷公会。随后，英国开始实施图书出版特许制度，由皇室将图书复制发行权授给公会成员或其他得到特许状的人。这项措施旨在控制思想的传播，以维护国家的宗教统治。在此特许制度下，作者不享有任何权利。

在封建特许制度下，出版商的权利得到了维护。但是，当时的许可法每几年必须通过议会的续展才可以继续生效。到1694年，该法未能通过议会的续展。而这段时间英国盗印图书的行为非常猖獗。于是，英国出版商们开始呼吁出台一部不用续展、持久有效的保护其翻印专有权的成文法。为此，出版商们把自然法思想作为新的正当性基础，认为作者对其作品拥有独占和专有的权利，并且这一权利能够转让，而出版商可以基于作者权利的转让而取得图书印刷出版权。

与此同时，以约翰·洛克为代表的哲学家们也呼吁对作者创作的作品进行保护。洛克在《论国民政府的两个条约》中写道：作者在创作作品时花费了大量时间和劳动，这种付出与其他劳动成果的创造者的花费并没有本质上的不同，因而作者也应与其他

劳动者一样获得应有的报酬。❶

在出版商和作者们的呼吁下,《安娜女王法令》于 1709 年在英国议会上顺利通过。《安娜女王法令》是作品保护制度的一次重大转折。在这次转折中,旧的"出版特许权"被成文形式的版权法所替代。从此,不再由国家权力中心而是由作者和出版商对作品的命运进行支配。版权作为一项私人权利,得到了法律的普遍认可和严格保护,并形成了一种独立、系统的法律制度。❷

在随后几十年,西方国家陆续设立了版权,并形成了功能相近但风格不同的作品保护制度。其中,起主导作用的是以英国、美国为代表的"copyright"体系和以法国、德国为代表的"author's right"体系。

权利保护的基点从出版商转向作者,是作品保护制度的一次华丽转身。❸ 这次转身,让作者与作品之间的关联成为著作权的正当性基础。

二、"人本"价值是著作权的意蕴和旨归

现今世界上的作品保护制度是依照两条主线发展的:一条是以功利主义为核心的"copyright"体系,另一条是起源于法国大革命以个人、人格、人权为中心的"author's right"体系。"author's right"体系,根植于康德、黑格尔等哲学家的人格理

---

❶ 朱谢群. 郑成思知识产权文集:基本理论卷 [M]. 北京:知识产权出版社,2017:26.

❷ 吴汉东. 无形财产权基本问题研究 [M]. 3 版. 北京:中国人民大学出版社,2013:242.

❸ 但《安娜女王法令》仍把重心放在作者和其他权利人的经济权利保护方面,没有强调对作者精神权利的保护。朱谢群. 郑成思知识产权文集:基本理论卷 [M]. 北京:知识产权出版社,2017:28.

论。在人格理论之下，著作权"首先是人格权，其次才是财产权"。❶ 人格权被认为是财产权的基础，而财产权是作者基于人格权对其著作进行控制的结果。❷ 因此，在"author's right"体系之下，作品被解读为"人格之外化"，而保护"人格之外化"被认为是著作权法律制度的第一要义。❸

根植于人格理论的著作权法律制度，是以主体（人）而非客体（作品）为本位的，且是以"作者"而非出版商、邻接权人或读者等其他主体为核心的。

（一）著作权以"作者"而非"作品"为本位

以英国、美国为代表的"copyright"体系，是以客体作品为保护基点的——作品对社会是有益的，因而被保护；以法国、德国为代表的"author's right"体系，是以作者为保护基点的——作品是作者智力创作的结果，因而必须被保护。前者更注重社会和公益目标，仅将版权作为一种工具，而后者则更偏向于对个体的考虑。❹

英美法系所采取的"copyright"体系是以作品的经济性利用为重心的。该体系奉行"商业版权"理念，以"财产价值观"为基础，认为版权的实质就是一种为了商业目的而对作品进行复制的权利。从版权的英文表达"copyright"中，可知版权最初的内容就是"复制权"。在英国"重商主义"经济垄断观念的影响

---

❶ 雷炳德. 著作权法 [M]. 张恩民, 译. 北京：法律出版社, 2005: 24.
❷ DAVID SAUNDERS D. Authorship and copyright [M]. London: Routledge, 1992: 116.
❸ 李琛. 知识产权法关键词 [M]. 北京：法律出版社, 2006: 106.
❹ 德克雷. 欧盟版权法之未来 [M]. 徐红菊, 译. 北京：知识产权出版社, 2016: 79–82.

下,《安娜女王法令》主要是基于促进作品的产出以及出版业的繁荣而设立的。其中的多项条款都带有"交易规则"(trade regulation)的影子❶,而未顾及作者人格利益的保护。美国于1790年制定的版权法继承了《安娜女王法令》的传统,也带有浓厚的"财产价值观"。因此,在英国、美国,"版权"更多的是一个功能性概念,其作用在于促进作品的创作和传播以及文化的发展和繁荣。

与"copyright"体系不同,"author's right"体系将"人格价值观"作为其立法的哲学基础,并将"版权"从单一的财产权发展为了具有双重内容的"作者权"。

在当时的欧洲国家,席卷起一场资产阶级革命风暴。"天赋人权"的旗帜在这场风暴中被高高扬起。受"天赋人权"观念的影响,著作权法树立了"以作者精神权利的保护为核心"的理念,精神产权也登上了权利价值崇尚之顶峰。❷ 在1789年的法国人权宣言中,"自由地交流思想和意见"被推崇为最重要的人权之一,所有公民都可以"自由地发表言论、写作和出版"。❸ 因而,著作权被推至基本"人权"的至高宝座。到了18世纪,在康德等人的进一步推动之下,著作权与"人格"之间的关系更加紧密了。康德认为,每个主体都是独立的个体,都是自己的

---

❶ 《安娜女王法令》中的版权期限、版权效力和价格控制的条款,多是出于商业贸易的考虑。吴汉东. 无形财产权基本问题研究 [M]. 3版. 北京:中国人民大学出版社, 2013: 243.

❷ 吴汉东. 无形财产权基本问题研究 [M]. 3版. 北京:中国人民大学出版社, 2013: 244.

❸ 除了在法律规定的情况下对滥用自由应负责的情形。

主人,而作品是主体(人)的延伸,是人格的反映。[1] 人格的内在尊严应得到尊重,人格权应给予关怀和保护,因而,作品不是一件随意的商品,而是一种神圣的存在。在这些思想的指导下,以法国、德国为代表的"author's right"体系,以作者为本位,将制度的重心置于作者精神权利的保护。为了突出是对作者的精神权利而非出版者的财产权利进行保护,大陆法系采用了"author's right"的表述,以此区分英美法系构筑在"财产价值观"上的"copyright"制度。[2] 后来,日本在其著作权立法中继承了"author's right"体系的"人格价值观",也吸收了"copyright"体系中的精华(如承认法人也可以被视为作者),并依照德文"urheberrecht"(作者权)创制了"著作权"一词。而我国的著作权法是一个具有双重内容,并且以作者为本位、为中心的法律制度。

(二)著作权以"作者"而非其他主体为本位

在著作权法律制度中,主体(人)而非客体(作品)处于核心地位。在所有主体中,又是以作者而非出版商、邻接权人、读者等其他主体为本位。

第一,以"作者"为本位,是相对于出版商而言的。近现代的版权制度是从封建出版特许权脱胎而来的。根据相关资料记载,自现代活字印刷术在西欧普及之后,对图书的大量廉价翻印成为可能。于是,对图书印刷出版提供保护的必要性也日趋重

---

[1] 刘波林,刘春田. 著作权法的若干理论问题 [J]. 法律学习与研究,1987(2):38-43.
[2] 吴汉东. 无形财产权基本问题研究 [M]. 3版. 北京:中国人民大学出版社,2013:245.

要。16 世纪开始,包括罗马教皇、英国国王和法国国王在内的一些君王,陆续向图书出版商颁发了特许令,授予其印刷出版图书的特权。出版商一旦就某一作品获得了复制和发行的特权,就可以独享由此产生的经济利益。❶ 在出版特许权中,作者没有任何法律地位,首先受到保护的是出版商而非作者。17 世纪中叶,资产阶级革命在欧洲爆发。在资产阶级革命的推动之下,"天赋人权"的思想深入人心,个人权利意识开始觉醒,要求废除封建特许权以及保护作者的呼声日益高涨。18 世纪初,作者终于实现了对其作品的主宰。作品保护制度由封建出版特许权到私权的华丽转身,实现了由主要保护出版者到主要保护作者的重大飞跃。从此,著作权法国家基本上都以作者为本位,将作者作为著作权法律制度的主要受益者。

第二,以"作者"为本位,是相对于邻接权人而言的。较之邻接权人,著作权人(作者等著作权主体)居于主导地位。在大陆法系国家,对(狭义)著作权的规定和对邻接权的规定共处于著作权法之下。虽然著作权法对这两种权利的保护是并举的,但在这两种权利主体中,著作权人居于主导、首要、第一的地位。邻接权是一种派生于或相邻于著作权的权利。邻接权之行使,是以尊重著作权人的权利为前提的,邻接权人权利的行使,不得损害相关著作权人的权利。❷

第三,以"作者"为本位,是相对于读者而言的。作者是作品诞生的源头、基础和前提。读者在阅读、欣赏作品的过程中被引起的情感共鸣是由作者发起的。读者在作品中体验到的"别

---

❶ 郑成思. 版权法 [M]. 北京:中国人民大学出版社,1997:7 - 12.
❷ 郑成思. 版权法 [M]. 北京:中国人民大学出版社,1997:16 - 18.

样人生""别样风景"是作者所经历和捕捉的。"作者—作品—读者"的顺序不可倒置。

除了法律的特别规定,作品的原始著作权仍然属于作者。其原因在于,著作权来源于作者创作了作品,作者是作品最直接也是最重要的贡献者。基于作者对作品的独创性所作出的实质性贡献,作者理所应当是作品的主人。除此之外,作者还是文化的承袭者,是他们的精神和智力的劳动,推动了人类文明的进程。这种精神和智力劳动所发挥的作用,对人类有着深刻和持久的影响。❶

第四节 "人本"价值：研究人工智能生成内容著作权法律问题的目标和底线

"人本"价值是研究人工智能生成内容著作权法律问题的目标和底线。研究人工智能生成内容著作权法律问题的终极目标,是促进人类的解放以及自由而全面地发展。研究人工智能生成内容著作权法律问题的底线,是为了不使人机关系以及著作权法律制度走向异化,使其即不削弱人的主体性以及侵犯人的权利和尊严,又不让著作权法律制度成为人类进步的禁锢和束缚。

---

❶ 联合国教科文组织. 版权基本知识 [M]. 北京：中国对外翻译出版公司,1984：9.

一、"人本"价值是研究人工智能生成内容著作权法律问题的目标

人工智能技术来源于人类,其是推动人类历史前进与社会发展的力量和手段之一。人工智能的出现和发展,帮助人们从自然界、社会生产以及意识形态等方面进一步解放出来。人工智能能够接收并实行人类发出的指令,人工智能技术实现了人类智慧与机器无限制体力的完美结合,使人类得以从烦琐、重复、无意义的工作中解脱出来,从而获得更多时间、精力从事更高阶的智能工作。因此,人工智能技术有助于促进人类个性、创造性的释放、自身能力的发展,以及人类整体物质生活和精神生活的丰富。[1] 此外,人工智能技术对人的解放和发展是普遍而全面的,例如,人工智能的出现,使得普通非专业人士都可以参与文学、绘画、音乐、电影的创作。

人工智能技术的发展需要相关法律制度的指引激励和保驾护航。法律制度在人工智能技术的发展中起着如下作用:利用激励原理促进人工智能技术发展;调节人工智能技术成果应用中产生的利益关系,保证和促进人工智能技术成果的合理使用和传播;保障相关主体科学研究和发明创造的自由,为其提供自由、宽松、安定的政治和社会环境;推进国际合作,促进人工智能技术在全球共享、运用。

人类发展的终极目标是全人类的解放以及自由而全面的发展。人工智能技术的发展以及人工智能相关法律制度的制定与实

---

[1] 郭明哲,贾玲. 基于马克思人本思想视角下的人工智能技术哲学研究 [J]. 经济研究导刊,2020(4):190.

施，都不能偏离这一终极目标。人工智能生成内容的著作权法律问题涉及著作权法律制度的诸多价值。在这些价值之间，存在位阶上的差异，当它们发生冲突时，应服从于这一终极目标，以及蕴含在该目标中的"人本"价值。总而言之，人工智能相关法律制度的建构应以促进人类的解放以及自由而全面的发展为终极目标，以保证人工智能技术朝着增进人类福祉的正确方向发展。

二、"人本"价值是研究人工智能生成内容著作权法律问题的底线

人工智能技术在具有正效应的同时，还存在负效应，其可能削弱人的主体性以及侵犯人的权利和尊严。人类之所以能够拥有主体性地位，正是因为人类是唯一拥有思想、能够进行创造的生物。若人类的这种"唯一性"被打破，人类在万物中的主体性地位将受到挑战。此外，人工智能的发展让工具拥有了更强大的功能，其可以进一步减轻人类的体力和脑力劳动。一旦人工智能代替人从事大多数的劳动实践，人的劳动能力将会退化，人的权利和尊严也将受到侵犯。

为了减少人工智能所带来的负效应，人工智能相关法律制度的制定和实施还应以"人本"价值为底线。以"人本"价值为底线，可以避免人机关系以及著作权法律制度走向异化。

（一）以人本主义为指导可以避免人机关系走向异化

在哲学上，"异化"（alienation）是事物对自身本质的否定、疏远或者背离之意。人机关系的异化是指人工智能削弱人的主体性以及侵犯人的权利和尊严，人机关系由"以人为本"转向了"以机器为本"。因此，为了避免人机关系走向异化，人工智能

技术的发展和规制，不能突破"以人为本"的底线。

首先，坚持人是人工智能的模拟对象。人工智能是人类智能在机器领域的拓展和延伸；人工智能对人类智能进行模仿，一直在追求接近人类智能。具体而言，人工智能技术主要从逻辑思维和感觉、知觉对人类智能进行模拟。例如，人工智能视觉模拟的是人的眼睛，语音识别模拟的是人的耳朵，自然语言处理模拟的是人的嘴巴。❶ 为了让机器模仿人类的思维，人工智能技术对人类逻辑思维和感知觉进行符号化，即把人类的大脑功能和心理状态转化为符码，从而形成以符号处理系统为中心的研究方法。❷从总体来看，人类的整体智能始终是人工智能模拟而无法超越的对象。

其次，坚持人是人工智能的操控者或使用者。人工智能本质上是一种劳动工具，属于生产力要素之一。其产生和存在是为了减轻和代替人的劳动，进而提高劳动生产率。因此，人工智能只能协助人类进行劳动，而不能替代人类的所有劳动。人工智能只能是人的工具和"助手"，其必须执行人类的命令，服从人类的管控。科幻小说家艾萨克·阿西莫夫提出的"机器人三大定律"中就提到了人工智能设计最基本的要求是在不伤害人类的前提下遵从人类的命令。人作为主体，理应对其他社会资源拥有绝对的控制权，而人工智能是社会资源的一部分，就必须服从人对机器的统治地位。

最后，坚持人是人工智能的界限。人工智能对于人类智能的

---

❶ 吴海江，武亚运. 人工智能与人的发展：基于马克思人学理论的考察 [J]. 学术界，2019（3）：80.
❷ 张劲松. 人是机器的尺度：论人工智能与人类主体性 [J]. 自然辩证法研究，2017, 33（1）：49 - 54.

拓展和延伸是有边界的，它无法完全替代和超越人类在时空象限上的集体智能。一方面，人工智能对人类智能的替代，只是微观的、局部的，在整体功能上，人类大脑始终是人工智能可以无限接近但不可逾越的地平线。至今人工智能依然不能准确领悟人类自然语言的意义，不能把握人类与外部世界的本质联系。人工智能只是复制了人类大脑的局部功能，但其无法复制人类的顿悟性、发散性以及创造性思维。因此，任何一种人工智能模型对人类智能的模仿都是不完全和不充分的。另一方面，人类的智慧，不仅是个体的智慧和当代科学家的智慧，而且是人类通过社会合作、历经多年沉淀得来的集体智慧。人工智能在人类集体智慧之下研发产生，其本身就是人类集体智慧的证明。即使"阿尔法围棋"（AlphaGo）这样非常先进、可以战胜世界上顶尖棋手的人工智能，也只能在人类操控之下、根据事先设计的程序作出计算和反应，其本质上仍然只是对人类思维的一种高度聚合的机械复制。换言之，"阿尔法围棋"的胜利不过是人工智能背后的智囊团对单个棋手的胜利。❶

（二）以人本主义为指导可以避免著作权法律制度走向异化

法律异化是指法律本是由人类创设、服务于人类的社会规范，但因为一些原因变成了与人类对立的异己力量。❷ 法律的存在是由人的社会本质决定的。法律的功能在于规范人的各种社会

---

❶ 张劲松. 人是机器的尺度：论人工智能与人类主体性［J］. 自然辩证法研究，2017, 33 (1): 52–54.
❷ 周世中，陈雅凌. 法律异化研究［J］. 法律科学（西北政法大学学报），2011, 29 (6): 18–19.

关系。❶ 人本该是法律制度的主人。若法律制度成了囚禁人的"铁笼",人成了法律制度的"附庸",法律制度就会发生异化。❷ 因此,在制定法律规范和作出决策时,应以人为本,将人作为考虑问题的出发点和参照系,并以服务人作为目标。反之,若以人之外的"物"(本书指的是"人工智能")为本,则意味着将重心转移到了"物"之上,那么相关的法律规范和决策,也会偏移到以"物"作为出发点和参照系,以促进"物"的发展作为目标。因此,人降格为"物"借以发展的手段和条件。当"物本"凌驾于"人本"之上时,即使短时间内会换取一定的社会进步,但这样的进步是畸形的、偏狭的,更是不可能长久的。

法律异化,是一个价值背离的过程。著作权法律制度的异化,是指其制度安排与实行逐渐偏离著作权法的根本价值的过程。❸ 例如,著作权法本是为激励人类创作以及文化繁荣而设立的,若其设计与运行阻碍了人类创作和文化繁荣,著作权法律制度就发生了异化。人工智能生成内容的著作权法律问题,潜藏着抑制人类表达和创作自由、导致人类个体甚至整体创作能力悄然退化并丧失创造性思考的可能。若在研究和解决该问题的过程中偏离了著作权法的根本价值,著作权法律制度将会走向异化。

著作权法本身有其内在的价值追求。若一味带着功利主义的色彩将著作权法律制度视为纯粹的工具,并且只以工具的效率对著作权法律制度进行评价,是不可能合理解决人工智能生成内容

---

❶ 米健. 从人的本质看法的本质:马克思主义法观念的原本认识[J]. 法律科学(西北政法大学学报),1997(1):9.
❷ 郑戈. 法律与现代人的命运:马克斯·韦伯法律思想研究导论[M]. 北京:法律出版社,2006:45-124.
❸ 王洪友. 版权制度异化研究[M]. 北京:知识产权出版社,2018:22.

著作权法律问题的。这种超出价值取向要求的纯工具性立法,是法律工具主义的表现。❶ 而事实上,法律有其内在要求,这种内在要求使得法律能够为人们所信仰。❷

"人本"价值是著作权法的根本价值。以人为本,才能够确保著作权法的良法走向。人的尺度,是人工智能生成内容著作权法律问题的根本尺度;是否有利于人的解放和自由全面地发展,是检验人工智能生成内容著作权法律问题是否合理解决的标准。只有坚持以"人本"价值为指导,以人为出发点和归宿点,才能够避免著作权法律制度走向抑制、束缚和阻碍人类生存和发展的异化之境地。

本章小结

法律是主体化的制度,调整的是"人-人"之间的关系。因此,人工智能生成内容著作权法律问题的研究,必须坚守以人为中心、为根本、为归宿的人本主义思想。

人本主义思想,强调了人的意义、价值、尊严以及自由。人本主义思想的种子分别在东西方国家的土壤上萌芽、发展之后,包含了不同的内涵。在西方国家,个人主义的人本思想仍占主流;在东方国家,人本思想经流变之后,发展为现今"以人为本"的思想。人本主义法律规则是"人本"和"法律"相结合

---

❶ 夏扬. 法律移植、法律工具主义与制度异化:以近代著作权立法为背景[J]. 政法论坛, 2013, 31 (4):178.
❷ 许章润.《法治及其本土资源》随谈[J]. 比较法研究, 1997 (1):110.

的产物。其中，"人"是人本主义法律观的原点和归宿，"本"是人本主义法律观的价值观和方法论。人本主义法哲学的内涵是，人是法之源、法之目的，更是法之评价尺度。

"人本主义"是人工智能生成内容著作权法律问题的适当指导思想。人工智能生成内容的著作权法律问题不仅是一个涉及利益考量的问题，而且是一个关乎价值取向的问题。在不同价值取向的指导之下，该著作权法律问题可以得出不同的答案。

著作权包含了多个法律价值，如公平、正义、效率、创新、人本等，当这些价值发生冲突时，应以著作权的根本价值作为著作权的首要价值。在著作权的所有价值当中，人本价值具有重要甚至根本的地位。其不仅是著作权的正当性缘起，而且是著作权的意蕴和旨归。在著作权的孕育和诞生过程中，作者（而不是上帝或出版商）成为作品的主人，作者与作品的关联成为作品保护制度的正当性基础。在著作权的发展和演进过程中，"人格理论"奠定了著作权的本位是主体而不是客体（作品），是主体中的作者而不是其他人（出版商、邻接权人或读者）。

"人本"价值是研究人工智能生成内容著作权法律问题的目标和底线。研究人工智能生成内容著作权法律问题的终极目标，是促进人类的解放以及自由而全面的发展。研究人工智能生成内容著作权法律问题的底线，是为了不使人机关系以及著作权法律制度走向异化，使其即能削弱人的主体性以及侵犯人的权利和尊严，又不让著作权法律制度成为人类进步的禁锢和束缚。

第三章 人本主义视角下人工智能作为著作权主体的适格性分析

"人工智能是否可以成为作者或视为作者"这个问题其实包含了三层追问：第一，人工智能能否成为主体，这是哲学上的追问；第二，人工智能能否成为法律上的主体，这是法学上的追问；第三，人工智能能否成为或视为著作权法上的作者，这是私法上的问题在著作权法领域的具体化。本章对人工智能著作权主体适格性的分析将从上述这三个层面逐层展开。

第一节　哲学层面的主体

主体（德语：subjekt，英语：subject）源自拉丁语"subiectum"，该词在希腊语中的意思是"基体",即放在基底的东西。❶ 沿着该词提供的"主体即是基础"❷得线索,马克思主义哲学以及之前的传统哲学,都对"主体是什么"进行了孜孜不倦得探索。传统哲学家们在研究"水""气""火""数""元素"和"原子"甚至"实体思维"等实体,以及"神"或"上帝"等虚幻形象之后,将人推向了主体的宝座,他们发现,主体的根本是"自我意识",以及突破自身去构造客体和设定秩序的能力。主体成为意义的本源,以及一切规范的基础。马克思主义哲学则在传统哲学的基础上,运用辩证唯物论,以劳动、分工、活动为进路,揭示了主体的由来和演进。

一、传统哲学对主体的发现

从哲学诞生之日起,人类就开始找寻一个作为根据、标准或尺度来解释宇宙一切的"阿基米德支点"。经由"水""气""火"等实体,以及"神"或"上帝"等虚幻形象,最终哲学家们将人推向了主体的至高宝座。

(一)自然哲学家对"万物之源"的探索

古希腊人在惊异宇宙万物的精妙绝伦之际,萌生出是何种超乎想象的力量对此进行安排的好奇心。于是,古希腊哲学家踏上了寻找"万物之始基"的探索之路。

迈出第一步的是哲学鼻祖泰勒斯,他把万物之本原指向"水"。之后,古代朴素唯物主义哲学又相继把万物之本原指向了"气""火""数""元素"和"原子"等实体,并依次提出

---

❶ 海德格尔. 尼采 [M]. 孙周兴,译. 北京:商务印书馆,2002:773.
❷ 漠耘. 主体哲学的私法展开:权利能力研究 [M]. 北京:法律出版社,2012:32.

了如下观点："气"造就了人的灵魂，宇宙是一团永恒之"火"，万物共同的有定形的东西是"数"，万物的生成或消灭皆因某种"元素"的组合与分离，宇宙中发生的一切都是原子运动的结果等。❶

首次将"人"作为询问宇宙之起点的是智者学派。智者学派在原子论的基础上使哲学研究转向了人本身，其将人作为一个物质意义上的原子，认为世界是由人形成的，因此人是万物存在与不存在的尺度。❷ 智者学派相对于其他自然哲学家的一大进步是，他们寻找到了"人"这个观察宇宙的特殊视角。但遗憾的是，智者学派仍然把人当作处于自然的决定和安排之下的物质。因此，智者学派还是未能从"人"的角度发现连接万物的线索。❸

（二）苏格拉底和柏拉图哲学里的"灵肉分离"

将支撑宇宙的阿基米德点由自然物质真正转向人的是苏格拉底。❹ 苏格拉底发现了"人"这个基点，但他发现的仅仅是自然意义上的人。而在苏格拉底眼中，自然意义上的人不具有真知，❺ 真知（智慧）只为神所有，因而只有神才是存在，才是秩

---

❶ 策勒尔. 古希腊哲学史纲 [M]. 翁绍军，译. 济南：山东人民出版社，1992：29–65.

❷ 策勒尔. 古希腊哲学史纲 [M]. 翁绍军，译. 济南：山东人民出版社，1992：100.

❸ 漠耘. 主体哲学的私法展开：权利能力研究 [M]. 北京：法律出版社，2012：33–40.

❹ 苏格拉底将"人是万物的尺度"那句名言诠释为："事物对于我就是它向我呈现的样子，对于你就是它向你呈现的样子。"柏拉图. 柏拉图全集：第2卷 [M]. 王晓朝，译. 北京：人民出版社，2002：664–666.

❺ 柏拉图. 柏拉图全集：第2卷 [M]. 王晓朝，译. 北京：人民出版社，2002：6–10.

序。光凭人类自身是不可能获得宇宙秩序的。❶ 至此，灵与肉分离出现了端倪。苏格拉底之徒柏拉图，则把万物的"共相"指向抽象的"理念"。❷ 宇宙秩序不再存于自然，而只存于超越的理念世界之中。❸ 创造者把理智存入灵魂，再把灵魂置于身体里。❹ 柏拉图将最高的善和最高的理性奉为理性神，而自然万物是在理性神的"劝说"之中向善运动的，而整个宇宙的进化就是理性神持续"劝说"的经过。❺

（三）斯多葛哲学学派与中世纪宗教"彼岸的规范者"

导致灵与肉完全分离的是斯多葛哲学学派，其认为，世界上存在一种无法抗拒的必然性支配着万物遵循相同的规律运动。万物本没有性质，万物的性质来自渗透其中的理性力量。人类要在现实生活中过上一种"有德"（高度理性）的生活，就必须服从自然，❻ 并且以一种坚韧不拔的意志去根除自身感受。❼ 服从和忍耐，是斯多葛哲学学派德行的核心。然而，这种至高理想并非凡人所能及。在这种终极性的要求之下，芸芸众生都需要获得拯

---

❶ 柏拉图. 柏拉图全集：第2卷 [M]. 王晓朝，译. 北京：人民出版社，2002：640-648.
❷ 刘金萍. 主体形而上学批判与马克思哲学"主体性"思想 [M]. 北京：中国社会科学出版社，2009：12.
❸ 漠耘. 主体哲学的私法展开：权利能力研究 [M]. 北京：法律出版社，2012：43.
❹ 柏拉图. 柏拉图全集：第2卷 [M]. 王晓朝，译. 北京：人民出版社，2002：281.
❺ 柏拉图. 柏拉图全集：第2卷 [M]. 王晓朝，译. 北京：人民出版社，2002：299.
❻ 文德尔班. 哲学史教程：上卷 [M]. 罗达仁，译. 北京：商务印书馆，1987：231.
❼ 策勒尔. 古希腊哲学史纲 [M]. 翁绍军，译. 济南：山东人民出版社，1992：224-240.

救。于是,基督教产生了。❶ 与斯多葛哲学学派不同,基督教并不要求凡人具备至高的德行,而只要求其信奉上帝。其理由是,在信奉上帝时,人们会克制自由意志自发的冲动服从规范,这样凡人就可以得到救赎。

斯多葛哲学学派与基督教的共通之处是,人不是自身的规范者,规范者在遥遥相对、触不可及的彼岸。而人只有通过服从或信仰,才有可能参与神圣的秩序。❷

(四)文艺复兴时期"人的发现"

文艺复兴之后,人的理性在上帝的长久压抑之下开始苏醒。经尘世生活的召唤,自然人欲被启动并且释放出来。勒内·笛卡尔的名言"我思故我在"标志着整个哲学步入了一个新纪元——近代主体性哲学走上了历史前台。❸ 至此,人类找到了万物的基点——人类自己。在笛卡尔看来,主体的成立,必须具备以下两个要素:其一,转向自身,即否定外在尺度,只从自身寻找世界万物的根基;其二,这样的根基必须经过思维的确证。❹ 笛卡尔提出,"自我"是一个思维实体。之后,戈特弗里德·威廉·莱布尼茨沿袭这条路进行了超越,提出"实体具有能动性""能动性是实体之根本"。❺ 在该阶段,主体有了萌芽,但仍没有挣脱

---

❶ 文德尔班. 哲学史教程:上卷 [M]. 罗达仁,译. 北京:商务印书馆,1987:213.
❷ 漠耘. 主体哲学的私法展开:权利能力研究 [M]. 北京:法律出版社,2012:45–48.
❸ 刘金萍. 主体形而上学批判与马克思哲学"主体性"思想 [M]. 北京:中国社会科学出版社,2009:11–12.
❹ 漠耘. 主体哲学的私法展开:权利能力研究 [M]. 北京:法律出版社,2012:50–52.
❺ 莱布尼茨. 人类理智新论:上册 [M]. 陈修斋,译. 北京:商务印书馆,1982:25.

之前遗留下来的实体思维的桎梏。

(五) 经验主义者对实体思维的步步击溃

约翰·洛克、乔治·贝克莱和大卫·休谟是经验主义的三大代表人物。在他们的攻克之下，实体思维被步步击溃。

洛克认为，心灵中的观念源自经验，并非源自神（或上帝）的赋予。然而，虽然人们没能拥有神赋予的观念，但拥有神赋予的能力，人们可以运用神赋予的能力把被动的观念转化为主动的认知。[1] "感觉"和"反思"，是获得观念的路径。洛克对笛卡尔天赋观念的否定，说明了其将心灵作为了哲学的立足点，而不再探寻外在实体。然而，洛克仍未走出实体思维的桎梏，在洛克认知里，心灵依旧是一个实体。[2] 贝克莱继续往前推进，其认为，心灵是能动的，是存在对象的感知者。事物要"存在"，就要为人们的心灵所"感知"。由此，贝克莱否定了物质实体。但由于贝克莱无法解释"心灵不是观念（被感知的对象），那么如何知道有一个心灵的存在"这个问题，因此他只能再度回到"心灵是一个思维实体"这个逻辑中来。[3] 真正将实体思维击溃的是休谟。休谟认为，实在观念产生于某个印象，但自我或人格是某个印象之外与该种印象有着联系的某种东西。[4] 休谟的这个"东西"，即是呼之欲出的"主体"。

---

[1] 倪梁康. 自识与反思：近现代西方哲学的基本问题 [M]. 北京：商务印书馆，2002：105-109.
[2] 漠耘. 主体哲学的私法展开：权利能力研究 [M]. 北京：法律出版社，2012：56-57.
[3] 漠耘. 主体哲学的私法展开：权利能力研究 [M]. 北京：法律出版社，2012：58-59.
[4] 休谟. 人性论：上册 [M]. 关文运，译. 北京：商务印书馆，1980：281.

（六）康德的"哥白尼式革命"及其之后的主体理念

康德受尼古拉·哥白尼"日心说"对传统"地心说"颠覆之启发：既然地球与太阳的关系可以反过来，那么知识与外界对象的关系为什么不能反过来呢？由此康德推导出，并非人类主体去认识外界对象，而是外界对象被人们认识。这是哲学史上一种全新的思维方式。康德既承认了认识来源的客观性，又充分强调了人类主体的认识能力，因而他对笛卡尔的唯理论以及经验主义者的经验论都有了超越。康德认为，人类在认识过程中具有自主性和能动性，他否定了外在上帝对人类认识活动的干扰，第一次在真正意义上确立了"人给自然立法"的主体地位。❶

在康德之后，许多思想家，如费希特、谢林、黑格尔、胡塞尔、马克思等，都受到了康德思想的影响。费希特认为，一切意识的基础是事实行为。❷ 在费希特看来，事实与行动在自我设定中获得了统一，并且费希特捕捉到了主体的根本——立法性和能动性。谢林在康德、费希特开辟的道路上继续前进，提出世界的本原是主、客体绝对无差别的同一性，即"自我意识"；而主体是一种能力，或一种能动性。❸ 黑格尔在前人的思想上进行了突破，他意识到，自我意识虽是基础，但不能只在自身内部活动，必须突破自己进入外部世界才能映现一切。于是，黑格尔指出，主体的"思"是在指向自身的"向心力"和指向外部的"离心力"相互作用下运动的。换言之，黑格尔认为，主体是一种立足

---

❶ 杨祖陶，邓晓芒. 康德《纯粹理性批判》指要 [M]. 北京：人民出版社，2001：152–153.
❷ 费希特. 全部知识学的基础 [M]. 王玖兴，译. 北京：商务印书馆，1986：6.
❸ 谢林. 先验唯心论体系 [M]. 梁志学，石泉，译. 北京：法律出版社，1976：6–62.

于自我意识而又能对此超越指向客体的能力。[1] 将人推向主体性状态的是胡塞尔。胡塞尔认为绝对主体必须具备两个特征：其一，对自我的构造；其二，对客体的构造。自我反映在"我思"之中，主动性表现在将零星的"我思"整合为一个自我。当"我思"向客体领域做出意向行动时，主体就超越了自身范围去构造客体。[2] 由于主体拥有了绝对主动地超出自身去设定秩序的能力，主体就成为意义的本源，以及一切规范的基础。[3]

二、马克思主义哲学对主体的发现

马克思主义哲学则在传统哲学的基础上，运用辩证唯物论，以劳动、分工、活动为进路，揭示了主体的由来和演进：劳动创造了主体（人）本身，分工是主体诞生的直接原因，而活动造就了主体的能动性。

（一）劳动创造了人本身

恩格斯在论述人类如何从猿进化而来时，提出了"劳动创造了人本身"这一命题。[4] 首先，劳动是人与自然相互作用的过程。在劳动过程中，人通过自身活动来引起和调控人与自然之间

---

[1] 黑格尔. 哲学史讲演录：第4卷 [M]. 贺麟，王太庆，译. 北京：商务印书馆，1959：69–380.
[2] 胡塞尔. 笛卡尔式的沉思 [M]. 张廷国，译. 北京：中国城市出版社，2002：41–90.
[3] 漠耘. 主体哲学的私法展开：权利能力研究 [M]. 北京：法律出版社，2012：62–76.
[4] 齐振海，袁贵仁. 哲学中的主体和客体问题 [M]. 北京：中国人民大学出版社，1992：32.

能量、信息与物质的交换。❶ 劳动最本质的特征是对象化。人类在劳动的过程中，使自然成了劳动的对象——客体，并使人类自身成为与自然相对立的主体。劳动还使人手形成，使人类大脑进化。因此人在劳动的过程中，不仅改造了自然，而且改变了自身。没有劳动及劳动的对象化，也不可能产生主体和客体的对立和分化。

劳动是人类特有的社会实践活动。马克思揭示了，劳动是有目的的活动。❷ 能够进行"有目的"的活动，即是主体的显著特征。动物也有活动，甚至某些动物的活动也有一定的目的性，但是，动物的这种目的缺少意识的支配，带有极大的偶然性，并且不能成为其生存的基本要素。人类的劳动过程包含了劳动对象、劳动资料和劳动本身等要素。劳动对象之对象性、劳动资料之工具性和劳动本身之能动性为主、客体关系基本格局的产生奠定了基础。因此，劳动的对象化和物化是人类活动最本质的抽象。❸

（二）分工是主体诞生的直接原因

在原始社会，并不存在"个人"的概念。然而，真正意义上的主体，是具有独立意识和个性的"个人"。马克思从人类发展的历史角度进行考察，揭示了分工和交换是人活动的本质力量的明显外化。❹

---

❶ 马克思. 马克思恩格斯全集：第 23 卷 [M]. 北京：人民出版社，2016：202.
❷ 马克思. 马克思恩格斯全集：第 23 卷 [M]. 北京：人民出版社，2016：201 – 202.
❸ 齐振海，袁贵仁. 哲学中的主体和客体问题 [M]. 北京：中国人民大学出版社，1992：32 – 34.
❹ 中共中央马克思恩格斯列宁斯大宁著作编译局编译. 马克思恩格斯全集：第 42 卷 [M]. 北京：人民出版社，2016：148.

分工是促使真正主体诞生的直接原因。从某种意义上，分工划分了主体的发展方向，同时也限定了主体作用于客体的范围。最初的分工是以人的生理构造为基础的两性分工。随后，以地理条件和血缘关系为基础，出现了部落之间的分工。然而，这些只是分工的萌芽。真正意义上的分工起源于社会最基本要素——家庭——的出现。家庭的出现使得工商业和农业、商业和手工业的分离成为可能。

　　人类生产力水平和社会化程度的提高，促进了分工的细化，分工的细化又反过来促进了生产力水平和社会化程度的进一步发展。在这一过程中，相伴随出现了分配和交换。分工、分配和交换形成了人与人之间的不同关系，即生产关系。分工还促进了所有制的形成和发展。分工发展的不同阶段，映射了所有制的不同形式。[1] 分工带来的所有制变化形成了主体存在的不同社会条件和背景。

　　分工带来了个体之间的差异，这对主体的产生和发展有着极其重要的意义。在分工之下，劳动者之间的技能产生了差别，出现了专门化。换言之，分工导致了个人特定活动范围的产生。[2] 这时"个人""个性""自我"等体现真正主体性的东西开始形成。分工还使个人与社会相对立，从而凸显了个人的独特性。对个体而言，社会是他们"特殊的活动范围"。人与人之间的社会关系就是这些活动范围中产生的交集。[3]

---

[1] 马克思. 马克思恩格斯全集：第1卷 [M]. 北京：人民出版社，2016：26.
[2] 马克思. 马克思恩格斯全集：第1卷 [M]. 北京：人民出版社，2016：37.
[3] 齐振海，袁贵仁. 哲学中的主体和客体问题 [M]. 北京：中国人民大学出版社，1992：34-37.

(三) 活动造就了主体的能动性

人的活动包括了外部活动和内部活动。外部活动是直接的、可感知的活动，如劳动、实践是人类高级的外部活动；内部活动是思维的、心理的活动，如意识和理性等。人类的外部活动先于内部活动发生，其（如实践）借助工具内化为内部活动，如抽象出了形象、符号、思维等。反过来，内部活动又可以外化为外部活动，如用已有思维去改造外部世界。主体性就是在内部和外部活动的内化和外化交替之下形成的。

在主体产生之初，活动还没有内外之分。此时的活动还只是自然有机体的活动。当工具出现之后，活动具有了简化功能。从此，外部活动能够通过一连串中间环节，转化为内部活动。当内部活动的抽象性达到一定程度时，内部活动就从外部活动分化出来。具体表现为，主体能够利用符号化的工具（如符号、语言等）来思考对象和自身，即形成了思维。一旦思维（内部活动）与行动（外部活动）结合起来，活动就有了目的性和创造性。在动机、目的和工具的推动下，人类的活动从被动过渡到主动，具有意识、自主性和能动性的主体逐渐形成。❶

三、小结

对于"人工智能是否可以成为或视为作者"的追问，可溯源至哲学家们对主体的发现。在传统哲学家那里，主体是意义之本源、一切规范之基础，是一种自足于自我意识而又能够对此超

---

❶ 齐振海，袁贵仁. 哲学中的主体和客体问题 [M]. 北京：中国人民大学出版社，1992：38 – 42.

越、指向外在客观的能动性。传统哲学家们主要发现主体的精神属性,而马克思主义哲学则侧重揭示主体的社会属性,即主体是在劳动、分工和活动当中以及生产力和生产关系的矛盾运动之下产生的。人工智能若要成为著作权的权利主体,其首先必须是哲学上的主体,必须具备哲学上主体的精神属性和社会属性,否则,人工智能不具有哲学上的主体性(具体论证详见本章第四节之二)。

第二节 法学层面的主体

法学上的主体是哲学上主体的延伸,但法学上的主体并不等同于哲学上的主体。法学上的主体是经法律确认或拟制的,权利、义务人格化的有机统一体。人工智能是否可以成为法学上的主体,要与法学上现有的主体进行比对。在现代民法中,存在两大类主体——自然人和以法人为代表的非自然人。

一、自然人

在罗马时代,生物上的人与法律上的人是分离的,并非所有具有生命的人都拥有法律人格。法律人格是主体在法律上的根本地位,其首先是一个宪法上的概念,表明了立法者对不同主体在法律上的态度。在人权思想提出之后,人与人之间的不平等被打破,一切生物上的人在法律上拥有了平等的法律人格。从此,法律人格的概念逐渐式微,被权利能力这一抽象概念所替代。

（一）自然人的主体资格确认

自然人的法律主体资格，并非随着法律的产生自然降临，而是经过法律的确认才得以拥有。

1. 自然人的权利能力

在罗马法上，"生物意义上之人"与"具备主体资格之人"具有不同的表达，前者被称为"homo"，后者被称为"caput"，只有当"homo"达到"caput"时，才成为法律上的"人"（persona），其在法律上的地位为"人格"（personalita）。❶ 根据罗马法，生物意义上的人须拥有"自由权"（status libertatis），即具有在法定范围内依照自己意愿处置其人身和行动自由之人，才可成为权利主体。❷ 而要成为完全的权利主体，除了自由权之外，还必须拥有市民权（status civitatus）和家族权（status familiae）。❸ 当时的"奴隶"（schiavi），为完全丧失自由权之人，其只能作为权利的标的而存在。❹ 可见，在罗马法上，人与人之间在法律上的地位是不平等的。人在法律上的根本地位被称为"法律人格"，这是一个宪法上的概念，体现了立法者对不同社会地位的人在法律上的态度。❺

"权利主体"与"法律人格"是不同的概念。当人们借用"法律人格"一词对"权利主体"予以替代表达时，只是一种用

---

❶ 朱慈蕴. 公司法人格否认法理研究 [M]. 北京：法律出版社，1998：2.
❷ 彭梵得. 罗马法教科书 [M]. 黄风，译. 北京：中国政法大学出版社，1992：32.
❸ 梁慧星. 民法总论 [M]. 北京：法律出版社，1996：57.
❹ 彭梵得. 罗马法教科书 [M]. 黄风，译. 北京：中国政法大学出版社，1992：30-32.
❺ 漠耘. 主体哲学的私法展开：权利能力研究 [M]. 北京：法律出版社，2012：33.

语习惯。这种习惯背后，蕴含着宪法赋予自然人的人格在民法上的具体化。❶

近代资产阶级在反封建斗争的过程中提出了人权的思想，在法律上表现为主张一切自然人在法律面前人人平等。1804 年，法国民法典第 8 条规定："所有法国人均享有民事权利"，这一规定被视为 1789 年法国人权宣言在民法上的重申，反映了法国大革命所弘扬的自由、平等、博爱精神。❷ 1810 年奥地利民法典也对所有生物意义上的人都在法律上享有与生俱来的主体资格进行了规定。❸ 在法律上享有与生俱来的主体资格是一种原权利，与一般的具体权利有所区别，它指的是康德法哲学理论中的天赋权利。❹ 之后，各国几乎都在法律上强调了一切自然人均拥有同等的人格，即各国法律对自然人在法律上的主体资格予以普遍、无条件的承认。❺ 鉴于每个自然人在法律上都拥有了平等的地位，"自然人"与"法律人格"不再分离，二者几乎成为重合的概念。

后来，人们用"权利能力"来表达主体享有法律权利之资格。在 18 世纪后半叶至 19 世纪，学者弗兰兹文·泽勒在起草奥地利民法典时，第一次在立法上使用了"权利能力"的概念。❻ 1900 年，德国民法典在首条中规定："人之权利能力，始于出生

---

❶ 尹田. 民事主体理论与立法研究 [M]. 北京：法律出版社，2003：4-5.
❷ 1789 年法国人权宣言规定：在权利方面，人们生来是而且始终是自由平等的。
❸ 1810 年奥地利民法典规定：每个生物意义上的人都享有与生俱来因而被看作法律意义上的人的权利。
❹ 康德在其法哲学理论中将权利分为天赋权利与获得权利。康德. 法的形而上学原理：权利的科学 [M]. 沈叔平，译. 北京：商务印书馆，1991：49.
❺ 孙建江，等. 自然人法律制度研究 [M]. 厦门：厦门大学出版社，2006：4.
❻ 梁慧星. 民法总论 [M]. 北京：法律出版社，1996：57.

完成之时。"❶ 自此,"权利能力"的概念正式确立。受德国民法典影响,许多国家都在自己的立法中对权利能力制度作出规定。❷

"权利能力",是自然人的法律人格在私法领域的具体表达。虽然人们常用权利能力替代法律人格,但二者并不完全等同。法律人格是一个比权利能力更为抽象的概念,其意指一般意义上的自然人的法律地位或主体资格。若在权利能力与法律人格之间画等号,则存在逻辑混乱:根据自然人享有平等无差别的法律人格,推导出自然人拥有同等无差别的权利能力。实际上,自然人的权利能力范围在具体情形下存在大小之分,例如,自然人结婚的权利能力受限于年龄。❸ 换言之,法律人格的概念涵盖了权利能力的概念,而权利能力是法律人格的具体表现。退一步而言,即便把权利能力解释为享有法律范围内的一切权利的资格,其与直接传递尊严、平等和自由精神的"人格",仍存在角度和价值理念上的不同。❹

2. 权利能力制度的价值

权利能力的概念反映了主体作为法律体系逻辑起点之确立。16世纪中期,法学家雨果·德诺对罗马法中的"ius"一词赋予了新的含义——根据内心所希望的方式生活和行动的权利,并以此为线索重新整理了杂乱无章的优士丁尼所著的《学说汇纂》。

---

❶ 德国民法典:第4版 [M]. 陈卫佐,译注. 北京:法律出版社,2015:5.
❷ 参见1896年,日本民法典第1条:私权的享有,始自出生。1907年,瑞士民法典第8条:人都有权利能力。孙建江,等. 自然人法律制度研究 [M]. 厦门:厦门大学出版社,2006:5.
❸ 尹田. 民事主体理论与立法研究 [M]. 北京:法律出版社,2003:10.
❹ 尹田. 民事主体理论与立法研究 [M]. 北京:法律出版社,2003:11-13.

由此，法律体系完成了从法到权的转变。之后，莱布尼茨、康德等对权利展开了一系列阐述，潘德克吞体系的法学家在此基础上，设计出了以权利为核心、以"主体－内容－客体"为线索的法律关系理论，并以此作为整个民法的体系。该体系以主体作为逻辑起点，而主体必须拥有一定的权利能力才能成为法律关系中的主体。"权利能力"这一概念正是因为确定法律主体的需要而产生。我们从该时期的法国民法典中也可以看到权利能力的影子❶。在优士丁尼《法学阶梯》的基础上，法国民法典经修改形成了"人－物－权"❷的体例结构。该结构从"人"出发，特别强调了人的主体地位。❸

（二）自然人的能力考察

在法律上，"能力"本质根植于自由意志，它不仅包括主体具有在自由意志支配下自主决定或选择的能力，而且包括主体具有对这种决定或选择的后果予以识别和承担的能力。正如汉斯·凯尔森所言，即使是不法行为，也预设了不法行为人的"资格"——并不是每一个存在都能为不法行为。❹

---

❶ 在法国民法典形成的时代，关于权利能力的思想在法律理论中还处于生成阶段。因此，在该时期的法国民法典中，看不到权利能力的字眼，但是有类似的制度存在并发挥作用。
❷ "人"包括人和家庭，"物"包括财产及对所有权的各种限制，"权"包括权利取得行为和取得方式，如继承、债务和合同。
❸ 孙建江，等. 自然人法律制度研究 [M]. 厦门：厦门大学出版社，2006：7.
❹ 凯尔森. 法与国家的一般理论 [M]. 沈宗灵，译. 北京：中国大百科全书出版社，1996：102.

1. 自然人的行为能力

行为能力是人类所独具的一种能够对自己的行为进行控制的能力。近代法国、德国的行为能力制度无不以罗马法和日耳曼法为发端。行为能力最早在优士丁尼罗马法中有一些零星的、不成体系的规定，如代人出庭诉讼的能力等。此外，古罗马法对行为能力设立了不同程度的限制，例如通过保佐制度对患有精神疾病者的行为进行限制，再如裁判官通过告示对未满 25 周岁的未成年人提出行为能力限制（罗马法学家乌尔比安认为，这是现代行为能力年龄的起源）。❶ 罗马法还对自权人和他权人的行为能力进行了区分。自权人是指，受自己权利支配之人；他权人是指，受家父权利支配之人，如家子、奴隶，他们的权利被吸收在家长权利中，与家族一起构成家族人格，并由家长作为家族人格的代表。在日耳曼法中，由于中世纪中期之前成年制度还没有建立，男子都必须遵从父权（只有无父之男子在达到成年期❷后才享有独立能力），而女子则终身位于监护之下。在成年制度确立之后，日耳曼法也仿效罗马法设立了行为能力年龄。一旦成年，即宣告具有独立能力，家长可以免去保育之责。❸ 这意味着日耳曼人开始挣脱父权监护走向独立。❹

随着家权逐渐败落和个人主义的兴起，行为能力的限制与保护制度开始从维护家长权利向保护个人利益倾斜。自然人可以根据其意思，以其独立的行为创设权利和义务关系。这是自然人意

---

❶ 徐国栋. 人性论与市民法 [M]. 北京：法律出版社，2006：77.
❷ 此时日耳曼法中的成年制度尚未建立，成年的判断标准是："凡可执武器者，即谓之成熟者"。
❸ 李宜琛. 日耳曼法概说 [M]. 北京：中国政法大学出版社，2003：28 – 29.
❹ 孙建江，等. 自然人法律制度研究 [M]. 厦门：厦门大学出版社，2006：43 – 44.

志自由、人格独立的充分体现。民法，作为私法，也从制度上激励人们积极从事富有创造性的民事活动。因而，自然人参与民事活动最主要的方式，就是人们通过自己独立的意思表示，设立、变更或终止一定法律关系的行为。然而，若一味追求自由而视秩序于不顾，将会出现违背自然正义的后果，例如，由于自然人的智力或年龄等因素导致契约或遗嘱的失败，所以创设了行为能力制度，对自然人的行为能力进行了安排。[1]

行为能力制度是建构在承认自然人之间存有差别的基础之上的。由于预期的法律效果是基于自然人以正常意思所做出之行为，因而必须预设意思表示者具有一般理智以形成意思能力。换言之，行为人独立、有效的意思表示，是使其行为发生法律上效力的重要条件之一。而这种能够独立、有效地进行意思表示、实施法律行为之地位或资格被称为行为能力。[2]

2. 自然人的责任能力

在民法上，担负预设不法行为主体"资格"的是责任能力。[3] 责任能力的本质是一种能够形成过错的能力，即过错能力。德国法系国家或地区在追究行为主体的过错并要求其承担责任之前，需先对其主观识别能力进行考察，以确认其是否能够形成过错。若行为主体欠缺一般识别能力，则没有必要再对其是否故意或有过失作进一步考察。

其实，侵权责任能力的本质根植于自由意志的哲学理论，其强调行为主体仅对自己自由意志支配下的行为负责。经过对人的本质进行深入考察后，哲学家们得出人是具有自由意志的理性生

---

[1] 孙建江，等. 自然人法律制度研究 [M]. 厦门：厦门大学出版社，2006：44 – 45.
[2] 孙建江，等. 自然人法律制度研究 [M]. 厦门：厦门大学出版社，2006：45 – 46.
[3] 郑晓剑. 自然人侵权责任能力制度研究 [M]. 北京：法律出版社，2015：16.

物，进而确立了人在哲学上的主体地位。自由意志的内涵不仅包括主体具有在自由意志支配下自主决定（或自主选择）的权利，而且包括主体具有承担这种决定（或选择）后果的责任。因此，自主决定与自己负责构成了自由意志下相辅相成的两面，并最终演进成近代民法中的意思自治原则与过失责任原则。❶

在自由意志的基础上，自然人主体还必须能够识别其行为的社会性质和法律后果，这才可以确定自然人主体具有形成过错的能力。之所以如此，是为了让过错侵权责任之认定与承担具有足够的合理性。因此，责任能力是服务于归责的，是行为人经受得起过错的非难，并能够承担侵权责任的能力或资格。侵权责任能力制度认为从行为主体的主观精神能力上寻找过错归责的依据，反对抛开行为主体的主观识别能力单纯从客观角度认定其过错，因而具有鲜明的伦理性特征。❷

3. 行为能力和责任能力制度的价值

自然人行为能力和责任能力制度的创设，体现了民法对自然人主体地位和意思自治的尊重。民法调整的是市民社会商品经济中平等主体之间的交换关系。在谈及市民社会中的人时，让-雅克·卢梭曾言，当一个人达到一定年纪，可以独自判断合适的生存之道时，他就成为自己的主人，而尊重其成为自己之主人，是对人性的首要关怀。在18世纪启蒙主义思潮的影响之下，立法者开始倾听来自普通民众的呼声，并在制度设计中体现人文主义、人道主义的要求。自然人的行为能力和责任能力制度的设立，是让自然人在"自主决定"其行为的同时，也对其行为

---

❶ 丁南. 从"自由意志"到"社会利益"：民法制度变迁的法哲学解读 [J]. 法制与社会发展，2004（2）：5.
❷ 郑晓剑. 自然人侵权责任能力制度研究 [M]. 北京：法律出版社，2015：19 – 23.

"自我负责"。

传统民法一直奉行私法自治原则,其将法律行为视为最重要的法律事实,并鼓励当事人依此设立或变更法律关系。但真正的意思自治,是以意思表示者能够理性地形成意思为前提的。能够理智地形成意思,就是自然人的行为能力。[1] 赋予自然人行为能力,是法律赋予自然人依其意思形成私法上的权利和义务关系的自由,一种独立自主地选择理性自治生活的自由。任由行为主体自行创立、制定彼此权利和义务的规范,是法律赋予自然人的最大可能的自由。而行为能力欠缺制度的设立,是为了保障行为人意思的真实性和正当性,而这是保障法律行为有效实现的基础。受自然法思想的影响,早期罗马法意识到,如果所有主体的行为能力被予以无差别看待,那么弱势群体就不得不无差别地承担因缺乏完全判断能力而带来的行为后果,这将造成弱势群体在市场经济中的不利状况。因此,罗马人设立了主体能力等级制度,对弱势群体提供保佐、监护等保护手段。若行为人缺乏理智地形成意思的能力,他们的表意不应当具有决定性的意义;而他们的法定代理人,如父母、监护人或照管人等,应代替他们从事法律行为、构建权利义务关系。[2]

自然人的责任能力制度,同样也体现了对主体意思自治的尊重和对能力欠缺者的保护。"自我负责"与"自我决定"相对应,是自由意志的另外一面,也是一个人是自己的主人之表现。责任与自由从来都是相辅相成的。黑格尔认为,意志与行动之间

---

[1] 梁慧星. 民法总论 [M]. 北京:法律出版社,1996:22-23,15.
[2] 孙建江,等. 自然人法律制度研究 [M]. 厦门:厦门大学出版社,2006:50-52.

存在因与果的关系，行动只有作为意志之过错才可以归咎于行为人。❶ 弗里德利希·冯·哈耶克也认为，如果基于假定行为人拥有理性而给予其自由，那么也应让其承担自由选择和自我决定的后果以确定其拥有理性。❷

而责任能力制度的另一重要功能是保护弱者。法律所追求的平等、正义，应是实质、真正的，而不是表面形式上的平等、正义。因此，法律对人性的关怀、对平等自由的追求，应建立在承认自然造成的差别之上，而不是"优胜劣汰"的进化论观点之上。❸ 无论是作为判断过错之前提条件，还是作为过错责任之抗辩事由，责任能力制度都体现了保护欠缺识别能力行为人的目的。如果强行让欠缺识别能力的行为人提高注意并采取措施避免损害发生，或者让其承担损害发生后的过错责任，都是强人所难，缺乏价值上的合理性。❹ 尽管侵权责任能力制度的重要功能是保护欠缺识别能力的行为人，但并不意味着法律对受害人的损失不管不顾。法律在设立责任能力制度的同时，还制定了相应的配套措施对行为自由和法益保护之间的冲突进行调和。例如，许多国家和地区都制定了监护人责任以及拥有财产的、无责任能力人的衡平责任。❺

---

❶ 黑格尔. 法哲学原理 [M]. 范扬, 张企泰, 译. 北京: 商务印书馆, 1961: 118-119.
❷ 哈耶克. 自由秩序原理: 上 [M]. 邓正来, 译. 北京: 生活·读书·新知三联书店, 1997: 90.
❸ 孙建江, 等. 自然人法律制度研究 [M]. 厦门: 厦门大学出版社, 2006: 53.
❹ 郑晓剑. 自然人侵权责任能力制度研究 [M]. 北京: 法律出版社, 2015: 24-25.
❺ 郑晓剑. 自然人侵权责任能力制度研究 [M]. 北京: 法律出版社, 2015: 25.

二、非自然人

法学上除了自然人主体之外，还存在以法人为代表的非自然人主体。人工智能不是拥有生命的自然人，其是否也可以经拟制成为法学上的主体？对法学上非自然人主体的由来和正当性基础进行研究，有助于揭开上述问题的答案。

（一）非自然人的主体资格确认

团体法律人格的观念的萌芽可以溯源至古罗马时代，那时已有了一些用来表示团体人格的术语，[1] 以及个别古罗马法学家对团体如果能独立享有权利和承担义务即可成为法律意义上之人的论述。[2] 团体人格的产生，源自人与人格分离理论的启发：既然生物意义上之人不一定是法律意义上之人，那么便可从逻辑上推理出，法律意义上之人也有可能不是生物意义上之人。这意味着，法律人格与法律主体是否有生命并没有必然的关联。但是，人与人格的分离并不会自动导致团体人格的确立，团体人格（这里以法人为代表）的产生还需要有实体性、技术性以及价值性契机的出现。[3]

1. 实体性契机

实体性契机是指，因应经济和时代发展的需要，产生更适合

---

[1] 古罗马人把数人组成的"社团"（associazione）等同于人，并赋予其"市镇人""移民区人"的资格。彭梵得. 罗马法教科书 [M]. 黄风, 译. 北京：中国政法大学出版社, 1992：50.
[2] 江平. 法人制度论 [M]. 北京：中国政法大学出版社, 1994：3.
[3] 日本学者四官和夫将法人制度形成的契机归纳为实体性契机、价值性契机和技术性契机。四官和夫. 日本民法总则 [M]. 唐晖, 钱孟姗, 译. 台北：台湾五南图书出版公司, 1995：82.

作为交易主体的实体——人或财产的集合体。

自然人的人格基础是天然存在的，是作为生命存在体的自然人本身。而团体人格的基础是社会经济发展到特定阶段、为了适应市场经济的需要才出现的，是适于成为交易主体、能够成为权利和义务统一落脚点的实体。❶ 团体是自然人的集合，但该集合还需形成独立于个体成员意志之外的团体意志，才能构成实体意义上的团体。乌尔比安曾对团体的独立性进行过描述——即使团体中的成员被全部换掉，团体的存在仍然不受影响。❷

实体是团体人格存在的基础和前提，但实体要成为民法上独立的权利和义务统一体，还需拥有独立的财产。弗里德里希·冯·萨维尼在建构法人概念的时候是将它限定于财产能力领域的，团体人格的获得本质上就是它的财产能力获得承认。而关于赋予法人财产能力的原因，萨维尼揭示了法人的终极价值，其认为财产的本质是个人权利的扩张，因此财产是个人自由行为能力的确保和升华；之所以需要对法人人格予以承认，正是基于这一目标。❸ 实体的财产可以来自团体成员的出资，如公司实体；也可以来自捐助，如慈善机构；或者来源于国库，如国家。但该财产必须与自然人的个人人格相分离而归入该实体性团体。❹

2. 技术性契机

技术性契机是指创设法人制度所需要的思维或技术条件。

罗马时代人与人格分离的观念，为团体人格的出现打下了基

---

❶ 尹田. 民事主体理论与立法研究 [M]. 北京：法律出版社，2003：151.
❷ 江平. 法人制度论 [M]. 北京：中国政法大学出版社，1994：7.
❸ VON‑SAVIGNY F C. Jural relations: or the roman law of persons as subject of jural relations: being a translation of the second book of savigny's system of modern roman law [M]. London: Wildy & Sons, 1884: 178.
❹ 尹田. 民事主体理论与立法研究 [M]. 北京：法律出版社，2003：151–153.

础，但法人制度的创设，还需突破一连串技术上的瓶颈并提供理论上的论证。对此，德国人展现了他们超强的法律理性思维。萨维尼在注释法学家研究的基础上❶，提出了"法人拟制说"。❷ 之后，以德国学者为主的各国学者针对法人的本质展开了长期的研究和争论。由此，积累了有关法人的丰富理论。最终，德国民法典的编撰者充分发挥了想象力，借助极端抽象的立法技术创设了法人制度——一项使自然人或其财产之集合成为法律上权利和义务统一落脚点的技术。❸

3. 价值性契机

事实上，法律授予法人以人格，既不单纯基于实体性团体的存在——实体性契机，也不纯粹源于法律的抽象拟制技术——技术性契机，而是出于法律的价值判断——价值性契机，这也是最重要的。❹ 价值性契机就是探讨基于什么原因将某些实体视为自然人是具有意义的。❺

学者普遍承认自然人的人格确立契机较为清楚，就是为活生生的人提供自由保障。而团体人格确立的契机较为隐秘，与自然人相比它具有一些学者所称的"法律功利主义"。❻ 团体人格是法律选择之下的结果，而法律选择取决于立法者在特定的历史背景下从政策角度所作出的价值判断，即在什么条件下可以或应该

---

❶ 早在16~17世纪，注释法学家已在继受罗马法中团体人格思想的基础上提出了关于法人本质的学说。
❷ 梁慧星. 民法总论 [M]. 北京：法律出版社，1996：118.
❸ 尹田. 民事主体理论与立法研究 [M]. 北京：法律出版社，2003：155 - 156.
❹ 尹田. 民事主体理论与立法研究 [M]. 北京：法律出版社，2003：156 - 162.
❺ 梅迪库斯. 德国民法总论 [M]. 邵建东，译. 北京：法律出版社，2000：812.
❻ 江平，龙卫球. 法人本质及其基本构造研究：为拟制说辩护 [J]. 中国法学，1998 (3)：3 - 5.

给什么团体以法律上的主体资格。❶

在历史进程中，团体人格并不与团体同步出现——团体人格是在商品经济发展到一定水平时才出现的。在古罗马时代，商品经济还处于不发达的水平，虽然该时期已出现了团体法律人格的观念，但由于团体并不是经济活动中的主要主体，因此没有赋予团体法律人格的必要。在中世纪欧洲，商品经济以自给自足的农业经济为特征，这个阶段虽然已有一些实体性团体（如宗教组织），但由于其不是以市场经济中交易主体的身份而存在，故赋予其法律人格也没有价值。直至进入了自由竞争驱动下的资本主义商品经济时代，出现了以资本的集合作为支点去撬动和获取更大利润的需要，授予实体性团体法律人格才真正具有意义。❷

法人，是团体人格的代表。其产生，主要是基于效率提高之需要；换言之，支撑法人制度的价值基础主要是效率方面的因素。具体而言，拟制社团法人主要是为了简化法律关系，而拟制财团法人主要是为了设立独立财产。❸

（1）简化法律关系

法律关系的简化体现于很多方面，例如，方便交易、以自己的名义参与诉讼等。以交易为例，在通常情况下，交易主体只有得知交易相对人具体是谁，他才会放心地进行交易。这是因为交易的后果需要有明确的主体去承担，若主体不明确，交易的安全性是得不到保障的。在个人与群体进行交易的情形下，交易者若去弄清群体中各个成员的具体情况，必然导致交易费用的上升。若将这一群体看作一个自然人，赋予其单一团体人格，这些障碍

---

❶ 尹田. 民事主体理论与立法研究 [M]. 北京：法律出版社，2003：153.
❷ 尹田. 民事主体理论与立法研究 [M]. 北京：法律出版社，2003：153-154.
❸ 蒋学跃. 法人制度法理研究 [M]. 北京：法律出版社，2007：149.

便可消除。❶

如果没有团体人格概念的支撑，群体成员的财产关系是以共有形式存在的。在进行交易或其他活动时，一般要各个成员集体参与，或者适用民法上的代理原则。如财产的登记或变动，需要各个成员集体签名，或在财产遭受损害时，必须所有成员共同起诉。这于程序十分不便，于费用十分高昂。尤其是当团体发展到较大规模时，更是如此。此时，若由相关自然人代表团体，把团体作为一个黑箱，将相关自然人的行为作为与自然人分离的、团体本身的行为，团体人格的功能和价值就显现出来了。因此，法人"更近于一种方法"，❷ 其目的是寻找一个以整体化、集合化、批量化的方式处理团体法律关系的支点。❸

（2）设立独立财产

对于团体而言，团体人格的赋予简化了交易程序、节省了交易费用，但这不能解释财团法人出现的原因。财团法人本质上并没有成员，只是一项财产。法律之所以拟制财团法人的法律人格，是出于建立独立财产的需要。独立财产的建立，有助于限制责任。当团体法人在法律上拥有独立人格和独立财产时，其以独立财产对外承担财产责任，而不累及其他个人财产。即使团体的成员有所变动，团体仍然以独立主体的地位而存在。由此，个人在进行资本投资时，只需承担有限的责任，从而可以增加私人投

---

❶ 蒋学跃. 法人制度法理研究 [M]. 北京：法律出版社，2007：149-150.
❷ 王勇. 团体人格观：公司法人制度的本体论基础：罗马法中的人格学说与中国现代企业制度建构 [J]. 北京大学学报（哲学社会科学版），2001（S1）：245-249.
❸ 陈现杰. 公司人格否认法理述评 [J]. 外国法译评，1996（3）：69.

资的热情。❶

财团法人只在大陆法系存在，而没有在普通法系中出现❷，说明财团法人法律人格的承认不具有必然性。在普通法系，信托制度可以取代财团法人的功能——财产分割的功能。这更加说明了大陆法系财团法人的创建，只是借用了人格的附属性功能，以此达到设立独立财产以及进行财产分割之目的。❸

（二）非自然人的能力考察

与自然人一样，要成为法律上的主体，非自然人主体也须具备行为能力和责任能力。但是，非自然人主体的行为能力和责任能力并非以伦理上的自由意志为基础。在非自然人主体的背后，仍需具体的自然人代替它进行法律活动。下文以法人为例，揭示非自然人主体的行为能力和责任能力制度只是自然人主体价值诉求的工具而已。

1. 法人的行为能力

法人有无以及是否需要行为能力是各国理论界争论已久的问题。德国民法将法人的机关看作法人的代理人，由此可以反推德国立法者将法人视为无行为能力。法国、意大利、奥地利等大陆法系国家也以法人不具有行为能力为主流观点。此外，英美国家

---

❶ "正是这种通过使财产独立化而产生的限制责任效果，构成了设立法人的本质动机"．梅迪库斯. 德国民法总论 [M]. 邵建东, 译. 北京: 法律出版社, 2000: 814 - 815.

❷ 英美法系只承认社团法人。

❸ 李清池. 商事组织的法律构造：经济功能的分析 [J]. 中国社会科学, 2006 (4): 141 - 152, 208.

也持同样的观点。[1] 但瑞士以及我国民法则承认法人具有行为能力。[2][3]

对"法人有无行为能力"这一问题的见解不一主要源自人们对"法人是否具有意志"看法的分歧。法人拟制说[4]认为，法人是纯粹的法律虚拟之人，不具有意识、意志，以及意思表示能力；而法人实在说[5]则认为法人具有实在意志，其可以像正常的拥有理智的人一样履行自身的权利义务。[6]

其实，法人有无行为能力，并非一个事实判断问题，而是一个价值选择问题。从法人是否具有意志的角度出发，论证法人有无行为能力是没有任何意义之举。因为，行为能力制度是为自然人而设置的，是为了保护"意思薄弱之人"，即意识不健全、认识有缺陷之人。自然人的人格同时具有伦理性和工具性，而法人只是人们实现特定目的的工具和手段，其本身不具有伦理性，只具有工具性。因此，意志的有无对于法人的行为能力而言，没有任何必要的存在价值。[7]

那么，是否只有具有行为能力才能发出有效的意思表示？实

---

[1] 黄立. 民法总则 [M]. 台北：台湾三民书局，1994：137.
[2] 参见瑞士民法典第54条：法人依照法律或章程设立必要的机关后，即具有行为能力。
[3] 参见《中华人民共和国民法典》（以下简称《民法典》）第57条："法人是具有民事权利能力和民事行为能力，依法独立享有民事权利和承担民事义务的组织。"
[4] "法人拟制说"认为团体之所以具有人格并非基于其为一种社会实体，而纯属法律的拟制。团体因自然人之集合而抽象存在，并无意思能力。尹田. 民事主体理论与立法研究 [M]. 北京：法律出版社，2003：156-158.
[5] "法人实在说"将法人认定为一种独立存在的实体。尹田. 民事主体理论与立法研究 [M]. 北京：法律出版社，2003：160.
[6] 梁慧星. 民商法论丛：第13卷 [M]. 北京：法律出版社，2000：532.
[7] 蒋学跃. 法人制度法理研究 [M]. 北京：法律出版社，2007：125-126.

质上，具有行为能力不是发出意思表示的必然前提。"立法是否承认法人的行为能力，其技术性基础不在于实体意思基础，而在于有无必要将个人的行为能力连接构造为法人的行为能力。"❶法人是为了便于人们借助法人这一组织体参与民事活动、为了权利和义务之集散而设计的，它是实现其背后的自然人主体的价值诉求的工具。因而，在法人领域讨论行为能力是没有必要的，相反，还会徒增理论上的困惑。❷

2. 法人的责任能力

法律上的行为一般划分为事实行为和法律行为。由于法人是为了集散权利和义务而设计的工具，因而对于法人进行法律行为的后果承担问题不存在争议。但法人的侵权行为属于事实行为，对于法人侵权责任的承担上，还存在实在说和拟制说之争。

人们在讨论责任能力时总是将其与意志联系在一起。由于实在说承认了法人意志的存在，因而实在说在逻辑上自洽了法人责任能力的基础。而拟制说在建构法人责任能力的理论基础时，却遇到了困境。拟制说认为法人是拟制之人格，其本身不具有意志和行为能力，法人的行为由其机关代理。批判者则指出，代理只能是法律行为，而侵权行为不能属于代理的范畴，因此法人不能对超越代理之行为承担责任。❸

受康德理性主义思潮的影响，传统大陆法系民法通常强调自然人的责任能力基于其意志或认知能力。这一理论倾向在自然人领域无疑是妥当且合理的。之所以如此，是为了让自然人在进行

---

❶ 龙卫球. 民法总论 [M]. 2版. 北京：中国法制出版社，2002：372.
❷ 彭诚信. 对法人若干基本理论的批判 [J]. 吉林大学社会科学学报，1998 (5)：3–5.
❸ 马骏驹，余延满. 民法原论：上 [M]. 北京：法律出版社，1998：161.

民事活动时兼顾他人的利益，形成市民社会中的应有品质——自我负责；与此同时，也豁免了谨慎行为自然人的民事责任，为其进行民事活动排除后顾之忧，从而激发民事主体积极参与民事活动的热情。❶ 然而，该理论是针对自然人的，是以自然人的伦理性人格为基础。对于法人，争论其是否具有意志和侵权责任能力是没有意义的。因为法人制度仅是调控社会关系的手段，法人本身没有伦理性人格，所以是否有必要设计法人责任能力，取决于其是否有助于法人价值的发挥，如果确有必要，可以直接安排。❷ 凯尔森也说，将责任"归入"法人只是一个法律上的安排，而非事实上的描述。❸ 因此，真正重要的问题是，哪种理论"更能服务于损害补偿的实质公平要求"。❹ 换言之，是否为法人设计侵权责任能力，实际上是在询问：将侵权责任"归入"法人是否会比让法人中的具体自然人承担更有助于达到实质上的公平。进行考察后可以发现，设计法人侵权责任能力确有必要：其一，法人的经济赔偿能力要比自然人强；其二，在有些情形下，法人的行为难以"还原"为具体自然人的行为。❺ 因而，通过法律拟制技术，确立法人的责任能力，是必要且合理的。

---

❶ 蒋学跃. 法人制度法理研究 [M]. 北京：法律出版社，2007：136.
❷ 龙卫球. 民法总论 [M]. 2 版. 北京：中国法制出版社，2002：378.
❸ 凯尔森. 法和国家的一般理论 [M]. 沈宗灵，译. 北京：中国大百科全书出版社，1996：118.
❹ 巴尔. 欧洲比较侵权行为法：下卷 [M]. 焦美华，译. 北京：法律出版社，2001：254.
❺ 例如，法人在生产过程中因污染环境、产品瑕疵等造成他人损害时，往往不是具体某个人的行为，而是法人的集体行为。蔡立东. 论法人之侵权行为能力：兼评《中华人民共和国民法典（草案）》的相关规定 [J]. 法学评论，2005（1）：66 - 72.

三、小结

法学层面的主体是著作权法层面主体的上位概念。人工智能是否可以成为法学上的主体，要与法学上现有的两大类主体——自然人和以法人为代表的非自然人——进行比对。不论是自然人还是非自然人，都不是"天生"就具有法律人格，而是经法律确认或拟制之后才拥有法律上的主体资格。法律对自然人主体资格的确认是源自法律对人之尊严、平等、自由等人本价值的肯定；法律对以法人为代表的非自然人主体的拟制则主要是出于现实的需要——简化法律关系和建立独立财产。因此，若要赋予人工智能法律上的主体资格，其必须满足以下两个条件之一——人工智能契合人本价值或出现了迫切的现实需要，否则，人工智能不能被赋予法律上的主体地位（具体论证详见本章第四节之三）。

第三节 著作权法层面的主体

《安娜女王法令》诞生之后，封建"特许出版权"被著作权所取代，作品保护制度的正当性基点也从保护出版商转向了保护作者。在著作权诞生之初，著作权的唯一主体是作者。之后，随着作品创作与传播方式的复杂化和多样化，以及公司法人等实体组织的出现，著作权主体的范畴出现了扩张趋势。在这种情形下，以英国、美国为代表的"copyright"体系追求"功利主义"，直接将法人等组织也纳入作者范畴，而以法国、德国为代表的"author' right"体系则分为两大派别：以德国为代表的一元论国家坚持只有自然人创作者才能成为作者,以法国为代表的二元论国家则认为将法人等组织视为作者。

一、作者

为了更容易通过正当性论证,作品保护制度从保护出版商利益的出版特权转身为保护作者自然权利的著作权。在著作权诞生之初,作者本人是著作权的唯一主体。

(一)作者身份的确立

15 世纪中叶,现代活字印刷技术的诞生催生了图书印刷业,并由此结束了手抄书籍的时代。由于活字印刷需要事先铸造金属活字,因而图书印刷成为一个需要大量资金投入的高门槛行业。同时,这也使得图书印刷业成为一个能够带来巨大利益的行业。出于鼓励工商业发展、增加王室收入以及控制思想传播、降低"异端邪说"对政权之威胁等目的,欧洲各国由政府或君主通过颁布"特许状"或"敕令"对印刷特权进行分配。在该时期,书稿的作者通过向出版商转让书稿获得稿酬,一旦转让完成,作者对原稿不再享有任何权利。出版商通过政府或君主授予的印刷特权抵御他人的盗印行为。除此之外,英国出版商还建立起书商公会和图书登记制度,以维护出版秩序。之后,在书商公会的不断游说之下,图书登记制度在英国 1622 年许可法中上升为法定制度。1695 年,出版商延长 1622 年许可法的请求被英国议会拒绝,这导致书商公会对印刷行业失去了控制。[1]

---

[1] BLAGDEN C. The stationers' company: a history, 1403—1959 [M]. Cambridge: Harvard University Press, 1960: 148.

英国的图书出版商为了获取更有利、更长久地印刷图书的利益，将具有权利正当性的作者推到了利益斗争的风口浪尖。其顺应作者要求权利的呼声，声称若不对图书印刷和销售予以财产权保护，那么作者的利益将受到极大损害，进而作者的创作热情将受到严重挫伤，最终不利于知识的创造和传播。在出版商的不断争取之下，历史上首部版权法——《安娜女王法令》诞生了。在《安娜女王法令》中，自然人作者首次成为制定法承认的著作权主体，"鼓励知识创作"被立为了版权的目标和宗旨。与此同时，曾经的图书印刷特许权也转化为了可转让的法定财产权。其后，各国相继设立了版权或著作权，并形成了功能基本相同但风格有所不同的作品保护制度。

在著作权制度的萌芽阶段，作者与创作者具有同一性。[1] 一方面是由于作品类型单一、创作过程简单，创作者个人就能独立完成作品的创作；另一方面则是受当时大陆法系国家人文主义之风的影响，人格理论成为著作权正当性最重要的理论基础，作品被认为是作者人格的体现，与作者有着无法切断的内在逻辑联系。直至现今，大陆法系国家仍然把著作权的初始取得与创作者的创作行为紧密相连。例如，德国著作权法秉承一元论的理念，在其第 7 条明确规定，只有直接实施了创作行为的作者才能成为著作权法上的作者，即使作者根据委托合同或承揽合同创作的作品，著作权也首先由作者享有。[2]

（二）作者身份确认的要件

在著作权体系，主体制度是以作者为核心而建构起来的。对

---

[1] 熊琦. 著作权法中投资者视为作者的制度安排 [J]. 法学, 2010 (9)：82.
[2] 德国著作权法：德国著作权与邻接权法 [M]. 范长军, 译. 北京：知识产权出版社, 2013：8.

于作者认定的要件,《伯尔尼公约》未作规定,而是交由各成员国自行解决。根据我国《著作权法》规定,原始作者只能是具有生命的自然人。[1] 即使采取二元论的著作权法国家把作者的权利归属于法人,或法人被"视为作者",这与自然人"成为作者"是两个不同的概念。所谓"视为作者",意味着生物意义上的自然人创作者将作品完成后,由法律推定该作品的权利归属于法人或其他非法人组织。因而,"视为作者"本质上并不是作者身份确认的问题,而是作品上的权利归属的问题。而所谓"成为作者"应理解为随作品创作过程而产生的作者,这才是事实上的作者。[2]

自然人能够成为作者,是因为其在作品诞生过程中,形成了主观世界、产生了创作意图,以及付出了实质性贡献。

(1) 形成主观世界

作品的创作是创作者将自己的思想、观念、情感、个性等诉诸、呈现、表达于作品的过程。这意味着创作者在创作之前或创作的同时能够将外在的客观世界内化形成内在的主观世界。作品在创作的过程中,汲取了创作者的精神因素。因此,只有生物意义上的自然人才能取得(原始)作者的身份并获得作品上的精神权利。[3] 虽然许多国家的著作权法以及《伯尔尼公约》都没有明确规定作者必须是自然人,但其规定了作者可以基于其作品享有精神权利,据此可以推测,这些国家的著作权法以及《伯尔尼

---

[1] 参见《著作权法》第 11 条:"著作权属于作者,本法另有规定的除外。创作作品的自然人是作者。由法人或非法人组织主持,代表法人或者非法人组织意志创作,并由法人或者非法人组织承担责任的作品,法人或者非法人组织视为作者。"
[2][3] 陈明涛. 著作权主体身份确认与权利归属研究 [M]. 北京:北京交通大学出版社, 2015:34-37.

公约》默示了作品的作者必须是能够形成主观世界的生物意义上的自然人。《伯尔尼公约》规定，不受作者经济权利的影响，甚至在上述经济权利转让之后，作者仍保有要求其作品作者身份的权利，并有权反对对其作品的任何有损声誉的歪曲、割裂或其他更改，或其他损害行为。

（2）具备创作意图

创作意图是作者进行创作的目的、计划或打算，其不仅包括已经形成的明确思想，还包括模糊的情感意向。创作意图总是和作者创作作品的动因以及作者对其作品的态度有着明显的联系。意图要件反映了作者能够对作品的创作进行控制。

虽然介入了作品的创作过程、将自己的贡献融入作品之中，但若不具有创作意图，此人仍不能成为著作权法上的作者。例如，对他人作品加以修改的编辑，其改动部分一般是可著作权性的，但因为编辑不存在创作意图，所以编辑不能成为作者。再如，作者在创作的过程中会接受来自亲朋、师友的意见、建议或帮助，但同样由于亲朋、师友没有成为作者的意图，因而也不能认为他们可以成为作者。❶ 在合作产生作品的情形下，创作意图不单单是指将自己的贡献注入作品整体中的意图，还应包含合作者希望成为作品合作作者的意图。这种希望成为合作作者的意图，意味着合作者希望能够分享经合作产生的作品上的权利。有学者甚至认为，合作作品中的意图要件只是为合作作者获得作者地位提供的一种手段而已。❷

---

❶ 陈明涛. 著作权主体身份确认与权利归属研究 [M]. 北京：北京交通大学出版社，2015：78.

❷ GINSBURG J C. The concept of authorship in comparative copyright law [J]. Depaul Law Review, 2003, 52 (4): 1063-1092.

（3）付出了实质性贡献

有美国学者对创作的实质性贡献提出了"超过最小限量"标准，即只要对整个作品的创作提供了一些实质性的贡献——不论这些贡献是数量上还是质量上的，只要超过最低限量（de minimis）——贡献者就可以成为作者。[1] 还有学者提出了可版权性贡献标准，即在作品生成过程中投入贡献的人并不必然成为作者，只有在这种贡献是可版权性贡献的情形下，贡献者才能成为作者。[2] 前者对实质性贡献进行了量的规定，而后者对实质性贡献进行了质的规定。

《著作权法实施条例》对著作权法上的"创作"进行了阐释，即创作是指直接产生最终成果的智力活动，其他一切间接活动，如提供组织、经济、技术等方面的辅助性帮助，都不被视为创作。[3] 这是关于对作品创作的实质性贡献的"质"的规定。《最高人民法院关于贯彻执行〈中华人民共和国民法通则〉若干问题的意见（试行）》则对作品创作的实质性贡献的"量"予以了规定——不论参与者的成果在作品整体中被采用了多少，参与者都应当被认为参与了共同创作。[4]

---

[1] NIMMER M B, NIMMER D. Nimmer on copyright [M]. Albany：Matthew Bender，1997.

[2] GOLDSTEIN P. Copyright：principles, law, and practice [M]. Boston：Little, Brown and Company，1989.

[3] 参见《著作权法实施条例》第3条："著作权法所称创作，是指直接产生文学、艺术和科学作品的智力活动。为他人创作进行组织工作，提供咨询意见、物质条件，或者进行其他辅助工作，均不视为创作"。

[4] 参见《最高人民法院关于贯彻执行〈中华人民共和国民法通则〉若干问题的意见（试行）》第134条："二人以上按照约定共同创作作品的，不论各人的创作成果在作品中被采用多少，应当认定该项作品为共同创作"。

二、"视为作者"

在著作权法的变革和发展过程中,著作权主体的范畴出现了扩张。在"copyright"体系国家,雇主和委托人被纳入了作者范畴,而在部分"author'right"体系国家,投资者也被"视为作者"。

(一)"作者"范围的扩张

19世纪末20世纪初,作者的范围开始在英美法系国家扩张。雇主和委托人步入了版权主体之列。1899年,在 *Collier Engineering Co. v. United Correspondence Schools* 案中,法院首次认可了雇主在支付报酬的情况下,有权获得雇员受雇期间创作作品的版权。❶ 之后,法院在1990年 *Dielman v. White* 案中,确立了委托作品归属的"戴尔曼"原则,即若无相反证据,委托作品的版权归属于委托人。❷ 最终,1909年美国版权法在立法中肯定了投资者的作者地位,即在第26条规定"作者应包含受雇作品的雇主"。至此,投资者无需再以合同方式来取得作品的版权,而是在权利的初始分配阶段即可享有版权。❸

在英美法系国家纷纷通过立法承认投资者可以享有与创作者同等的"作者"身份之后,一向将著作权奉为"人权"而坚持"创作人为作者"的著作权法国家也开始松动。法国知识产权法典第 L. 113-9 条规定,雇员根据雇主指令或执行职务所创作成

---

❶ *Collier Engineering Co. v. United Correspondence Schools*, 94 F. 152 (C. C. S. D. N. Y. 1899).
❷ *Dielman v. White*, 102 F. 892 (C. C. D. Mass. 1900).
❸ 熊琦. 著作权法中投资者视为作者的制度安排 [J]. 法学, 2010 (9): 82-83.

果的财产权利归属于雇主。至此，投资人的著作权主体身份在制定法中得到了认可。在经历著作权客体扩张、创作分工的细化、作品商业消费属性凸显之后，投资者终于跻身于著作权主体之列，而不再通过受让享有著作权。❶ 同时，为了让自身利益能够获得社会的认同，投资者又精心拟制出"视为作者"这一概念，并不断寻求理论来解释其利益的正当性。❷

（二）"作者"范围扩张的原因

著作权的主体范畴经历了从一元到多元的演变，主要基于作品创作与传播方式的复杂化和多样化，以及保护投资和促进产业发展的需要。

1. 作品创作与传播方式的改变

工业革命之后，出现了超越"纸张与墨水"的记录、表达和复制作品的新技术。作品的创作日趋复杂，逐渐从依靠自然人个体转向依赖资本、技术和多方协作。与客体的复杂化相伴的是主体的变化。其一，新类型作品对分工的要求更细更高，其一般都需要多人合作才得以完成。例如大型电影作品，一般都是多人合作的产物。其二，由于作品创作方式更为多样、传播途径日益增多，无论是在创作还是传播阶段，新类型作品所需的成本更高，很可能会超出个人创作者承担前期成本与投资风险的能力范围。❸ 因而，新类型作品的创作与传播需要更多组织性、经济性的投入，而这往往要以企业或合作的形式才能实现。

---

❶ 王曦. 著作权权利配置研究：以权利人和利益相关者为视角 [M]. 北京：中国民主法制出版社，2017：96.
❷ 熊琦. 著作权法中投资者视为作者的制度安排 [J]. 法学，2010（9）：79–89.
❸ 熊琦. 著作权法中投资者视为作者的制度安排 [J]. 法学，2010（9）：82.

如今，投资者不仅要组织不同环节的分工与合作，承担前期成本与投资风险，还要关注市场的需求将作品进行商业化运作。因此，资本投入者在作品的产生、传播和商业化过程中，逐渐发挥了越来越重要的作用。虽然投资者能够通过合同取得作品的著作权，但由于产业分工的复杂化，权利频繁的变动必然会增加交易成本、降低交易安全。为了保障投资效率，巩固在商业活动中的地位，投资者开始寻求法律的认可和保护——试图修改著作权主体的范畴。❶❷

2. 保护投资、促进产业发展的需要

将投资者视为作者，纳入著作权主体之列，是著作权法回应著作权产业发展之使然，即在著作权的权利归属中将保护投资和推进产业发展纳入考量因素。知识产权的激励理论认为，知识产权法是一种通过权利配置来激励知识产品生产和传播的制度工具。❸ 著作权法的目标之一是向公众提供更丰富更优秀的作品。❹ 因此，出于功利主义的考虑，确保和激励足够多足够好的作品的产生和传播是著作权法的应有之义。

虽然，作者的范畴由一元变为了多元，但在著作权体系国家中，著作权上主体的设立始终以尊重作者的权利为前提，以保护投资、促进产业发展为补充。作者的权益是首要的、第一的，而其他主体的权益是次要的、派生的。

---

❶ 熊琦. 著作权法中投资者视为作者的制度安排 [J]. 法学，2010 (9)：82.
❷ 王曦. 著作权权利配置研究：以权利人和利益相关者为视角 [M]. 北京：中国民主法制出版社，2017：89-91.
❸ 比克斯. 法理学：理论与语境 [M]. 邱昭继，译. 北京：法律出版社，2008：220.
❹ 冯晓青. 著作权法之激励理论研究：以经济学、社会福利理论与后现代主义为视角 [J]. 法律科学（西北政法大学学报），2006 (6)：41-49.

三、小结

著作权法律体系是以作者为中心构筑起来的。"作者是作品的主人,作品是作者人格的反映"是著作权得以顺利通过正当性论证的理论基础。即使后来由于作品创作与传播方式变得多元和复杂,以及保护投资、促进产业发展的需要,著作权的主体范畴出现了扩张——投资者被视为了作者,但作者在著作权法律体系中的核心、主导地位仍不被撼动。对于"人工智能是否可以成为作者",可以从作者的三大构成要件出发,对人工智能是否能够形成主观世界、是否具有创作意图以及是否可以作出实质性的贡献(具有真正意义上的创造性智慧)进行考察;对于"人工智能是否可以视为作者",可以从"将人工智能(从投资者角度)视为作者是否具有私法依据"以及将"人工智能(从雇员角度)视为作者是否符合法律逻辑"进行论证(具体论证详见本章第四节之四)。

第四节 人工智能作为著作权主体的适格性分析

"人工智能可以成为或视为作者"的猜想或假设源自人工智能的"类人"属性——人工智能具有部分人类的思维和行为能力,可以进行类似人类的学习和创作。但是,人工智能是否可以成为或视为作者不能仅从功能上进行分析,还应从本质上进行深入论证。

一、人工智能的"类人"属性

人工智能何以为"人"？部分学者从人工智能的"类人"属性出发，以功能主义为进路将人工智能视为"人"。支撑他们的论点是：人工智能能够表现得像人一样"思考"和"行动"，在某些方面达到甚至超过了人的智能水平，而智能是人的"代名词"和"标志物"，因此，可以将人工智能视为"人"。

纵观现今研究人工智能的三个主要流派——符号主义、连接主义和行为主义，无不是以模拟人类智能为研究方法的。只是这三个流派在研究进路和具体模拟对象上有所不同。符号主义学派立足于逻辑运算和符号表示，模拟的是人脑逻辑思维活动的形式化表示；连接主义学派在研究人脑神经生理学结构的基础上，模仿神经网络的原理构造出人工神经网络；而行为主义学派通过研究人脑智能活动所产生的外部表现行为，建构出"感知－动作"模型。❶❷

人工智能的智能是建立在模拟人类智能的基础上的。从另一个角度来看，人工智能技术起于对人类智能的模仿，也可能终于对人类智能的模仿。

因此，从功能上，人工智能虽然具有"类人"属性，但从本质上，人工智能不具有人之所以为人的根本属性。

---

❶ 徐洁磐. 人工智能导论 [M]. 北京：中国铁道出版社，2019：10-11.
❷ 丁世飞. 人工智能 [M]. 北京：清华大学出版社，2011：8-9.

二、人工智能不具备哲学层面主体的属性

传统哲学家们经过孜孜不倦的探索，发现了主体的根本是自我意识，以及突破自身去构造客体和设定秩序的能力。人类正是因为拥有这份独特的主体性而成为"万物之灵长"，意义之本源，以及一切规范之基础。而人工智能即使发展到"超人工智能"阶段，也无法拥有人类的这种主体性。

在传统哲学之后的马克思主义哲学，则从劳动出发，发现了人作为主体的社会属性——人是社会之人，是在最基本的生理和生存需要的驱动下，在对自然、社会的改造中进化而来的。而人工智能，不存在人类这样的生理和生存需要，也不是在生产力和生产关系的作用中演化而来的。因此，人工智能无论如何也不可能具备人类的社会属性。

（一）人工智能不具备哲学上主体的自然属性

自然属性是人的首要属性。人包含于自然、来源于自然、依赖于自然。作为生命体的存在，人的组成元素都来自自然。人是在自然进化中产生的。人类通过劳动，认识和改造自然，推动自身从普通高等灵长类动物进化到万物之灵长。人类在自然中才得以生存，自然环境是人类的活动场所，自然资源是人类赖以生存的源泉。

自然属性是人类的第一属性。人是由骨骼、肌肉、血液等要素，以及头颅、躯干、四肢、五脏六腑等部分组成的。人有着最基本的生理需要。因此，生存是人类的第一要务。只有在生存的基础上，人类才能进化、发展。正是在生存的过程中，人类不断

调整自身与自然以及人类群体中其他成员的关系。❶

而人工智能不是来源于自然，不是由碳元素组成的生命存在。它来源于人类的发明制造，是由硅元素组成的技术存在。人工智能不具有生物属性，其具有的是物质属性。由于不具有生物属性，人工智能也没有吃、喝、住、行等生理需求，以及建立在生理需求上的生存压力。进而，人工智能不是在生存的压力下进化和发展的。人工智能没有生命的时间限制，没有生命周期性。在某种程度上，它可以在时间的长河中无限存在。

（二）人工智能不具备哲学上主体的精神属性

人不仅具有肉身，还具有知、情、意的灵魂。精神属性是人成其为人、成其为主体的重要因素，以及人区别于物、区别于客体的重要标志。正如人本主义心理学家亚伯拉罕·马斯洛所言，精神生命是人的自我、本身的映现，是人的族类性以及饱满人性的重要组成。❷

精神属性包括了意识、思维、意志、情感、欲望、信仰，以及无意识、本能等范畴。人是具有意识、能够思维的存在物。人的意识和思维被统称为人的理性，是人发现客观规律、改造物质世界、维持社会秩序等的力量之源。除了理性，人的精神属性还包括意志、情感、欲望和无意识等非理性因素。非理性因素在人类活动中，同样起着不可低估的作用。❸

---

❶ 戴贝钰. 从生物人到社会人：道德实践的人性基础研究 [M]. 北京：人民出版社，2019：134 - 136.
❷ 马斯洛，等. 人的潜能和价值 [M]. 北京：华夏出版社，1987：223 - 224.
❸ 齐振海，袁贵仁. 哲学中的主体和客体问题 [M]. 北京：中国人民大学出版社，1992：95 - 96.

人类的精神属性是其能动性、创造性和自主性的重要依据。人类的能动性首先体现为人类是在目的和计划的驱动下进行活动的，并且人类对其行为和作用对象具有选择性。人类的创造性是指人类不仅可以发现事物的现象和本质，而且可以创造出世界上原本不存在的、前所未有的东西。由于人类实践活动的创造性，世界才成为"人化"或"对象化"的世界，即主体把自身的内在本质力量注入并凝结在作用对象之上。"人化"或"对象化"的过程，其实就是给客体打下主体能动创造性烙印，或赋予自然以社会特征的过程。[1] 人类的自主性是指人类能够根据自己内心的意愿进行活动，其中，自由表达、自主选择、自主决策，都是自主性的具体表现。[2]

人工智能对人类的模仿只是功能性模仿。人工智能的智能构造方法仍是一种基于计算的问题求解模式——而人类思维很大程度上并不是按照计算进行的思维。人工智能是在程序开发者事先设定的程序、指令和算法下运行的，其本身并不具有独立自主控制自身行为的意志能力。[3] 人工智能无法理解其自身"行为"的目的与意义，也无法感知、感受到失败的痛苦和成功的喜悦。人工智能无法形成人脑中的联想、顿悟以及抽象的语言符号，人工智能没有"自我"的概念，人工智能也无法形成意识。由于缺乏自我意识，人工智能对客观外部世界是一种机械的反应。换言之，人工智能无法能动地反应或反作用于客观。因此，人工智能

---

[1] 齐振海，袁贵仁. 哲学中的主体和客体问题 [M]. 北京：中国人民大学出版社，1992：97-98.

[2] 马衍明. 自主性：一个概念的哲学考察 [J]. 长沙理工大学学报（社会科学版），2009，24（2）：84-88.

[3] 时方. 人工智能刑事主体地位之否定 [J]. 法律科学（西北政法大学学报），2018，36（6）：72.

不具有真正意义上的能动性、自主性以及创造性。

(三) 人工智能不具备哲学上主体的社会属性

人不仅是自然存在物，而且是社会存在物。人作为主体，其社会属性表现在，人必然处于一定的社会关系之中。人的本质是由社会关系决定的。人一出生，就得受当下生产力和生产关系，以及既有社会行为习惯和道德规范的约束。否则，人不过是"人形野兽"。人的一切活动都是社会性的。人对自然、社会的改造，都只有在社会关系中才能实行。[1]

人的社会属性是以人的自然属性为基础的。人是有着生理上的细胞、组织、器官以及系统的生命存在体，需要衣、食、住、行等来满足自身生命的基本生存，这些最基本的生存需求驱动着人类不断向前进化和发展。在这一过程中，人通过社会劳动，结成了社会关系，并建立了一系列社会制度，如经济、政治、法律、文化等制度。在社会属性的铸造过程中，人已不是纯粹的生命存在，而是社会化的生命存在。从此，人与动物区别开来。

而人工智能不是有血有肉、需要各种生理需求的自然生命存在体。因而，人工智能没有最基本的进化和发展的驱动力。即使人工智能也在不断升级，但是人工智能的升级并不是在内在需求的驱动下自发产生的。

人工智能不具有社会属性的根本原因在于人工智能不是在生产力和生产关系的矛盾运动中进化而来的，换言之，人工智能不是在社会关系中形成的。人工智能是人类发明创造的，其运行处

---

[1] 齐振海，袁贵仁. 哲学中的主体和客体问题 [M]. 北京：中国人民大学出版社，1992：94.

于人类的支配和控制之下，其本身不受人类社会的行为习惯、道德规范的约束。因而，所谓的机器人法，其实是对支配和控制人工智能之人的规范和约束。

再者，人工智能无法按照社会发展规律推进历史创造。人工智能所有的性能是人类预先编辑、输入、设置好的，人工智能的所有行为不过是某种程序的运行和实现。这与根植于物种的社会属性有着本质上的不同。人工智能"个体"之间没法能动地连结，没法形成一个"族"或"类"的存在。由单个人工智能简单、机械地聚集在一起，并不能形成现实的社会关系，进而形成社会。人工智能无法进行自发、自觉的实践活动，无法通过实践活动发现社会结构、揭示社会发展规律，更无法遵循社会发展规律推进历史的演进。因而，在推进历史进程之上，人工智能是无法入场的。❶

虽然人工智能可以凭借预先设置的代码、程序与外界进行信息的"输入-输出"沟通、交流。人工智能专家甚至研发出了能够看护儿童、陪伴老人以及充当聊天角色的人工智能机器人。人工智能似乎也能够具有社会属性。但真正意义上的社会属性远非如此简单机械，它是人在同自然和社会的相互联系、相互作用下产生的，它是完整、系统人性中的一部分。

三、人工智能不符合法学层面主体的资格与能力

法学上的主体包括具有生命的自然主体和以法人为代表的非自然人主体。考察人工智能是否可以成为法学上的主体，可以将人工智能分别与自然人主体和以法人为代表的非自然人主体进行

---

❶ 成素梅，张帆，等. 人工智能的哲学问题 [M]. 上海：上海人民出版社，2020：74.

比对。

(一) 人工智能不具备自然人的权利能力、行为能力与责任能力

在自然人的法律人格中，蕴含着法律对自然人的自由意志和主体地位的肯定与尊重。将人工智能与自然人主体进行比对可以发现，在主体资格上，人工智能不具有自然人的共通性，无法与人类的绝对主体地位比肩；在主体能力上，人工智能不具有主体的自我意识与自由意志，无法通过意思表示进行独立自主的选择或决定，也不具有承担自由意志支配下自主选择或决定之后果的能力。

1. 人工智能不具备自然人的权利能力

权利能力是自然人成为法律主体的依据，是其享有权利和承担义务的基础，❶ 是自然人的法律人格在私法上的具体表达。权利能力概念诞生于权利概念被确立为民法体系的核心之后，建立于以权利为核心、以"主体－内容－客体"为线索的法律关系理论之上，其承担了确定法律行为主体的功能。

人工智能是否可以拥有权利能力？在与自然人进行比对时，该问题可以转换为两个子问题：第一个子问题是，在私法层面上，人工智能是否具有法律主体的自我意识和自由意志？或是人的本质属性中的人性、理性和灵性？再者，由于权利能力是法律人格在私法上的具体表达，而法律人格是一个宪法概念，因此第二个子问题是，在宪法层面上，人工智能是否可以取得与自然人同等的法律主体地位？

---

❶ 尹田. 民事主体理论与立法研究 [M]. 北京：法律出版社，2003：10.

对于第一个子问题，前已述及，所谓人工智能"创作"，实质上是人工智能借助"算法+数据"，模仿人类逻辑思维的运算过程，在这一过程中，人工智能不可能产生自我意识，这个过程也不是在人工智能自由意志驱动下完成的，从始至终，没有人性的流露、理性的选择以及灵性的闪现。首先，创作需要在激情———一种把内在主观世界倾诉、呈现、表达出来的冲动——下开始。而人工智能没有自我意识，无法形成内在主观世界，何谈创作的冲动以及人性的流露？人工智能"创作"是在操控者按下"启动"按钮开始的，其本身并没有创作的意图。其次，创作是在理性的支配下完成的。虽然从表面上看，人工智能似乎能够做出理性的选择，但这种所谓的选择只是人工智能根据特定的模型、循着特定的逻辑运算路径所作出的机械反应。人工智能本身并不能理解其中的原理、规律以及选择背后的价值判断。最后，创作需要灵性的火花。而受数据及算法的限制，人工智能所谓的"智能"是有限的，无法进行突破和飞跃的。而创作的根本，就是突破和飞跃。因为人工智能没有自我意识和自我意志，其"创作"过程没有人性的流露、理性的选择以及灵性的闪现，所以人工智能不符合民事主体的成立要件，没有需要对其进行保护的伦理价值。

对于第二个子问题，答案毫无疑问是否定的。权利能力来源于人能够按照自己的意愿行动、按照自己的方式生活。人的尊严是权利的渊源和权利体系的基础。[1] 人是独特的、不可重复的神

---

[1] 韩大元. 人的尊严是权力存在与运行的正当性与合法性基础：人的尊严是权利的渊源[N]. 北京日报，2019-02-18（12）.

圣存在。如果让人工智能拥有与自然人平等的法律主体地位，无意中就把神圣的人降格为了物。可以想象，如果赋予人工智能与自然人同等的法律主体地位，那么基于法律的平等保护原则，当人工智能与人类进行交易时，人工智能在理性的主导下必然会追求利益的最大化，进而将会导致人工智能与自然人形成对抗的局面。人工智能技术发展的终极目标是增进人类福祉，人永远是目的、是主体，而人工智能永远是手段、是客体。人永远是技术的主宰。因此，人类在发展人工智能技术的同时，应从源头上（宪法层面）维护人在自然界中的主体地位，避免让人工智能技术逾越人的尊严、价值和主体性。

2. 人工智能不具备自然人的行为能力

行为能力是权利主体能够理解、识别以及控制自己行为的能力。民法之所以创设自然人行为能力制度，是为了鼓励民事主体积极参与、进行民事活动，以及从法律层面对自然人的独立人格和自由意志进行充分的肯定。法律赋予和限制自然人主体的行为能力，就是赋予和保护主体根据自己内心的意愿、意志形成法律上的权利和义务关系的自由。这是法律提供给自然人最大可能的自由———一种独立自主选择或决定自治生活的自由。

人工智能是否具有行为能力，可以循着以下逻辑链进行考察。首先，人工智能没有"自我意识"，不会产生以此为基础的从事民事活动的内在欲求。而内在欲求是进行意思表示的前提，有内在欲求才会激发形成意思表示[1]，并作出相应的表示行为；没有动机的存在，则不可能启动一个以产生法律效果为目的的意思表示。其次，人工智能从表象上所作出意思表示，实际上是对

---

[1] 王泽鉴. 民法总则 [M]. 北京：北京大学出版社，2009：266-268.

人工智能操控者指令的执行，并非人工智能在内在欲求的驱动下所作出，而是其在特定指令下运行程序的表现。因为人工智能本身没有意思能力，不会产生意思表示，所以人工智能与人类之间不可能签订委托代理合同，人工智能与其权利人之间不可能存在委托代理关系。因此，也就不能适用追认限制行为能力人或无权代理人意思表示的法律规则。❶

一言以概之，人工智能无法形成意思表示，其从表面上所作出的意思表示实际上是人类操控者借由其作出的意思表示。人工智能缺乏基本的意思能力，无法做出独立的意思表示——而这是判定主体适格性的实质标准。缺乏意思能力，意味着人工智能实际上不具有民事行为能力，其仅是人类从事民事活动的工具。

3. 人工智能不具备自然人的责任能力

责任能力是一种能够形成过错的能力，其根植于自由意志的哲学理论。在自由意志理论下，人作为主体，不仅具有在自由意志支配下自主决定或选择的权利，而且具有承担这种决定或选择的后果的责任。自主决定与自己担责，是自由意志下相辅相成的两面，是私法中意思自治原则与过失责任原则的哲学理论之源。❷ 之所以把责任能力制度建立于自由意志理论之上，是为了让侵权责任的认定与承担更具合理性和正当性。责任能力制度是服务于归责的，其从主体的主观精神能力上寻找归责依据，而不是单从客观角度进行过错认定，具有鲜明的伦理色彩。而人工智能不具有自由意志和主观精神能力，因此人工智能不具有责任

---

❶ 房绍坤，林广会. 人工智能民事主体适格性之辨思 [J]. 苏州大学学报（哲学社会科学版），2018，39（5）：64–72.
❷ 丁南. 从"自由意志"到"社会利益"：民法制度变迁的法哲学解读 [J]. 法制与社会发展，2004（2）：5.

能力。

　　退一步而言，假设赋予人工智能法律主体地位，人工智能拥有权利能力，那么相应地，人工智能也应承担相应的责任，因为权利能力本身也包含责任能力。如果承认了人工智能是独立的法律上的主体，却又把相应的责任归于人工智能的所有人或操控者，这将违背民法上的"自主决定、自己承担"精神。

　　那么，人工智能是否能够自己承担决定或选择的后果？在民法上，责任能力的物质基础是拥有独立的财产。人工智能是否拥有独立的财产？由于人工智能并不自始就拥有自己的财产，所以在实际上是以人工智能的所有人或生产者（如损害来自设计瑕疵的情形）抑或使用者（如损害来自使用不当的情形）的财产承担赔偿责任。在某些具体情形下，人工智能确能获得财产，但因为人工智能所作出的意思表示实为其所有人或操控者的意思表示，而法律关系的主体应是作出意思表示之人，所以人工智能所获取的财产也应归属于其所有人或操控者，其本身不能拥有独立财产。因此，基于人工智能没有作出实质的法律行为、没有自己独立的财产，人工智能无法履行赔偿义务，其所产生的民事责任，应由其所有人或操控者承担。此外，即便人工智能拥有独立的财产，还会因此衍生出一系列复杂的问题，例如，人工智能如何管理财产、其可否在银行开户等。这些衍生问题只会徒增实践之烦扰，并不利于现实问题的解决。❶ 让人工智能承担人身责任则更为荒谬。人工智能没有羞耻心，也没有疼痛感，让人工智能承担民事上的赔礼道歉或是刑事上的有期徒刑都是没有任何意

---

❶ 房绍坤，林广会. 人工智能民事主体适格性之辨思 [J]. 苏州大学学报（哲学社会科学版），2018，39（5）：64-72.

义的。

4. 为人工智能设置有限人格无法逻辑自洽

有学者参照法人的权利能力是受限制的（具体而言，法人只在其设立的目的范围之内被视为拥有权利能力的法律上的存在，并只在此范围内承受法律上相关的权利和义务关系）❶，认为人工智能可以在其智能范围内享有部分的权利和义务，其建议为人工智能创造出"准人格"❷或"临界地位"❸的概念。

然而，与法人不同，法人概念具有伦理基础，因此法人享有法律主体资格不存在伦理上的障碍，只是因法人设立目的的不同出现了其承受权利和义务范围的不同而已。即便某个实体与自然人相比，只能享有部分或有限的权利和义务法律关系，但前提也是这一实体已经获得法律主体地位和资格。而在人工智能是否享有法律主体资格的问题上，只存在"是"与"非"的两分式回答，而不存在中间灰色地带。能力或资格是"质"的问题，而权利和义务范围的大小是"量"的问题，"质"的问题在逻辑上优先于"量"的问题。人工智能在"质"的问题上就无法通过，"量"的问题更无从谈起。因此，"人工智能有限人格说"是一个伪命题。

（二）人工智能难以通过拟制成为法律上的主体

法律上除了经确认的自然人主体，还有经拟制的非自然人主

---

❶ 黄立. 民法总则 [M]. 台北：台湾三民书局，1994：132.

❷ ASARO P M. Robots and responsibilities from a legal perspective [EB/OL]. (2007-07-20) [2020-10-25]. http://www.peterasaro.org/writing/ASANO%20Legal%20Perspective.pdf.

❸ SOLUM L B. Legal personhood for artificial intelligence [J]. North Carolina Law Review, 2019, 70 (4): 1231-1288.

体。既然法律预留了经拟制的非自然人主体,那么人工智能是否也可以通过法律拟制手段成为法定主体?

有学者认为借助法律拟制技术构建人工智能的法律人格在理论上没有障碍。其理由是,法律人格并不绝对地依赖于生命的存在,如果出于现实的需要,采用"拟制电子人"的方式将人工智能拟定为法律主体具有可行性。❶ 然而,将没有生命的人工智能拟制为法律主体,在法理上值得商榷。

其实,虽然非自然人主体没有伦理属性,但它们的存在是具有伦理基础的,即所有非自然人主体都可以通过"归入"与"还原"技术与自然人主体建立起联系。此外,非自然人主体要拟制为法律上的主体,还需具备一定的价值基础。而将人工智能拟制为法律主体,既不存在伦理基础,也不存在价值基础。

1. 将人工智能拟制为非自然人主体不具备伦理基础

虽然法人没有伦理属性,但法人制度是具备伦理基础的。作为一种拟制的法律主体,法人本身不具有自由意志,但其拥有一种抽象的"集体单一意志"。这种抽象的"集体单一意志"派生于法人实体中各自然人成员的自由意志,是各自然人成员自由意志之合力。换言之,法人是一种法学思维辅助概念,作为法学思维辅助概念的法人是生命意义上的自然人的集合,其能够通过"归入"与"还原"技术与自然人关联起来。正因为"归入"与"还原"技术的存在,具有自由意志的自然人的行为得以"归入"法人,法人的权利和义务也得以被"还原"为自然人的权利和义务。法人的权利实际上是其全体成员的集体权利,相应

---

❶ 石冠彬. 论智能机器人创作物的著作权保护:以智能机器人的主体资格为视角[J]. 东方法学, 2018 (3): 140-148.

地，法人的义务是其全体成员的统一义务，而法人的责任也是其全体成员的共同责任。❶ 法人的主体性实际上是自然人主体性的另一种呈现，法人的本质是组织化形态的自然人。自然人与法人之间存在一种类似有意志能力主体与实际上无意志能力主体之间的"代理-被代理"关系。

法人，是由真实的生物意义上的自然人组成，因此法人是自然人个人权利的延伸；而人工智能与生物意义上的自然人之间的联系是，人工智能是由自然人制造出来的，人工智能的背后，并不存在代理其行为的自然人，而是操纵其行为的自然人。自然人与人工智能之间不存在类似于有意志能力主体与无意志能力主体之间的"代理-被代理"关系。❷ 虽然法人与人工智能都不具有自然人的生理构造与伦理观念，但二者的重大区别在于：法人是由自然人组成的，法人的代表机关，更是法人的意思表示机关，是由单独或集体自然人担任的。法人制度的构建符合法律主体认定的意志要素，而人工智能缺乏这一层伦理基础，因此，其欠缺成立主体地位的实质要件。

2. 将人工智能拟制为法人不具备价值基础

对法律主体制度的发展史进行考察可以发现，法律主体资格存在与否取决于立法的需要，归根结底，是取决于人的需要。❸ 法律并不把现实生活中的一切实体都确立为法律上的主体，而是

---

❶ 冯洁. 人工智能体法律主体地位的法理反思 [J]. 东方法学, 2019 (4)：43–54.
❷ 冯洁. 人工智能体法律主体地位的法理反思 [J]. 东方法学, 2019 (4)：43–54.
❸ 李拥军. 从"人可非人"到"非人可人"：民事主体制度与理念的历史变迁——对法律"人"的一种解析 [J]. 法制与社会发展, 2005 (2)：45–52.

在立法政策之下，选择一定的实体赋予其法律主体地位。❶ 将人工智能确立为法律上的主体并不符合人类需要，因而人工智能缺乏成为民事主体的现实基础。

　　传统民法从来没有赋予家庭以法律人格，主要是因为将家庭拟制为法律主体不存在任何价值基础。家庭是一个构筑在婚姻和血缘关系之上，以情感为连接的伦理性团体，是社会中最小的单位。但家庭的功能不是参与交易，也就根本不存在便利交易的内在需求。在早期的罗马社会，所有家庭成员的财产都由家长统一管理、支配，唯有家长才有权进行交易，因此就没有必要再人为拟制一个主体作为家庭权利和义务的集散工具了，这样毫无价值可言。在现代社会，依然没有确认家庭为独立法律主体的内在动力。现代家庭包括父母和子女两大群体，虽说家庭成员之间是平等的，但在经济活动方面，未成年子女总处于父母监护之下，而不具有独立进行经济活动的能力。对于夫妻从事经济活动的问题，传统民法则采用一套与确认家庭为法律主体不同的方法予以解决。❷ 例如，《民法典》婚姻家庭编规定，涉及家庭日常生活需要的经济活动，夫或妻可以独立进行，非涉及日常生活需要的经济活动须取得一致意见，他人有理由相信该结果系双方统一意志下的共同意思表示。❸

　　为动物提供法律上的主体地位，赋予其法律人格，将其民事主体化，更是不存在价值基础。持动物民事主体化看法的学者忘记了实证法律实际上是一种法律工具，是为人而存在和制定的，它总是考虑到在具体法律技术手段背后的实际价值。就动物民事

---

❶ 龙卫球. 民法总论 [M]. 2 版. 北京：中国法制出版社，2002：166.
❷ 蒋学跃. 法人制度法理研究 [M]. 北京：法律出版社，2007：153.
❸ 参见《民法典》第 1060 条和第 1064 条。

主体化实际效果而言，我们确实也找不到它的实际价值所在。它不会实现如团体人格化在简化法律关系等方面的价值。对于动物保护的重视无论从何角度而言都是为人类自身利益的考虑而提出的，其希望人与自然更加和谐。所以，认为在实证法上将动物民事主体化的学者由于没有洞悉团体人格化的价值基础，在经过简单的类比而没有审慎思索之后，盲目提出了这一论述。动物主体化理论的初衷在实证法上只要通过加强对动物的特殊保护就可以达到，如将动物与普通之物的适用规范相分离，即德国民法典的"动物不是物"规定。❶ 此外还可以赋予一些社会团体提出公益诉讼的特殊权利，如动物保护协会可以依法对虐待动物提起诉讼。❷

同样，将人工智能拟制为法律主体也是不存在价值基础的，即不具有任何意义的。将人工智能拟制为法律上的主体，不存在如法人制度在简化法律关系或设立独立财产方面的价值。人工智能之上的权利和义务关系都是由具体自然人实施或承受的，人工智能的所有人或操作者可以直接作为法律关系的主体，享有权利以及承担相应的责任。法律人格并非确定人工智能责任的前提，在主体责任之外，产品责任、替代责任等在人工智能法律责任中皆存在适用空间，对于人工智能通过自主学习获得的技能引发的不可预知的责任问题，还可以通过保险等方式予以分担。❸ 若将人工智能拟制为法律上的主体，非但不会起到化繁为简的作用，

---

❶ 杨立新，朱呈义. 动物法律人格之否定：兼论动物之法律"物格"[J]. 法学研究，2004（5）：86–102.

❷ 候利红. 动物不是物，是什么？[M]//梁慧星. 民商法论丛：第20卷. 香港：香港金桥文化出版有限公司，2001：287.

❸ 余德厚. 从主体资格到权责配置：人工智能法学研究视角的转换[J]. 江西社会科学，2020，40（6）：182.

反而会使主体关系更加烦琐、复杂，或者说，将人工智能拟制为法律上的主体带来的问题将远远超过其带来的优势。

四、人工智能不能成为或视为著作权法层面的作者

在著作权法上，主体包括通过创作成为作者的自然人，以及被视为作者的法人和其他组织。第一，由于人工智能不是生物上的人，无法形成主观世界、不具有创作意图和直觉思维，其生成信息符号组合的过程与人类创作的过程有着本质的不同，因而人工智能不能成为著作权法上的作者。第二，若将人工智能视为雇员或职员，还是无法绕过人工智能是否可以基于其生成信息符号组合的事实成为著作权法上原始主体这一证题。

（一）人工智能不能成为作者

作者是在创作意图的驱使之下，将其主观世界外化于作品之上，对作品创作付诸了实质的创造性贡献的人。而人工智能无法形成主观世界，不具有创作意图，更缺乏创造力的核心要素——直觉思维，因此，人工智能不能成为作者。

1. 人工智能无法形成主观世界

作品是由"客观世界映射入主体－主体形成主观世界－主体将主观世界表达于作品之上"这一路径生成的。这个过程带有强烈的主体性。其预设的前提是，创作者能够形成主观世界。

虽然著作权法的保护范围排除了思想、情感，但这并不意味着要切断主体的主观世界与表达内容之间的联系，因为人类能够形成主观世界早已是一种默认的、无需证明的共识。在客观外部世界映射到人类大脑、加工形成主观内在世界的过程中，人类并不是消极简单地接收外部的信息，而是积极、能动地把外部信息

与既存于主体自身的先天特质相结合,并能动地对其进行改造、整理、综合,经过如是过程,主观内在世界方得以形成。❶

人工智能不是生物人,映射于人工智能的客观世界仍旧是客观世界,无法内化形成主观世界中的思想、观念、情感等。即使程序员给人工智能设置了反馈机制,但人工智能的这种反馈是一种机械的反应,不具有能动性,也无法体现独特的主体性。

2. 人工智能不具有创作意图

实践中,在判断某个表达内容是否构成作品时,通常对主体"创作意图"的考察也予以省略。之所以如此,是因为在一般情形下,只有人类才能够进行创作。但主体的创作意图仍然是"创作"的认定要素之一。即使在淡化作品"人格属性"的版权法国家,"创作意图"依然是判定"创作"的构成要件。例如,美国联邦第九巡回上诉法院在著名的"猴子自拍案"中认为,猴子的自拍不构成创作,猴子不符合作者的要求,理由是猴子按下快门键只是它无意识的行为,猴子并无进行创作的意图。❷

有学者认为,人类发明人工智能,存在让人工智能进行"创作"的功能性意图,那么是否可以将这种功能性意图视为一种"创作意图",而人工智能"创作"是否可以视为对人类这种功能性意图的执行?美国曾有一起类似的案例——凯利诉芝加哥公园案。在该案中,凯利认为,她预先规划了美国芝加哥公园的空地,并完成了播种花籽和除草等体力劳动,之后野花的生长也如她的预期,因此其认为对"野花作品"享有版权。但法院认为,野花是自然界的产物,其生长属于一种随机性事件,而无法完全

---

❶ 程惠莲. 康德"哥白尼式革命"的主体能动性思想 [J]. 湖北大学学报(哲学社会科学版), 1989 (3): 33-38, 32.

❷ *People for The Ethical Treatment of Animals, Inc. v. Slater*, (N. D. Cal. Jan. 28, 2016).

按照凯利的构思"固定"下具体的野花形态，因此不存在所谓"野花作品"，凯利的介入也并非"创作"行为。❶ 与此相似，人工智能生成信息符号组合的过程也具有随机性，人类虽然发明了人工智能，但人工智能并不是完全按照人类的构思"固定"信息符号组合的。

还有学者认为，可以将人工智能视为人类的合作作者，即人工智能生成的内容系由人类和人工智能合作形成。但成为合作作者的必备条件之一是具有将自己的贡献融入、合并到整个作品中的意图，以及具有希望成为作品合作作者的意图。显然，人工智能既不具有将其贡献融入、合并到整个作品中的意图，也不具有希望成为作品合作作者的意图。这更加说明了，人工智能只能是物，是客体，而无法成为与人类比肩的主体。

既然人工智能不具有创作意图，那么就没有予以其创作激励的必要。进而，也就没有将人工智能设置为著作权主体的必要。

3. 人工智能不具有直觉思维

前文已经阐述了人工智能的"创作"机制是利用（大）数据、算法、程序和模型，模拟人类的逻辑思维进行的。在该过程中，人工智能对输入的大量先前作品或其他信息进行分析，并寻找其中的规律建构模型，然后再加以重新排列组合，而基于神经网络的深度学习技术可以让人工智能程序不断更新。❷ 这种所谓的"创作"不能构成著作权法上的创作。

逻辑思维是一种基于既有的经验、知识和技巧，遵循一定规律、规则的显性智能过程。由于受限于原有的知识框架，这种智

---

❶ *Kelley v. Chi. Park Dist.*，132 S. Ct. 380，181 L. Ed. 2d 240，2011 U.S. LEXIS 6338（U.S.，Oct. 3，2011）.

❷ 陶锋. 人工智能美学如何可能［J］. 文艺争鸣，2018（5）：81.

能模式缺乏突破性和超越性，并且停留于对事物表象（what）的意识。虽然人工智能具有一定的开放性和交互性，但仍无法摆脱原有数据库和逻辑算法的束缚。逻辑思维主要体现于解决问题的能力——如获取和提炼信息、生成和执行决策等外显能力❶，是人类对过往经验的归纳、总结与运用。人工智能的"创作"，依旧是在模拟人类解决问题的框架下进行的。人工智能"创作"的产物也基本是在组合旧事物的基础上产生的新事物。

人类创作依赖于人类的大脑。除了逻辑思维，人类大脑的创作机制中还包含了直觉思维。人类创作的过程表现在思维方式上，就是逻辑思维与直觉思维不断进行交替作用的过程。"直觉思维就是逻辑思维的'飞跃'，逻辑思维就是直觉思维的验证，"创造性产生于两者的共同作用。不同于逻辑思维，直觉思维能够突破原有的经验、知识与技能的框架。直觉思维是一种隐性智能，类似于稍纵即逝的灵感、潜意识或内在感知。这种能力被称为"隐性智能"，其主要通过人类的直觉、灵感、顿悟、潜意识、临场感、想象力以及审美能力等内在品质表现出来。❷ 直觉思维不局限于事物的表象，还探寻事物的本质（why）。由于直觉思维能够对旧的知识与经验进行突破，使得人类能够在变化的环境中，凭借前人的经验、知识与技能不断获得前所未有的新的经验、知识与技能。因此，人类的智能是没有疆界的，能够帮助人类在一定程度上摆脱大自然的束缚。这也是人类能够登上主体宝座、成为万物之灵长的原因。

---

❶❷ 钟义信. 人工智能：概念·方法·机遇 [J]. 科学通报，2017，62（22）：2473.

在人类创作之下，人类文明不断突破、丰富和繁荣。创作一词本身就包含着对既有经验、知识与技能的突破，以及对既有作品范围的扩张。换言之，只有创作出超越算法根据历史数据所建立的模型能够预测范围的新艺术样本，这样的创作才称得上真正意义的"艺术创作"。❶ 以物种进化来打比方，人类创作可以产生物种的突变和进化，而人工智能的"创作"由于不具备直觉思维，只能在原有物种之内进行个体的复制、繁衍。

（二）人工智能不能视为作者

有学者认为在著作权法领域，法律已有把无生命的法人和其他组织"视为作者"的做法，因而，即便人工智能不具有生命，其也可以被"视为作者"。❷ 国外也有不少学者认为，可以将人工智能视为人类的雇员，将人类视为人工智能的雇主。❸ 法律只需通过重新解释"雇主-雇员"之间关系的雇佣关系，就可以确保将人工智能生成内容之上的著作权归属于人类。然而，将人工智能视为作者，既不存在私法依据，也无法逻辑自洽。

1. 将人工智能（从投资者角度）视为作者没有私法依据

知识产权法是民法的下位法、特别法，知识产权法关于主体的规定适用于民法上主体的规定。上文已经论述，由于不具备法律上的价值基础，人工智能难以像法人一样通过拟制成为法律上的主体，在此不再赘述。因此，人工智能无法像法人或其他组织

---

❶ 李丰. 人工智能与艺术创作：人工智能能够取代艺术家吗？[J]. 现代哲学，2018（6）：99.
❷ 李伟民. 人工智能智力成果在著作权法的正确定性：与王迁教授商榷[J]. 东方法学，2018（3）：149-160.
❸ HRISTOV K. Artificial intelligence and the copyright dilemma [J]. IDEA：The Journal of the Franklin Pierce Center for Intellectual Property，2017，57（3）：431-454.

那样被视为作者。

2. 将人工智能（从雇员角度）视为作者存在逻辑矛盾

许多美国学者认为，可以将人工智能视为雇员，将其所有者或实际操作者视为雇主，并对雇佣关系中的雇员 – 雇主关系进行重新定义，这样人工智能生成内容上的著作权可以解释为从人工智能转让给雇主。由此，就可以在无需确认或拟制人工智能法律人格的前提下解决人工智能生成内容的可版权性问题。❶ 类似地，也有不少中国学者❷❸类推适用"法人作品"制度来解决人工智能生成内容的著作权保护问题。

然而，这些学者的文章实际上存在逻辑上的矛盾——既不认可人工智能的法律主体地位，却又把人工智能类比为"雇员"。第一，这种方式并没有解决人工智能生成内容的原始取得问题。雇佣作品或法人作品的原始作者都是自然人，他们是将著作权让渡给了雇主和法人——这是著作权的二次分配。原始作者虽然不能享有著作权，但这不妨碍他们仍然是著作权法所规定的主体。原始著作权主体的诞生是基于创作的事实。这种权利的转让或让渡，只是对权利的重新调整或对利益的再次分配。❹ 第二，在雇佣关系中，雇员与雇主是享有平等法律地位的主体。雇员与雇主之间因雇佣合同（或事实上的雇佣关系）联系在一起，受合同

---

❶ HRISTOV K. Artificial intelligence and the copyright dilemma [J]. IDEA: The Journal of the Franklin Pierce Center for Intellectual Property, 2017, 57 (3): 431 – 454.

❷ 李伟民. 职务作品制度重构与人工智能作品著作权归属路径选择 [J]. 法学评论, 2020, 38 (3): 108 – 124.

❸ 朱梦云. 人工智能生成物的著作权归属制度设计 [J]. 山东大学学报（哲学社会科学版），2019 (1): 118 – 126.

❹ 李琛. 论人工智能的法学分析方法：以著作权为例 [J]. 知识产权, 2019 (7): 18.

法调整。雇员是法律上拥有自由意志的自然人主体，不是法人或雇主支配、控制和利用的对象，而人工智能的本质是一种工具，是人类支配、控制和利用的对象。人工智能不可能与人类达成或签订就业协议，人工智能也无法主张其合法权利或认识其法律行为。如果要将人工智能视为雇员，也应当先把人工智能确立为民法或合同法上的主体。

本章小结

人工智能是否可以成为或视为作者，不仅涉及事实拷问和价值判断，而且涉及著作权法层面的主体问题，以及私法层面甚至哲学层面的主体问题。

任何概念都承载着一定的目的或价值。"作者"（author），首先反映的是一种身份或地位。"作者"（author）一词总是与"艺术"（art）、"思想"（thought）、"创造性"（creative）、"天才"（genius）这些饱含自主意识的词密切联系在一起。"作者"（author）不是简单的"写者"（writer），它是一个高度自主的主体。

首先，作者是一个哲学层面的主体。"作品由作者创作"预设了这样一个前提：人类取代了上帝登上了世界主体的宝座，将除人之外的客体置于其支配之下，并凭借人性、理性、灵性主宰着世界。[1] 在哲学层面，主体的本质是自我意识，是意义的本

---

[1] 李雨峰. 著作权的宪法之维 [M]. 北京：法律出版社，2012：91.

源，以及一切规范的基础；是从劳动、分工、活动中进化而来，具有自然属性、精神属性以及社会属性的生命存在。纵观万物，只有人具备这些内核。因而，哲学家们最终将人推向了世界主体的至高宝座。

其次，作者是一个法学层面的主体。"作品由作者创作"意味着，作品上的权利由作者享有，作者对作品负责。在法学层面，法律主体的本质是权利、义务人格化的有机统一体。法学上的主体并不完全等同于哲学上的自然主体，它是经法律确认或拟制的产物。私法上的主体主要包括自然人和法人。自然人成为私法上的主体，是基于法律对自然人的主体地位以及尊严、平等、自由等价值的肯定；法人成为私法上的主体，主要是出于简化法律关系和设立独立财产的必要。不论是自然人主体还是法人主体，他们的权利和义务都可以还原为生物意义上的自然人。

最后，作者是一个著作权法上的主体。著作权法中作者观念的存在，意在提醒人们保护作者的特殊价值。作者是创作的源头，保护作者及其原创性，是保持文化不断创新的使命所在。反之，作者主体性的削弱甚至消失，会减弱作品的原创性，最终导致竭泽而渔的严重后果。在历史进程中，随着作品创作与传播分工的复杂化，作者的范畴由一元变为了多元。但在著作权法体系国家中，著作权法上的主体设立始终以尊重作者的权利为前提，以保护创新，促进社会发展为补充。

人工智能是否可以成为或视为作者，需要将人工智能与哲学层面、法学层面和著作权法层面的主体——进行比对。

人工智能虽然具有类人属性，能够表现得像人一样"思考"和"行动"，但人工智能不具有自我意识，更无法超越自身去规定世界的秩序。在自然属性、精神属性以及社会属性上，人工智能与人类之间也有着无法跨越的鸿沟。人工智能始终无法具有人类的意识、情感、意志、欲望，以及无意识等精神属性，无法像人类一样具有能动性、创造性和自主性。人工智能不是在生产力和生产关系的矛盾运动中进化而来的，换言之，人工智能不是在社会关系中形成的，因而，人工智能始终无法拥有人类的社会属性。

　　人工智能是否可以成为法学上的主体，可以将人工智能与自然人和法人进行类比。自然人在法律上的主体性体现在主体资格和主体能力这两个方面。在主体资格上，人工智能不具有自然人的共通性，也无法与人类的绝对主体地位比肩；在主体能力上，人工智能既不具有人类的自由意志，无法通过意思表示进行独立自主的选择，也不具有承担自由意志支配下自主选择之后果的能力。因而，人工智能不能类比自然人成为法学上的主体。人工智能与法人也不同。法人制度的存在有着一定的伦理基础和价值基础。法人的背后有生物意义上的自然人作为其后盾，法人可以视为自然人权利和义务集散的工具。而人工智能既没有自然人作为其后盾，也不存在类似法人制度产生的价值契机，因而为人工智能设立法律人格没有伦理基础和价值基础，人工智能难以通过拟制成为私法上的主体。

　　在著作权法层面，人工智能也不能成为作者或视为作者。创作，是作者在创作意图或动机的支配下，将其大脑中的主观世界表达为作品的过程。人工智能无法将客观世界内化形成其独特的主观世界，也不具有创作的意图或动机。人工智能的"创作"过程与人类的创作过程更是存在"质"的区别。人工智能的"创作"是依赖于（大）数据、算法、程序和模型的运算，这类似于人类的逻辑思维过程。而人类的创作除了运用逻辑思维，还运用了能够进行飞跃和突破的直觉思维。由于人工智能的"创作"无法突破既有的素材和框架，这种"创作"构不成真正意义上的创作。相应地，人工智能也构不成著作权法上的作者。再者，由于人工智能不能被拟制为私法上的主体，人工智能被视为作者就没有私法上的依据。进一步地，在人工智能不能被拟制为私法主体的前提下，人工智能不能成为劳动合同或雇佣合同上的主体。因而，也就不能将人工智能视为雇员。

第四章

人本主义视角下人工智能生成内容作为著作权客体的适格性分析

人工智能生成内容在著作权法上的定性是否可以抛开创作主体的因素，直接以客观标准进行判定？答案是否定的。这是因为：在哲学层面上，客体（特别是精神客体）与主体是成"偏正"结构存在的，当客体成为主体（人）的实践对象时，它就开始渗透着主体的内在本质力量，实现自身的主体（人）化，换言之，客体是主体（人）内在本质力量的物化和凝结；在法学层面上，由于历史的原因，人们容易陷入在物化思维下解读法学客体之泥沼，因此法学客体的解读更应回到权利的维度——权利客体是权利的外在载体，而权利是主体自由意志的外在载体；在著作权法上，著作权的客体不仅是具有可复制性、可再现性、可传播性等特征的"无体物"或形式化的符号排列组合，而且承载了作者的意志、人类稀缺的创造性以及人类的尊严、自由等人本价值的智力成果。反观人工智能生成的内容,其虽然具备了著作权客体——作品——的外在之形,却缺少作品的内在之实,其不是经由"客观世界映射入主体－主体形成主观世界－主体将主观世界表达于作品之上"这一路径生成的,其不能反映作者的意志、不能承载人类的尊严和自由等价值,也不符合著作权所要求的人格属性、创造力稀缺性以及对人类文明发展的不可或缺性,总而言之,其无法构成著作权的"凝结核"或"压舱物"。

第一节　哲学层面的客体

客体的概念源自哲学。法学上的客体概念打着哲学的烙印,是哲学上客体概念的延伸。因此,对法学上客体概念的解读必须溯源到哲学上的客体概念。

哲学上的客体都是在主体的语境下解读的。人们对哲学上的主、客体之间关系的发现经历了三个阶段:在第一阶段,人们发现主体和客体成"互渗关系",在"互渗关系"下,客体的概念还未独立出来,它与宇宙、自然、物质、客观实在,甚至与人类混同为一体;在第二阶段,人们发现主体和客体成"相对关系",在"相对关系"下,客体是主体的相对范畴,是主体"外在的东西",是主体之外的客观自然,是主体作用的对象;在第三阶段,人们发现主体和客体成"偏正关系",在"偏正关系"下,主体与客体以偏正结构存在,即客体以主体(人)为中心、为基点,客体映射了主体(人)的作用力,渗透了主体(人)的本质力量,实现了自身的主体(人)化,客体成了主体(人)

作用力和本质力量的物化和凝结。

一、与主体成"互渗关系"的客体

在原始社会初期,并没有主体和客体的概念以及二者的区分。由于实践能力非常有限,远古人类对自然的干预程度和范围也非常有限,人类未能充分发挥出相对其他物种的优越性,因此人类的主体性地位未能显现。在远古人类的意识里,客观的东西和主观的东西是混淆在一起的,人们未能自觉地把"自己"从自然界中剥离出来。法国社会学家列维-布留尔将远古人类的这种意识称为"互渗律",即主体既是他自己,同时又是与他相互渗透的那个东西。❶ 自我与自然的互渗,客观与主观的混淆,是人类思想不文明的极大体现。❷ 随着远古人类改造自然的能力不断提高,工具出现了。工具在实现劳动的对象化之际,也拉开了人与自然之间的距离。这时远古人类的思维中,开始萌芽了自我与自然区分的意识,尽管这种意识还很朦胧,却是哲学上主体和客体观念出现的预兆。❸

总体而言,由于生产力水平十分低下,远古人类的实践活动只能触及与其日常生活紧密相连的狭小的自然环境,客体的概念还未独立出来,因此它与宇宙、自然、物质、客观实在,甚至与人类混同在一起。

---

❶ 列维-布留尔. 原始思维 [M]. 丁由,译. 北京:商务印书馆,1981:450.
❷ 列维-布留尔. 原始思维 [M]. 丁由,译. 北京:商务印书馆,1981:50.
❸ 方新军. 权利客体论:历史和逻辑的双重视角 [M]. 北京:中国政法大学出版社,2012:95-96.

二、与主体成"相对关系"的客体

希腊社会从氏族农业经济过渡到以工商业为主的城邦经济之后,希腊城邦步入繁盛阶段,奴隶主民主制逐渐成熟。正是民主制的成熟,使得人们意识到自己是社会生产关系中的个人。这个个人不是与宇宙融为一体的,而是并列的、分离的。于是个人在精神上开始与社会、宇宙拉开距离。

人类步入文明社会之后,工具促使了主体和客体"相对关系"的形成。工具实现了劳动的对象化,反映了主体和客体关系的状况,规定了主体和客体之间的"相对关系",并形成了"主体－工具－客体"的格局。[1]

在该阶段,随着人们改造自然能力的增强,人类实践活动所能达到的自然界也更加宽广。客体不仅具有客观性(其本身不以人的意志为转移),而且具有对象性,即客体是主体实践活动所指向和作用的存在物。

该阶段的哲学家们几乎达成了一种共识:客体指的是主体(人)之外的客观自然,是与主体相对的范畴。黑格尔将客体称为"外在的东西"[2],马克思认为,在对象化的实践活动中,主体和客体是一对关系项。主体,是对象性实践活动中的行为人;客体在这一对象性关系中,是主体认识和作用的对象。[3]

在"相对关系"语境下,客体体现了主体内在本质力量所能达到的范围。随着人类认识和实践能力的发展,在人类改造外

---

[1] 齐振海,袁贵仁. 哲学中的主体和客体问题 [M]. 北京:中国人民大学出版社,1992:43.
[2] 黑格尔. 法哲学原理 [M]. 范扬,张企泰,译. 北京:商务印书馆,1961:50.
[3] 李德顺. 价值论 [M]. 北京:中国人民大学出版社,2013:29 - 31.

部世界的过程中，越来越多的自然客体成为人类干预和控制的对象。同时，也出现了越来越多的人化客体和人工体。❶ 然而，完全将客体视为与主体成对立关系的被改造对象，会导致一些负面效应，如环境污染、水土流失等。这是因为主体和客体的"相对关系"容易让作为主体的人忘却和背离了初衷——人类进行改造外部自然的实践活动，最终是为了人类自身更好的生存和发展。

三、与主体成"偏正关系"的客体

如果说，古代哲学起于对自然万物的惊奇，那么近现代哲学则发自对人类自身的惊奇。❷ 在近代，随着人类实践能力的增强，近代哲学家将关注的焦点转向了人类自身。近代哲学家们不再争论思维、精神和存在、物质谁是第一性的，而开始研究思维、精神和存在、物质是否存在统一性的可能。这种观念的转向让人们以人为中心，去思考思维、精神和存在、物质的关系，由此也引出了主体和客体的偏正结构，即主体相对于客体具有优势地位，客体不能独立存在，只能在主体与客体的关系和语境下存在。换言之，客体的存在只是因为它是主体的对象，客体的概念是经由主体概念而得到的。❸

与主体成"偏正关系"下的客体，渗透了主体的一种作用

---

❶ 天然客体是指未经主体的实践干预、控制的客体；人化客体是指经主体的实践干预、控制的客体；而人工体是指人类根据自身的目的和需要所创造出来的新的客体，如人工岛屿、人造器官等。齐振海，袁贵仁. 哲学中的主体和客体问题 [M]. 北京：中国人民大学出版社，1992：141.
❷ 帕尔纽克. 作为哲学问题的主体和客体 [M]. 刘继岳，译. 北京：中国人民大学出版社，1988：14.
❸ 方新军. 权利客体论：历史和逻辑的双重视角 [M]. 北京：中国政法大学出版社，2012：97–98.

力。当客体成为人类实践的对象时,它就开始渗透着主体的本质力量,实现着自身的主体(人)化。简言之,客体是主体内在本质力量的物化和凝结。

特别是社会客体和精神客体❶的出现和复杂化,使得主体和客体之间的"偏正关系"更加凸显。社会客体,是指现实的社会结构或物上的社会关系。社会客体遵循着一定的规律发展,但概莫能外打着人类实践活动的印迹。人类任何实践活动都是由主体通过改造相互关联的媒介——客体——而发生的各种物质与信息交换的过程。因此,任何人类实践活动中都并存着"主体-主体"和"主体-客体"这样的二重关系。❷ 社会客体只能附着于人类主体而存在,"人是社会客体的心脏"。❸ 精神客体是人脑主观世界的外在化,如各种理论、学说等,它映射着人的思维、心理。虽然从根源上,它来自客观世界,但它是通过人的主观世界转化而来的。它是客观世界经由主观世界长期沉淀而凝聚形成的,更是无法脱离与主体之间的联系。

从"偏正关系"的视角解读客体与主体(人)之间的关系,是人本主义思想的具体体现。在"偏正关系"下,主体和客体是双向互动并协调统一的,并且,在二者之间,客体以主体(人)为中心、为依据。

---

❶ 齐振海,袁贵仁. 哲学中的主体和客体问题 [M]. 北京:中国人民大学出版社,1992:124.

❷ 任平. 马克思主义交往实践观与主体性问题:兼评"主体-客体"两极哲学模式的缺陷 [J]. 哲学研究,1991(10):11-19.

❸ 齐振海,袁贵仁. 哲学中的主体和客体问题 [M]. 北京:中国人民大学出版社,1992:131.

四、小结

对于"人工智能生成内容是否可以被定性为作品"的追问也应追溯至人们对哲学上的客体的认识。哲学上的客体都是在主体的语境下解读的。随着人类认识和实践能力的不断提高，人类通过客体所映射出的主体的本质力量也不断增强。客体的范畴也从自然客体扩大到人工体、人化客体，以及高度抽象的社会客体和精神客体。客体是主体（人）作用力和本质力量的物化和凝结，在更高阶的客体中，渗透和映射着更多的主体（人）作用力或本质力量。人类创作的作品属于精神客体。精神客体是一种相当高阶的客体，其反映着人类的内在主观世界，体现着人类的思想和情感。因此，从哲学层面上，若人工智能生成内容要成为作品一样的客体，其必须渗透和映射与作品一样的主体（人）的作用力或本质力量，否则，人工智能生成内容不能成为哲学层面上的作品。

第二节 法学层面的客体

法学上的客体来源于哲学，是哲学上客体概念的延伸，但法学上的客体与哲学上的客体又有着"质"的区别。

在法学发展之初，法学上客体的概念几乎等同于人们日常生活中具体、客观、实在的"物"的概念。随着越来越多的"物"成了人们交易和诉讼的对象，法学上的"物"在自然性的基础上开始有了抽象性。古罗马人在"有体物"的基础上发展出了

"无体物",将权利以"无体物"之名纳入了法学客体的范畴。在罗马法的基础上,擅长抽象思维的德国人创造性地建构了"主体－权利－客体"的逻辑体系,从此,法学上的客体不再是简单的"物文主义"之"物",而成了"人文主义"下以"权利"为核心的利益或价值的载体。

一、法学客体的历史之维

法学上的客体[1]是以罗马法和日耳曼法上的客体为起源。经过历史的流变,法学上的客体演变为了大陆法系上的"权利客体"和英美法系上的"财产"。

(一) 法学客体之源

罗马法和日耳曼法分别是大陆法系和英美法系的源头。无论是罗马法还是日耳曼法上的客体,都是以"物"为基础建构起来的,都带有浓厚的"物文主义",而非应有的"人文主义"。只不过,日耳曼法上的"物"不是完全按照日常生活观念而是按照经济标准决定的(即对人们在经济上是有价值的有用之物才是日耳曼法上的"物")。

罗马法和日耳曼法上的"物"并非封闭的,而是具有包容性和开放性的。罗马法将权利以"无体物"之名纳入"物"的范畴。日耳曼法虽没有"有体物"和"无体物"这样的分类,但也将"债务"以及"权利、法律关系构成的单一体"纳入了法学客体范畴。

---

[1] 本书所研究的法学上的客体主要指私法上的客体。

1. 罗马法上的客体

罗马法一般被认为是研究私法客体的起点。[1] 在古罗马时期，罗马的商品经济已经比较发达，相应地，在此基础上发展起来的反映商品经济关系的私法制度也比较成熟。古罗马的私法对世界各国特别是欧洲大陆国家的立法产生了深远的影响。

如何将私法制度系统化是一项十分复杂的事情，古罗马人充分展现了他们的实践智慧，以"物"为基础设计了一套以所有权为主要内容的"物权制度"[2]。在罗马建国初期，奴隶、牲畜、妻子和儿子，被视为人们最重要的财产，鉴于当时社会经济发展程度所限——当时人们以畜牧业为主要生存方式，只有燧石、器具、武器、纺织品等少量物品是人们所拥有的财产。由于耕种技术还未出现以及土地实行部落公有制，土地并不属于私有财产[3][4]，因此当时的物权客体仅限于"动产"范围。直到耕种开始之后，土地才由部落分配给氏族，再由氏族分配给个人，这种分配方式最终导致土地作为"不动产"成为人们的私有财产。[5] 随着私有制经济的进一步发展，物权客体又逐渐扩大到森林、牧场等"不动产"范畴。可见，罗马法上的物权客体并非封闭的、一成不变的，而是体现了一定的开放性、吸收性和包容性。只要是对人有所用处、可以为人所支配之物，都有可能成为罗马法上的客体。

---

[1] 卢志刚. 广义民法物研究 [D]. 武汉：华中科技大学，2013：14.
[2] 尼古拉斯. 罗马法概论 [M]. 黄风，译. 北京：法律出版社，2004：115.
[3] 法学教材编辑部《罗马法》编写组. 罗马法 [M]. 北京：群众出版社，1983：155.
[4] 摩尔根. 古代社会：下册 [M]. 杨东莼，马雍，马巨，译. 北京：商务印书馆，1997：535.
[5] 摩尔根. 古代社会：下册 [M]. 杨东莼，马雍，马巨，译. 北京：商务印书馆，1997：548.

在罗马法早期，私法上的"物"具有自然性，仅指存在于一定空间、可被人的感官所触知的有体物。到了罗马法中后期，私法上的"物"具有了抽象性，除政权之外的权利（如用益权、继承权等）以及诉权也以"无体物"之名被纳入了"物"的范畴。

无体物与有体物之间存在很大的差别。首先，二者的支配方式不同。对于有体物，人们可以通过直接的"事实占有"予以支配；而对于无体物，人们只能通过间接的"观念占有"予以支配。因为无体物不能从客观实在上占有，所以对经占有取得所有权的方式（如交付、先占、时效等），就都不适用于无体物了。❶ 其次，有体物的范围和类型是较为固定的，但无体物的范围和类型却是随时代进步而不断变化的。在新的时代背景下，不断会有新的无体物被拟制出来。最后，无体物需要附着在有体物上才能够显现出来。如地上权和地役权（无体物）得通过土地（有体物）才得以显现。❷ 无体物的出现，标志着罗马法的抽象化程度到达了一个新的阶段，它使得私法上的"物"挣脱了日常生活观念的桎梏而以法学为目的。❸

2. 日耳曼法上的客体

由于日耳曼民族直接从原始社会跨越到了封建社会，日耳曼法保留了大量的习惯法。换言之，早期的日耳曼法是法律习惯的集合或是"依据具体事实关系的产物"❹。其法律观念都是建立

---

❶ 周枏. 罗马法原论：上册 [M]. 北京：商务印书馆，1994：304.
❷ 卢志刚. 广义民法物研究 [D]. 武汉：华中科技大学，2013：17.
❸ 蒙晓阳. 物的概念价值：由物的历史演进归结 [J]. 安徽大学学报（哲学社会科学版），2006（5）：51–56.
❹ 李宜琛. 日耳曼法概说 [M]. 北京：中国政法大学出版社，2003：51.

在具体的事实关系之上，具有很强的直观性和实践性。❶ 因此，早期日耳曼法上的客体也几乎等同于具体的、客观实在的"物"的概念。

日耳曼法上"物"的概念不是完全按照日常生活观念而是按照经济标准决定的，即对人们在经济上有价值的有用之物才是日耳曼法上的"物"。起初，日耳曼法上的"物"仅指动产，然后，土地开始成为私有权利的客体。随着社会经济的进一步发展，"债务"以及"权利、法律关系构成的单一体"也被纳入了日耳曼法的客体范畴。❷ 虽然日耳曼法的抽象程度不及罗马法，没有罗马法上"有体物"和"无体物"那样的概念区分，但实际上，日耳曼法上的"债务"和"权利、法律关系构成的单一体"即对应着罗马法上的"无体物"。可见，日耳曼法的客体范畴也不是完全封闭的，而是和罗马法一样，具有开放性、吸收性和包容性。

但日耳曼法依然遵循一种实用主义的路径，其法律制度的设计也是以事实上的"物"的占有为中心。在日耳曼法中，占有与所有二者之间的界限不是那么分明——虽然动产之诉与不动产之诉有所差异，但占有之诉和所有之诉并无差别。这种以"物"为中心而不是以权利（实质上是权利主体——人）为中心的法律制度设计，被一些学者认为是典型的"物本主义"，而非应有的"人本主义"。❸

---

❶ 李宜琛. 日耳曼法概说 [M]. 北京：中国政法大学出版社，2003：49.
❷ 易继明. 论日耳曼财产法的团体主义特征 [J]. 比较法研究，2001 (3)：72-80.
❸ 徐国栋. 中国民法典起草思路论战 [M]. 北京：中国政法大学出版社，2001：138.

（二）法学客体之流

以法国、德国为代表的大陆法系的私法是在罗马法的基础上发展起来的，以英国、美国为代表的英美法系是在日耳曼法的传统上演变而来的。

1. 大陆法系的客体

法国民法典（1804年）以《法学阶梯》为底本，保留了罗马法的传统秩序美以及浓厚的经验性和实践性色彩。其将罗马法中关于"有体物"和"无体物"的划分演变成"有体财产"与"无体财产"的划分，并未抽象出客体的概念。而德国民法典以《学说汇纂》为底本，创造性地抽象出"主体－权利－客体"这一颇具理论性的形式结构。自此，客体获得了大厦基石般的地位，成为权利的"凝结核"或"压舱物"。

（1）法国民法典上的客体

法国民法典是在罗马法的基础上发展起来的，其在体例上保留了罗马法的传统秩序美以及浓厚的经验性和实践性色彩。在将罗马法体系化的过程中，法国民法典借鉴了《法学阶梯》的逻辑体系，在形式安排上采取了"人－物－讼"这种较为直观的结构。在这样的结构体系下，并不需要独立的客体概念的存在。因此，法国民法典中客体与权利之间是断联的。虽然在法典制定的当下，法国近代自然法学派高呼人的平等、自由、尊严这些精神价值，但由于抽象思维仍不够成熟，法国民法典还没有将这些价值观念融入相关的概念和体例之中。❶

---

❶ 徐国栋. 中国民法典起草思路论战 [M]. 北京：中国政法大学出版社，2001：30－31.

法国民法典在第 2 编❶中，采用"财产"一词对民法上的客体予以概括。该法典第 516 条规定："一切财产，或为动产，或为不动产"。其中，动产的标准依其性质（一般指可以移动，并且不减损其价值）或法律确定。在接下来的条文中，法国民法典又规定了包括债权、诉权、用益权、地役权、股份与利息、永久性定期金以及终身金等也属于财产。可见，法国民法典上的客体范围是十分宽泛的，不仅包括有体物，而且包括某些权利。

法国的法学家在阐述私法客体时，也往往是在"物"的基础上进行扩张解释。例如，法国学者米凯依·西法拉丝在论述私法客体时，根据物的三个客观实在属性——"客观自然性"（physique）、"客观形态性"（corporelle）和"客观材质性"（matérielle），将私法上的客体——符合法定要求的客观存在物（chose）——分为了有形物、无形物和无体物。其中，无形物指的是"一些权利"，如债权、地役权等；无体物指的是"一些构思"，如文学艺术作品、技术方案和商业标识等。

还有学者发展出无形财产权理论。该理论认为，罗马法采用的是纯粹的物的标准，即以人能否通过五官触知为标准，带有浓厚的日常生活色彩，而法国民法采用的是实质标准，即无形财产是指不具有物质形态，需要通过抽象思维认识的财产。❷ 法国民法上的无形财产范围较罗马法上无体物的范围有所扩大，涵盖了知识产权等新兴权利。无形财产权理论将罗马法中关于"有体物"和"无体物"的划分演变成了"有体财产"与"无体财产"的划分。但这种划分并没有体现说明功能。

---

❶ 参见法国民法典第 2 编 "财产及所有权客体的限制"。
❷ 尹田. 法国物权法 [M]. 北京：法律出版社，1998：51.

(2) 德国民法典上的客体

在严格意义上，法学上的客体概念伊始于德国民法典。德国民法典总则编的第 2 章在第 1 章"人"（即关于主体的规定）之后，使用了"gegenstände"一词对"物"进行了规定（即关于客体的规定）。❶❷ 而"gegenstände"是一个不同于"sache"（物）的概念。❸ 由此可见，德国民法典将法学上的权利客体与直观、现实中的物区分开来了。

不同于法国民法典采取的直观的"人-财产-行为"形式结构，德国民法典以《学说汇纂》为底本，创造性地抽象出"主体-权利-客体"这一颇具理论性的形式结构。客体也因此获得了大厦基石般的地位。不同于法国民法典对事实的铺陈罗列，德国民法典以"权利"为核心，构建了整个内在和外在体系。在这种体系中，概念和命题在近代价值观和立法原则下被彻底改造。在该法典中，客体脱离了罗马法和法国民法典中与人的天然联系，蜕变成了权利的"凝结核"或"压舱物"。由此，客体具备了结构上和理论上的意义。❹

在理论界，法学家们关于法学上的客体认识也更为抽象、立体。如葡萄牙学者卡洛斯·阿尔贝托·达·莫塔·平托提出了直接客体、间接客体理论。其认为，权利客体可以分为直接客体和间接客体，在物权中，权利主体和物之间没有中介，但在债权

---

❶ 方新军. 权利客体论：历史和逻辑的双重视角 [M]. 北京：中国政法大学出版社，2012：1-13.
❷ 德国民法典：第 4 版 [M]. 陈卫佐，译注. 北京：法律出版社，2015：30, 155.
❸ 方新军. 权利客体论：历史和逻辑的双重视角 [M]. 北京：中国政法大学出版社，2012：1.
❹ 梅夏英. 民法权利客体制度的体系价值及当代反思 [J]. 法学家，2016（6）：31.

中，二者存有中介，物不是主体的直接客体，主体的直接客体是债务人本身的给付行为。❶ 该理论虽然缺乏一种统一的说服力❷，但其认识到了物权客体和债权客体的不同。再如，学者卡尔·拉伦茨提出了"顺位权利客体"学说。依照该学说，法学上的客体（权利客体）可以分为三个顺位：第一顺位的权利客体是事实上的客观存在，包括有体物和无体物（如作品或发明）；第二顺位的权利客体是抽象观念上的存在，具体包括权利和法律关系；第三顺位的权利客体是可以作为一个集合被处分的某种财产的权利。❸ 虽然有些学者批判拉伦茨混淆了"权利客体"和"法律行为之客体"❹，但拉伦茨的顺位权利客体理论让人们意识到，从不同的视角来认识权利客体，可以看到权利客体的不同的面相。

2. 英美法系的客体

英国的私法是在日耳曼法的传统上演变而来的，而美国的私法又是在继承英国私法的基础上发展起来的。根据文献考察，11世纪之前，英国采用的基本是日耳曼法的一个分支——盎格鲁·撒克逊习惯法。❺ 因此，英美私法体系下的客体概念也可以溯源至日耳曼法上之"物"。

英美法系沿袭了日耳曼法对私法客体所采取的经济标准。在

---

❶ 平托. 民法总则 [M]. 澳门法律翻译办公室, 译. 澳门：澳门大学法学院, 1999：180–181.
❷ 这种直接客体和间接客体的区分不存在于对给付劳务之债中。
❸ 拉伦茨. 德国民法通论：上册 [M]. 王晓晔, 邵建东, 程建英, 等, 译. 北京：法律出版社, 2013：377–422.
❹ 方新军. 权利客体论：历史和逻辑的双重视角 [M]. 北京：中国政法大学出版社, 2012：93.
❺ 何勤华. 西方法律史 [M]. 北京：中国政法大学出版社, 1996：276.

英美法系国家中，较少采用"物"的概念，而选择了同等意义上的"财产"一词。该词涵盖了有形动产、无形动产以及不动产。❶

较之"物"的概念，经济标准下的"财产"概念具有一定的进步意义。它拉开了"人－物"之间的距离，在"人－物"之间插入了"财产权"。以英国早期的地产权制度为例，人们并不能拥有土地本身，而是拥有土地上的地产权。根据当时的制度，除了英国国王，其他人都不能对土地享有绝对的所有权，而只能享有土地上相对的或是分割的所有权。❷ 从以上地产权制度可见，普通法与罗马法在"物"的观念上存有差异。罗马法注重"人－物"之间的关系，侧重于人对物的支配，而普通法在"人－物"之间插入了"财产权"这个中介，使"人－物"之间的关系间接化，重点突出了人对财产权的支配。❸ 这种现象与催生法律制度的社会经济背景有很大的关系。罗马法是为了适应农耕社会出现的，注重对物的利用；而普通法是为了适应商业经济产生的，更重视财产权利的确定性。❹❺ 此外，普通法是在日耳曼法的基础上发展而来的，在日耳曼法中，没有类似罗马法的个人所有制度，而是一种在公社制度上演进的团体所有制度。因此，普通法上的土地所有权是一种相对的、分割的、某一时间段

---

❶ 劳森，拉登. 财产法：第2版［M］. 施天涛，等，译. 北京：中国大百科全书出版社，1998：25－33.

❷ 张俊浩. 民法学原理：上册［M］. 北京：中国政法大学出版社，2000：231－345.

❸ 李红海. 所有权抑或地产权?：早期普通法中的地产权观念［M］//易继明. 私法：第1辑 第1卷. 北京：北京大学出版社，2001：118.

❹ WATSON A. Roman law and comparative law, athens and lond［M］. Athens：The University of Georgia Press, 1991：139－146.

❺ 李红海. 所有权抑或地产权?：早期普通法中的地产权观念［M］//易继明. 私法：第1辑 第1卷. 北京：北京大学出版社，2001：115.

的所有权。

不同于大陆法系按照理性主义思维在"物"的概念上去扩展私法客体，英美法系沿袭了经验主义传统，很自然地将私法客体归入"财产"的范畴，而没有刻意划分"有体物"和"无体物"，也没有将适用于"有体物"的规则"嫁接"于无体物。❶

英美法系的财产被划分为有形财产和无形财产。在经历了多次产业革命之后，英美法系财产权客体的范畴也大为扩张。只要是能够排除他人干涉，可以拥有和支配的某种客体，就是一般意义上的财产。❷ 借助于判例法的优势，现代英美法体系以一种包容的、开放的姿态吸收了很多新型的财产权客体。在这种发展态势下，英美法系的财产权客体呈现出价值化、抽象化和非物质化的趋势。❸ 在英美法系财产权客体扩张的过程中，"物"的形态逐渐淡化，"物"的价值越发凸显。英美法系的重心也从重"物"的归属转移到重"财产"的价值利用。人们对财产法客体的认识也发生了很大转变，特别是无形财产的大量出现，人们在观念上逐渐消除了财产与实物之间的关联。❹

二、法学客体的逻辑之维

在物化思维下，私法的客体是物，是权利指向的客观、具体、实在的对象；在权利思维下，法学上的客体是物上的利益或价值。

---

❶ 卢志刚. 广义民法物研究 [D]. 武汉：华中科技大学，2013：38.
❷ *Halsbury L. C, Glasgus Corporation. v. McEwan* (1899)，F. (H. L) 25.
❸ 裴丽萍，卢志刚. 广义民法物的立法模式分析 [J]. 中国社会科学院研究生院学报，2012，192 (6)：77-81.
❹ 高新军. 论财产权的解体 [J]. 社会经济体制比较，1995 (5)：21-26.

两种意义上的私法客体，其实表征了权利的"表"与"里"。

（一）物化思维下的法学客体

物化思维是一种直观的思维。在罗马法时代，法学上的客体几乎等同于物。这与罗马法理论基础较为薄弱，而经验性和实践性色彩较为浓厚有关。在物化思维下，人们是从"人-物"或"人-物-讼"的视角去认识和理解法学上的客体的。在法学发展之初，这种方法有助于人们将复杂抽象的法律关系简化，但在物化思维下解读法学客体，很容易在无形中把主体（人）的因素忽略和排除，从而导致"见物不见人"的后果。换言之，在物化思维下解读法学客体，容易忽略和排除主体对客体的作用力。

1. 物化思维是一种直观的思维

人们对法学客体的认识容易陷入物化思维是有一定历史原因的。据学者考察，在罗马法以前，人们只是从常识的角度去认识物，还未形成私法上的物的概念。[1] 到了罗马法时代，物的概念从日常用语中被概括出来，并被应用到立法上。立法简洁、直观地把物作为规制对象，而权利的取得则通过罗列民事行为予以结果上的确认。

在罗马法时期，法学客体的意涵几乎等同于物。这种现象与罗马法理论基础较为薄弱，而经验性和实践性色彩较为浓厚有关。由于罗马法的法学理论还处于具体铺陈阶段，未能达到较为抽象概括的水平[2]，因此，将诉权或其他权利都解释为"无体

---

[1] 卢志刚. 广义民法物研究 [D]. 武汉：华中科技大学，2013：14.
[2] 周枏. 罗马法原论：上册 [M]. 北京：商务印书馆，1994：304.

物"。❶ 随着人们抽象思维的增强，私法客体的解读出现了"财产"语境。在"财产"的语境下，私法的客体不是物本身，而是"人对物的权利"。这是对私法客体认识的一大进步。然而，在"财产"的语境下，由于"财产"与"物"之间仍有着密不可分的联系（大多数人在听到"财产"一词时，总能联想到房屋、土地、牲畜、货币等物），私法客体仍然没能与"物"彻底区分开来。而"财产是'人对物的权利'"，这种表述也未完全跨越出以"物"为核心的观念。

2. 物化思维考察"人–物"之间的关系

在物化思维下，人（主体）与物（客体）二元对立，这种模式能够让抽象的所有权法律关系被直观地理解。因此，在抽象思维比较薄弱的古罗马时代，罗马人习惯从"人–物"二分的视角去认识和理解法学上的客体，对于新出现的交易对象都被冠以"物"之名纳入了法学客体范畴。在"人–物"的关系下，客体是与"人"相对的概念，是人拥有或支配的对象。

将私法的客体视为"物"，意味着将私法视为调整"人–物"之间关系的范畴，这种视角即便不完全是错的，但也是毫无意义的。物之所以受到法律的保护并非因为物本身，而是因为物上的价值。物的价值通过财产权而彰显。习惯性地，当人们言及某物归属于某人时，就意味着某人享有了法律制度所保护下的该物的财产权。因此，直观地，人们常简单地认为财产权的客体就是某个"物"。然而，不是所有客观上的物都能成为财产权的客体（一般地，财产权的客体至少要具备"有用性"和"稀缺性"）。

---

❶ 周枏. 罗马法原论：上册 [M]. 北京：商务印书馆，1994：298.

3. 物化思维下的法学客体存有功能缺陷

直观的物化思维虽然有助于人们理解高度抽象的所有权法律关系，但物化思维容易让人们在认识和解读法学客体时，无形地排除人的因素，从而导致"见物不见人"的结果。然而，法学上客体的产生，脱离不了作为主体的人的需要。正是基于作为主体的人的需要，特定对象对主体而言具有某种物质上或精神上的意义，相应地，主体产生了对特定对象进行合乎法律以及伦理支配的要求，而此种要求的满足正是法律对权利予以确认和保护之目的。❶

事实上的具体之物，由于不能体现受主体作用的功能意义，还构不成法律意义上的客体。根据常理，人们如何使用或支配具体之物是个人的自由，法律并不能加以干涉，因而"人-物"的关系，未能反映主体对客体在法律意义上的作用力。❷ 法律调整的是"人-人"之间的关系，只有在"人-人"的关系下，单纯的物或行为的价值才得以体现。

在物化思维下，某些权利的正当性解释还曾遇到困境。例如，无形财产能否成为权利的对象受到法律的保护在当时成为激烈争议的焦点。❸ 这是由于从罗马法开始，先占被认为是财产所有权取得的依据。❹ 而无形财产具有不可触摸性，无法像有形财

---

❶ 郑晓剑. 对民事法律关系"一元客体说"的反思：兼论我国民事法律关系客体类型的应然选择 [J]. 现代法学, 2011, 33 (4): 63.
❷ 曹相见. 民法上客体与对象的区分及意义 [J]. 法治研究, 2019 (3): 40－53.
❸ SHERMAN B, BENTLY L. The making of modern intellectual property law: the British experience, 1760－1911 [M]. Cambridge: Cambridge University Press, 2008: 19－20.
❹ 凯利. 西方法律思想史 [M]. 王红笑, 译. 北京：法律出版社, 2002: 422－423.

产一样被主体现实地占有。[1]

(二) 权利思维下的法学客体

法学上的客体并不简单地等同于"物"。法的"外在"是法律规范,是客观意义上的法;法的"内在"是主体依其内在自由意志来主张该项法律规范的权利,是主观意义上的法。权利思维是一种抽象思维。在权利思维下,权利客体连接的是"人-人"之间的关系,而不是"人-物"之间的关系。权利客体承载了权利上的利益与价值,对权利具有指向性和说明性。总而言之,权利是主体自由意志的外在载体,而权利客体是权利的外在载体。

1. 权利思维是一种抽象的思维

与经验化、直观化、具体化的物化思维不同,"权利"概念下的私法客体是抽象思维下的产物。

随着私法体系越来越复杂,许多法学家都试图用一个抽象的概念来统领整个私法体系,以此构造私法的内在统一性。几经努力,"权利"的概念被法学家们抽象出来作为整个私法体系的统领,换言之,整个私法体系是围绕着"权利"这一核心建构起来的。

虽然在权利这一核心被提出之前,萨维尼以法律关系为中心,较完整地构建了私法的分则体系。[2]但在萨维尼那里,仍没有法律关系主体、客体和内容之分,法的价值原则和规则之间仍

---

[1] 卢纯昕. 知识产权客体的概念之争与理论澄清:兼论知识产权的"入典"模式 [J]. 政法学刊, 2017, 34 (1): 6.
[2] 何勤华. 西方法学史 [M]. 北京:中国政法大学出版社, 1996: 249.

有距离。❶ 可以说，法律关系只是一个用以观察权利的描述性概念，或是一种将权利、义务等内容关联在一起的"锁链"❷。换言之，权利才是灵魂，而法律关系只是一具骨架，如果抽掉了权利，法律关系将毫无意义。❸

在抽象的权利思维下，权利客体不仅起到了衔接现实世界与权利之间关系的作用，而且指明了权利产生的现实基础。

2. 权利思维考察"人－人"之间的关系

从本质上，私权或财产权不是"人对物的权利"，而是"人对人的权利"，私法或财产法调整的是"人－人"之间的关系，而不是"人－物"之间的关系。只有将私权或财产权视为"人对人的权利"，并在权利的思维下解读私法客体，才能将私法客体的概念导向深入。"人对人的权利"是"法律上的权利"，而不仅是"物上的权利"。以所有权为例，所有权并不是简单地"可以占有和使用那东西的权利"，而是"可以让与那东西所有权或是可以让买方合法获得那东西所有权的权利"。对所有权的前一种解读体现了人对物的支配关系，而对所有权的后一种解读体现了"人－人"的社会关系，意味着所有权的主体可以"排斥他人侵犯""自由地控制财富"。

私法上的客体只有回归权利思维，更为确切的表述是，回归法律上的、人对人的权利思维，才能彻底摆脱与物的关系，才能获得最本质的内涵。例如，由于在人们最初的观念中，财产权的客体就是物，因此财产权对其客体的要求是建立在物的自然属性上的"有用性"和"稀缺性"。但是，当更多客体进入财产权范

---

❶ 张玉洁. 民事法律关系客体新探 [J]. 天水行政学院学报，2011，12 (3)：82-86.
❷ 曹相见. 权利客体的概念构造与理论统一 [J]. 法学论坛，2017，32 (5)：32.
❸ 张俊浩. 民法学原理：上册 [M]. 北京：中国政法大学出版社，2000：57.

畴时，人们意识到财产权的客体并不等同于物，也认识到"有用性"并不是指可以直接实现的使用效能，而是指作为一般等价物可以换取的使用效能。例如，债券、股票等虚拟财产都不具有直接的使用效能，但是它们可以作为一般等价物经流通性换取某种间接的使用效能。❶ 同样地，"稀缺性"反映的也不是自然的稀缺，而是权利的稀缺。例如，知识资源不具有稀缺性，且是可以共享的，如果不计传播过程中的耗费，增加其供给的边际成本几乎为零。但知识资源可以纳入财产权客体，这是因为知识产权这种权利是稀缺的。权利下的稀缺可以是人为安排的稀缺。经相关利益集团的呼吁、法学家们的论证以及历史的验证，人们认为在知识资源上设置财产权具有积极作用，如促进知识的繁荣、人类创造性的发挥等。因此，真正具有价值和稀缺的是财产权而非该物。

法律是调整"人-人"之间关系的机制，法学上的客体只是联结"人-人"之间关系的媒介，这种媒介不一定是存在物等具体对象。例如，对于一些法律上的自由利益（言论表达），需要借助法律关系的建构来排除他人干涉得以实现，但在这样的法律关系下并没有具体对象的存在。如果只是在具体的"物"的思维下理解法学上的客体，而忽视了客体的这种媒介功能，则无法揭示法律与权利的真谛。❷

3. 权利思维下的法学客体映射了客体对于主体的意义和价值

权利的本质是自由意志之外在载体，而权利客体是权利之外

---

❶ 林旭霞. 虚拟财产权研究［M］. 北京：法律出版社，2010：21, 67.
❷ 曹相见. 民法上客体与对象的区分及意义［J］. 法治研究，2019（3）：43.

在载体。权利客体对权利具有指向性和说明性。在权利语境下解读客体,强调了物对于主体(人)的意义和价值。

(1)权利本质之透视

"法"与"权"之间有着密不可分的联系——它们是同一物互为表里的两面。在欧洲大陆的许多国家中,"法"与"权利"是由同一个词汇表达的。其词源均可以追溯至拉丁语"jus"。"jus"又源自于拉丁语"justitia"(正义),它同时承载了"法"和"权利"的双重含义,即"法"之目的是确认和保护"权利"。这正是罗马人的"法权"思想,即"客观上是法,主观上是权利"。[1]当被理解为"法"时,"jus"意味着法是公平正义的艺术[2],它将应有权利之稳定而永恒的意志赋予每个法律主体[3],或者法让人们诚实生活、无害他人,并获得其应得的部分[4];当被理解为"权利"时,"jus"系指经法律确认的、人们按照彼此意愿从事活动的范围[5],以及客观存在但可能未被意识到的自由意志的范围。[6]换言之,权利是法律对作为主体的人们平等享有自由意志的承认。[7]因此,在大陆法系国家,"法"和"权利"就相当于一枚硬币的两面。在客观意义上,"jus"是法

---

[1] 这一现象在法语、德语、意大利语、西班牙语、葡萄牙语、俄语、波兰语等语言中存在。费安玲. 著作权权利体系之研究:以原始性利益人为主线的理论探讨[M]. 武汉:华中科技大学出版社,2011:9-10.
[2] 学说汇纂:第1卷[M]. 罗智敏,译. 北京:中国政法大学出版社,2008:5.
[3] 学说汇纂:第1卷[M]. 罗智敏,译. 北京:中国政法大学出版社,2008:13.
[4] 学说汇纂:第1卷[M]. 罗智敏,译. 北京:中国政法大学出版社,2008:15.
[5] 例如,按照自己的意愿对有体物实施利用、转让等行为(即享有对有体物的所有权),或按照自己的意志与他人缔结契约关系(即享有对他人不履行义务的合同债权)等。
[6] 费安玲. 著作权权利体系之研究:以原始性利益人为主线的理论探讨[M]. 武汉:华中科技大学出版社,2011:10.
[7] G. F. Puchta, Cursus des Institutionen, Leipzig 1865, § 4.

律规范本身；而在主观意义上，"jus"就是权利。可以理解为，当某项法律规范被制定出来时，它只是客观意义上的法；当主体按照其内在的自由意志来主张和践行该项法律规范时，法就变成了主体的权利———一个主观意义上的法。

权利具有双重属性——表面上的规范性和本质上的事实性。❶ 权利的规范性为权利的表面现象，基于权利的规范性，有学者将权利阐释为"是一种法律关系"❷；权利的事实性是权利的本质，基于权利的事实性，权利之本质被认为是法律之下个人根据其自由意志所能活动或支配的范围。❸

在权利的思维下讨论法学客体，应当先对权利的本质进行透视。根据法学家们多年的探索，权利的本质，包括了自由、意志和利益这三个基本要素。

自由是人与生俱来的根本属性❹❺，是人们独立于他人的强制意志依照自己的意愿实施行为的范围。在法律的语境下，自由是"有权做自然、理性和社会不禁止的那些事情和有权不做这三者所没有要求人们做的事情"❻。从法律史的角度来看，早在罗马法时代，自由就被予以高度关注并被视为一种自然权利。罗马法作为人类社会最早的私法规则，其强调了"所有人生下来都是

---

❶ 曹相见. 权利客体的概念构造与理论统一 [J]. 法学论坛, 2017, 32 (5): 30–42.

❷ 王涌. 权利的结构 [M] //郑永流. 法哲学与法社会学论丛：四. 北京：中国政法大学出版社, 2001: 242.

❸ 梁慧星. 民法总论 [M]. 北京：法律出版社, 2011: 70.

❹ 法学教材编辑部《西方法律思想史编写组》.西方法律思想史资料选编 [M]. 北京：北京大学出版社, 1983: 404.

❺ 魁奈. 魁奈经济著作选集 [M]. 吴斐丹, 张草纫, 选译. 北京：商务印书馆, 1983: 298.

❻ 卡贝. 伊加利亚旅行记：第2卷 [M]. 李雄飞, 译. 北京：商务印书馆, 1982: 132.

自由的"。❶

　　意志是在权利要素中占据支配性的核心地位。❷ 只有在主观意志之下，权利才得以被认识、判断和行使。对于权利无论是积极地行使还是消极地放弃，都是权利主体意志的体现，都受到权利主体意志的支配。康德认为，权利是"意志的自由行使"。❸ 萨维尼则从权利的内在价值角度提出，权利合法性的基础在于，它确保了个人意志可以拥有"一个独立支配的领域"❹。之后，还有学者在萨维尼的理论之上进一步提出，权利是法律对平等主体所享有的自由意志的承认。❺

　　利益是人们主张和行使权利的内在驱动力，是权利设计需要关注的目标之一。权利很大程度上源自人们在特定社会物质生活条件下所产生的利益需求。功利的原意就是利益。❻ 是故，权利被学者们授以"功利"的高冠。利益以客体为其载体而体现。

　　权利的三个基本要素之间存在密不可分的联系。黑格尔认为，意志和自由互为表里，意志需要自由给予支撑，自由需要通过意志得以实现，而权利是自由意志的定在。❼ 对于为什么要使得权利主体的利益得到实现和保护，则是出于对其自由意志的尊重。因此，被法律确认和保护的权利只是权利的外在表象——满足人们利益需求的一种工具或手段而已，而对权利主体自由意志

---

❶　学说汇纂：第1卷 [M]. 罗智敏，译. 北京：中国政法大学出版社，2008：9.
❷　VON–SAVIGNY F C. Sistema del Diritto Romano Attuale [M]. Torino：Unione Tipografico–Editrice，1886：36.
❸　程燎原，王人博. 权利及其救济 [M]. 济南：山东人民出版社，1998：13.
❹　程燎原，王人博. 权利及其救济 [M]. 济南：山东人民出版社，1998：337.
❺　G. F. Puchta, Cursus des Institutionen, Leipzig 1865，§4.
❻　范忠信. 梁启超法学文集 [M]. 北京：中国政法大学出版社，2000：29.
❼　黑格尔. 法哲学原理 [M]. 范扬，张企泰，译. 北京：商务印书馆，1961：36.

(2) 权利客体对权利本质之体现

在权利思维下,权利客体是权利的源泉和载体,而权利是对客体所生利益的支持和保障。权利客体对于权利具有指向性和说明性。因此,并不是所有的物都能成为法学上的客体。法对权利客体的选择是遵循一定逻辑路径的。[2]

在朴素的价值关系逻辑上,主体在价值观的选择之下产生了特定需求,当客体的某些属性能够满足主体的特定需求时,就意味着客体对主体而言是有意义和价值的。因此,只有符合主体价值观、对主体呈现积极意义之"物",才能被发现和认可,进而成为主体的客体。价值是客体的主观映射,客体是价值的客观载体,而二者在相互选择过程中的纽带则是主体——人——的需求。

当上述逻辑运用到法学领域,就是法律上权利客体产生的逻辑。在法律上,主体的实质是"自由意志"。当生物人的"自由意志"被法律所认可时,生物人获得了法律上的主体性,取得了无比尊崇的法律主体地位,上升为法律人。但自由意志想要获得实现,不能停留在主观层面,必须通过一个对象呈现出来。[3] 这个被选中的对象就是权利的客体。简言之,权利的客体是权利的表达、体现或外部定在,而权利是主体自由意志的表达、体现或

---

[1] 费安玲. 著作权权利体系之研究:以原始性利益人为主线的理论探讨 [M]. 武汉:华中科技大学出版社, 2011:28.

[2] 李建华,王琳,麻锐. 民法典人格权客体立法设计的理论选择 [J]. 社会科学战线, 2013 (11):163.

[3] 李建华,王琳,麻锐. 民法典人格权客体立法设计的理论选择 [J]. 社会科学战线, 2013 (11):164.

外部定在。❶

　　在权利语境下解读客体，强调物对于主体（人）的意义。实质上，权利是一种价值选择的产物，权利内容是物之于主体（人）的价值或功能，而权利客体是价值或功能的载体。因此，是权利客体，而非权利对象，决定了权利的种类和性质。从根本上，不同权利的区别，来源于权利客体的不同，而非权利对象的不同。❷ 即便在同一对象上，依然可以存在两种完全不同的权利。

三、小结

　　人们对法学上客体的认识容易陷入物化思维，是因为法学上最早的客体——动产——来源于日常现实生活，并且它们是以一种客观实在的方式被占有和支配的。随着商品经济的日益发达，人们发现可交易的对象并不局限于有体物（还有无体物、无形物），占有的方式也不局限于直接的事实占有（还可以有抽象的观念占有），因而，在物化思维下认识法学客体具有局限性。

　　德国人在前人的基础上，充分发挥了其抽象思维能力，创造性地提炼出了"主体-权利-客体"这一私法体系结构，从此对法学上客体的认识进入了权利思维模式。在权利思维模式下，客体是"主体（人）-主体（人）"之间的媒介，是权利上的价值或功能的承载，是权利的表达、呈现和外部定在。

　　回到人工智能生成内容的定性问题，人们也极其容易陷入物

---

❶ 方新军. 权利客体的概念及层次 [J]. 法学研究, 2010, 32 (2): 40.
❷ 刘德良. 民法学上权利客体与权利对象的区分及其意义 [J]. 暨南学报（哲学社会科学版），2014, 36 (9): 1-13.

化思维，认为人工智能生成内容的判定要以客观为标准，只要其在外观表现上与作品无异，就可以将其认定为作品。殊不知这种思路严重偏离了"人本主义"而误入了"物本主义"。对人工智能生成内容的判定，应从物化思维（考察"人－物"关系）回归到权利思维（考察"人－人"关系），着重分析人工智能生成内容是否能够承载与作品一样的权利价值或功能，以及是否表达、呈现或定位在了与作品一样的权利内核。

第三节 著作权法层面的客体

著作权层面的客体是法学层面客体的下位概念。对著作权客体的解读也存在历史和逻辑的双重维度。在历史维度，著作权客体从《安娜女王法令》中的"稿本"（copy）演进为了"稿本"上具有独创性的能以一定形式表现的特定领域中的智力成果。其独创性标准从最初的"额头出汗"（sweat of ones's brow）原则发展为了现今"copyright"体系中的"额头出汗"+"一点点创造性火花"的标准，以及"author's right"体系中的"反映作者思想、情感和个性"的标准。在逻辑维度，物化思维下的著作权客体是具有可复制、可再现、可传播等特征的"无体物"或形式化的符号排列组合，而权利思维下的著作权客体则是承载了作者的意志、人类稀缺的创造性以及人类的尊严、自由等人本价值的智力成果。一言以蔽之，著作权的客体是形式与意义的统一。

一、著作权客体的历史之维

在著作权诞生之初,"稿本"通常被认为是著作权上的客体,作品概念还未在立法上诞生。

在《安娜女王法令》之后,各国设立了各自的版权法或著作权法,但大多数国家在立法层面并未对作品的概念进行直接定义,而只对作品的种类进行了界定。在理论层面,各国一般将"独创性"设置为作品的门槛。鉴于理念上的差异,两大体系对"独创性"的要求并不一样。总体而言,"author's right"体系较"copyright"体系对独创性的要求严格一些。前者比较注重作品中的人格色彩,而后者只要求作品有一点点的"创造性火花"。

(一)著作权客体之源

在立法上,作品的源头可以追溯至世界上首部版权法——《安娜女王法令》。在理论上,受洛克财产权劳动学说的影响,一般认为,只要在创作中,付诸了"额头出汗"的劳动,其创作成果就可以获得版权保护。

1. 立法层面

在世界上首部版权法《安娜女王法令》中,只出现"图书""手稿"这样的表达,还见不到"作品"的字眼。可见,《安娜女王法令》的立法者尚未把抽象的作品概念从"图书""手稿"这样的实物中分离出来,法律上的"作品"概念还没有诞生。❶ 在当时人们的观念中，是"稿本"催生了稿本上的财产权，因而"稿本"作为一种财产利益被认为是版权的客体。❷ 这种观念与《安娜女王法令》是从封建出版特许权转变而来有着密切的关系。在封建出版特许权下，受保护的是出版商基于"稿本"之上的财产权。正是这种观念的残留，导致人们下意识地认为，版权的客体就是"稿本"。

2. 理论层面

理论层面上抽象的作品概念催生于当时流行的洛克等思想家的财产权劳动学说。财产权劳动学说是由英国哲学家洛克提出的。洛克认为，上帝将土地上的一切给了人类，那么这一切归人类共同所有，没有人对这种处于自然状态的东西享有排他性和独占性的私人所有权。但是，这些东西必须借助某种拨归私用的方法，才能对个体的生存起到作用。这种将共有东西私有化的方法，就是人的劳动。只要人们将其劳动掺进了某种东西，并使其脱离了自然安排给它的一般状态，那么他就应当拥有他的劳动所产生的果实。正是劳动让物脱离了自然状态，因此也让其归属发生了改变。❸

虽然洛克在寻找财产权的正当性根基时针对的是有形财产，但由于"劳动"一词具有很强的伸缩性，因此，洛克的财产权劳动理论被人们很自然地运用到包括版权等无形财产的正当性论证中：作品的创作是一个"额头出汗"的劳动过程，处于公共

---

❶ 易健雄."世界上第一部版权法"之反思：重读《安妮法》[J]. 知识产权，2008，103（1）：20–26.

❷ 宋慧献. 安妮女王版权法令的诞生：从特权到版权[J]. 中国出版，2010，252（19）：71–75.

❸ 洛克. 政府论：下篇[M]. 叶启芳，瞿菊农，译. 北京：商务印书馆，1964：18.

领域的无主思想经作者的创作劳动之后，形成了作品。版权领域中判定作品"独创性"的最初原则由"额头出汗"而来。根据"额头出汗"原则，只要作者在创作中所付的劳动足以让"额头出汗"，其劳动产出作品就可以获得版权保护。

（二）著作权客体之流

在《安娜女王法令》的基础上，世界各国的作品保护制度演化出了以英国、美国为代表的"copyright"体系和以法国、德国为代表的"author's right"体系。在立法层面上，许多国家并未直接规定作品的概念，而是界定了作品的种类。在理论上，各国一般要求作品必须具有独创性。

1. 立法层面

在立法上，大多数国际公约和各国国内法并未对作品的概念进行直接定义。在国际公约层面，《伯尔尼公约》对作品的规定极为宽泛——不论智力成果的表现形式如何，只要其属于科学和文学艺术领域，都是作品。[1] 除此之外，其他公约[2]都只对作品的种类进行了界定，而未规定作品的定义。在各国国内法层面，多数国家（美国、英国、法国、意大利等）也只是从作品的外延界定了作品的种类，而未具体规定作品的概念。只有部分国家（德国、日本、韩国等）不仅从作品的外延界定了作品的种类，而且对作品的定义进行了规定。其中，德国著作权法将作品定义

---

[1] 参见《伯尔尼公约》第2条："文学和艺术作品"一词包括文学、科学和艺术领域内的一切成果，不论其表现形式或方式如何。
[2] 参见《世界版权公约》《世界知识产权组织版权条约》等。

为"个人的智力创作"❶，日本著作权法将作品的概念规定为"文学、科学、艺术和音乐领域内，思想或感情的独创性表现形式"❷，韩国著作权法将作品规定为"对人的思想或情感的独创性表达"❸。我国 2020 年修正的著作权法在综合《伯尔尼公约》和日本著作权法、韩国著作权法的基础上，将作品定义为"具有独创性"并且"能以一定形式表现"的"文学、艺术和科学领域内的智力成果"。

2. 理论层面

除了必须具备属于文学、艺术和科学领域，能够以一定有形形式复制这两项要求之外，智力成果还必须经过法律的检验，确定其承载和储存了著作权法的法律价值，才能够成为著作权法上的作品。一般来说，这个法律检验标准就是独创性。无论是"copyright"体系，还是"author's right"体系，都对受保护的作品有独创性要求。但两大体系的独创性标准是不一样的。

（1）"copyright"体系下的版权客体

按照英美法系中的版权法规定，作品只要具备最低限度的独创性——仅需极少的创新——就可以获得版权保护。❹ 甚至，只要表达源自作者，由作者独立创作而来（independently created），而非源自对他人作品的抄袭、剽窃或篡改，就可以达到独创性的要求。具体而言，英国版权、外观设计和专利法奉行技能、判

---

❶《十二国著作权法》翻译组. 十二国著作权法 [M]. 北京：清华大学出版社，2011：147.

❷《十二国著作权法》翻译组. 十二国著作权法 [M]. 北京：清华大学出版社，2011：361.

❸《十二国著作权法》翻译组. 十二国著作权法 [M]. 北京：清华大学出版社，2011：509.

❹ *Alfred Bell & Co. v. Catalda Fine Arts, Inc.*, 191 F. 2d 99, 102 (2d Cir. 1951).

断、劳动（skill, judgment and labor）的独创性标准[1]；而美国在前期很长时间按照"额头出汗"或"辛勤收集"（industrious collection）原则判定独创性。注重实用主义的美国认为，版权只是财产性的权利，而作者个性不是作品的创作要件。

　　直到1990年的 *Feist Publications v. Rural Telephone Service Co.* 案[2]，由美国联邦最高法院提出相关表述至少应具备"最低限度的创造性"（modicum creativity）之后，"额头出汗"原则才被放弃。然而，即便是最低限度的创造性，依然是非常低的标准。[3]正如法院所补充道，只要作品具有一些"创造性火花"——而不是"创造性野火"——即可，"无论它多么粗糙、谦逊或显而易见"。[4] 按此标准，除了传统的诗歌、散文、音乐、美术等属于作品，如今的广播节目表、体育赛事直播等也可以纳入作品的范畴。例如爱尔兰高等法院在 *Magill* 案中，将原告的电视节目单认定为作品。[5]

　　（2）"author's right"体系下的著作权客体

　　而大陆法系从"author's right"体系设立起就比较注重作品中的人格色彩。在"浪漫主义作者观"的熏陶和渗透之下，作品首先是作者人格外化的精神产物，其次才是经济意义上的财产权客体。按照"author's right"体系要求，作品的产生要注入创造性劳动，而非机械的体力劳动；作品中应反映作者的思想、感

---

[1] CORNISH W R. Intellectual property: patents, copyright, trade marks and allied rights [M]. London: Sweet & Maxwell, 2007.
[2] *Feist Publications, Inc. v. Rural Telephone Service Co., Inc.*, 499 U.S. 340 (1991).
[3] 李明德. 两大法系背景下的作品保护制度 [J]. 知识产权, 2020 (7): 7-8.
[4] *Feist Publications v. Rural Telephone Service Co.*
[5] Case T-69/89 *Radio Telefis Eireann v. Commission of the European Communities*.

情,作品应打上作者个性的烙印。[1] 因此,"author's right"体系国家对独创性的界定标准较高,甚至要求表述形式必须包含"某种具有想象力的特别东西"。[2]

总体而言,"author's right"体系较"copyright"体系,对独创性的要求要严格一些。之所以存在这种差异是由于作者权体系注重保护作者的自然权利,而"copyright"体系则是实用主义的典型。相应地,在不同的独创性标准下,两大体系下的客体范围也是不一样的。例如,表演、录音录像制品和广播节目虽然在我国构不成作品,但在美国等英美法系国家是作为作品受版权保护的。

二、著作权客体的逻辑之维

众所周知,著作权的客体是作品。根据我国《著作权法》第3条规定,作品是指属于特定(文学、艺术和科学)领域、具有独创性,并且能以一定形式表现的智力成果。实际上,该项定义包含了作品的物理属性和法律属性。

(一)物化思维下的著作权客体

著作权的客体,首先必须具备知识产权客体的一般要求。学界对知识产权客体的认识和理解经历了一个发展过程。起初,人们也是在物化的思维下界定知识产权客体的。例如,将知识产权客体界定为"智力成果",或是"形式""信息""符号""符号组合""有构无质物",抑或是"知识产品"等。

---

[1] 吴汉东. 知识产权基本问题研究 [M]. 北京:中国人民大学出版社,2005:197.
[2] 雷炳德. 著作权法 [M]. 张恩民,译. 北京:法律出版社,2005:117.

20 世纪 80 年代初，学界普遍将知识产权的客体界定为"智力成果"，即一种以创新性的智力成果加以表现的客观"物"。步入 20 世纪 90 年代之后，出现了不少关于知识产权客体的新学说。"形式说"认为知识产权的对象，从字面上理解就是知识，而知识的本质是信息组合形式。刘春田教授从万物在哲学上的二重（即形与数）维度出发，指出知识产权的对象是那些由人类所创造，并经法律标准加以检验而获准保护的"形式"。[1]"信息说"认为知识产权的客体是有价值、可再现并且区别于既有信息的信息。郑成思教授认为，"信息"一词基本覆盖了知识产权所保护的对象。[2] 张玉敏教授指出，知识产权所保护的是具有商业价值的控制论意义上的信息。[3] 张勤教授则从世界的物理构成（即世界是由物质、能量和信息构成的）角度指出，只可能是信息，而不可能是物质或能量，能够成为知识产权所保护的对象。[4] "符号说"认为，知识产权的客体是符号；"符号组合说"则在"符号说"的基础上进一步指出，知识产权的客体是由公共领域中的不同符号元素组合而成的符号组合。李琛教授认为，"符号说"不仅在"形式说"的基础上揭示了形式的具体元素以及形式的人创物属性，而且在"形式说""信息说"的基础之上向着财产的具体形态方向迈进了一步。[5] 何敏教授提出了知识产权的客体是一种"有构无质物"，它虽然是非物质性的客观存

---

[1] 刘春田. 知识财产权解析 [J]. 中国社会科学, 2003 (4): 109 – 121.
[2] 郑成思. 信息、知识产权与中国知识产权战略若干问题 [J]. 环球法律评论, 2006 (3): 304 – 317.
[3] 张玉敏, 易健雄. 主观与客观之间: 知识产权"信息说"的重新审视 [J]. 现代法学, 2009 (1): 171 – 181.
[4] 张勤. 知识产权客体之哲学基础 [J]. 知识产权, 2010, 20 (3): 3 – 15.
[5] 李琛. 论知识产权法的体系化 [M]. 北京: 北京大学出版社, 2005: 127 – 129.

在，但是属于一种创新性的结构和组合，只要与特定的载体相结合，其具有创新性的结构和组合就可以呈现出来。❶

吴汉东教授认为知识产权的客体是知识产品，具体是指人们在科学、文化和技术等特定领域所创造的精神产品。他强调，这种精神产品是区别于物质产品（有体物）的独立客体范畴。❷ 这种论述突出了知识产权客体的商品属性和财产属性，强调了知识产权的客体是经由人类的创造性劳动而产生的，也暗含了建立知识产权制度的目的和意义是通过激励人们创造性劳动的投入以增进整个社会的公共福祉。相比先前的学说（主要是对照"智力成果说"），这种论述体现了知识产权客体的非物质性，反映了知识产权客体中的财产权内容❸，但其仍然残留一定的物化思维色彩。

物化思维下的知识产权客体，是一种"无体物"。学者们对该"无体物"的特征进行了一系列描述。刘春田教授指出，知识产权的客体不具有实体性，其不能独立存在，而必须附着于特定的物质载体，才能成为可被感知的对象。❹ 张勤教授则认为，承载于但不绑定于某种特定的介质是知识产权客体的基本特征之一。❺ 吴汉东教授强调，知识产权的客体不仅具有非物质性，而且具有公开性。❻ 郑成思教授认为，知识产权客体的基本特点是

---

❶ 何敏. 知识产权客体新论 [J]. 中国法学, 2014 (6): 124.
❷ 吴汉东. 知识产权法 [M]. 4 版. 北京: 北京大学出版社, 2014: 13.
❸ 卢海君. 版权客体论 [M]. 北京: 知识产权出版社, 2014: 3–5.
❹ 刘春田. 知识财产权解析 [J]. 中国社会科学, 2003 (4): 109–121, 206.
❺ 张勤. 知识产权客体之哲学基础 [J]. 知识产权, 2010, 20 (3): 3–15.
❻ 吴汉东. 知识产权法 [M]. 4 版. 北京: 北京大学出版社, 2014: 21–22.

具有知识性和共享性。[1] 张玉敏教授认为，由于知识产权的客体具有非物质性，即它只是一种非物质性存在的信息，因此不能以控制物质财产的方式控制和支配知识产权客体；此外，它还具有永久存续性、可复制性、可广泛传播性，并且可以同时被多人使用。[2] 陶鑫良等则认为，无形性是知识产权客体最基本的属性，而其他属性，如可复制性、再现性、永存性、传播性、扩散性、公共性等，都是由无形性所衍生出来的。[3] 李琛教授认为，知识产权的客体还必须能够与已有的知识、信息相区别。作品被予以著作权保护的独创性要求、专利授权中的创造性要求以及商标获得保护的显著性要求，都体现了知识产权客体与已有信息、知识的区别性。[4] 以上这些学说均是在物化思维下对知识产权客体进行解读的，都在力图描述知识产权的客体是一种什么样的"物"。

具体到著作权领域，在物化思维下，著作权客体是一种在文学、艺术和科学领域，表现为客观存在的、形式化的、具有意义的、符号的排列组合。这种符号的排列组合也被称为"表达"。[5]

由于思想是看不见的，甚至是不可捉摸的，因而法律对思想的表达进行保护而不保护思想本身。在司法实务中，法院也是根据"思想/表达二分法"对作品进行界定的。"思想/表达二分法"的存在，具有一定的法律意义。其一是保留公共领域的需

---

[1] 郑成思. 知识产权：应用法学与基本理论 [M]. 北京：人民出版社，2005：139–142.
[2] 张玉敏. 知识产权的概念和法律特征 [J]. 现代法学，2001 (5)：103–110.
[3] 陶鑫良，袁真富. 知识产权法总论 [M]. 北京：知识产权出版社，2005：125–129.
[4] 李琛. 论知识产权法的体系化 [M]. 北京：北京大学出版社，2005：126.
[5] 卢海君. 版权客体论 [M]. 北京：知识产权出版社，2014：92.

要。人类的创作活动不是完全"无中生有"的,而是一个"累积性增长"的过程,任何创作都是基于已有创作之上的,都不可能完全脱离对已有作品的借鉴。换言之,任何创作都是二次的再创作行为,任何作者都是持续的积累性"创作链"上的一个参与者。因此,法律需要保留一个公共领域为后续作者提供创作的元素和材料,以此免除后续作者因创作的"历史继承性"而可能承担的"连带债务",从而让每一个作者都能够自由地吸收或采用前人作品中的思想、知识或事实等。其二是出于保护成本的考量。鉴于对思想进行保护的成本非常高昂,对思想进行保护是基本不可行的。在创作过程中,创作者不可避免地会用到前人零星的数以千计的思想,而让法院对每一个思想都进行判定以确认该思想与其他思想是否发生重叠几乎是不现实的。其三是司法实务中侵权判定的需要。"思想/表达二分法"最初源于司法实践。在实践中,适用"思想/表达二分法"对受保护作品和涉嫌侵权作品进行比较,或可以解决实质性相似、合理使用制度以及独创性原则所解决不了的作品侵权问题。[1]

然而,著作权法只对表达进行保护而不保护思想的原则,并不意味着作品就仅仅只是"表达的形式"。实际上,作品除了具有"表达的形式"之外,还具有"表达的内在"。鉴于法律无法调整人们大脑中纯思想的主观世界,只能调整"客观的"或者"已经客观化了"的东西,所以著作权法也只能调整客观化了的表述。因此,仅在物化思维下解读著作权客体是局限和片面的。

---

[1] 黄汇. 版权法上的公共领域研究 [D]. 重庆:西南政法大学,2009:43-44.

（二）权利思维下的著作权客体

在我国知识产权法学界，最早将知识产权的客体与对象进行区分的是刘春田教授。刘春田教授认为，"知识"，作为知识产权的对象，是形式的、结构的、符号的，是具体的、客观的、感性的，是第一性的事物，是权利客体发生的前提和基础。而知识产权的客体，是权利与对象的中介，是抽象的、主观的、理性的，是第二性的事物。刘春田教授认为，知识产权的客体是指基于对知识产权的对象的控制、利用和支配行为而产生的利益关系或社会关系。❶ 因此，"知识"并非知识产权的客体，而只能称作知识产权的对象。

无独有偶，在知识产权领域，还有学者根据"具体事实/抽象价值"的标准对权利的对象与客体进行了区分。其认为，权利对象是从客观事实的角度对权利进行的描述，它是权利的具体、外在的指向，是人们在实践活动中能够感知和确定的事实要素；而权利客体是从抽象思维的角度对权利进行的阐释，其内化于权利，承载着权利上的利益和价值，是权利本质的"凝结核"和"压舱物"。❷ 根据以上理念，该学者指出，即便在同一物上也可以同时存在不同的权利。如著作权和外观设计专利权，二者的保护对象可以是同一事实要素，但由于两种权利所保护的利益和价值不同——著作权保护的是表达上的"独创性"，而外观设计专利权保护的是产品和设计相结合之后所产生的市场竞争优势，因

---

❶ 刘春田. 知识产权法 [M]. 2 版. 北京：中国人民大学出版社，2005：6.
❷ 朱楠. 从权利对象和权利客体之别析外观设计专利权和版权的保护 [J]. 北方法学，2016，10 (5)：61 – 68.

此两种权利并没有对同一事实要素重叠保护。❶

在权利思维下，知识产权客体应当具备一般民事权利客体所具有的三点基础性特征。第一，其必须具有独立的效用，即它对主体而言是有意义和价值的，并且它可能带来利益上的冲突，这是必须对其作出权利、义务分界，明确其所归所属的直接原因。第二，其必须是人类能够控制和支配（至少能够部分控制和支配）之物，因为只有人类能够控制和支配之物才能成为主体权利和义务作用的对象，法律只适宜对人类能够控制和支配之物进行调整。❷ 第三，其必须能够储存、承载知识产权法特定的价值或功能。也有学者指出，概念存在的意义，在于对特定价值的承认、共识和储藏，并进一步解释道，在概念形成的过程中，通常必须践行这样一个过程：认识某一概念旨在实现价值——对该价值产生共识——将该价值储藏于该概念之中。❸

在权利思维下，知识产权客体是知识产权特定价值或功能的外在载体。知识产权的对象是一种信息，当这种信息承载了一定的价值或利益，凝结了一定的法益，并且这种法益上升到一种权利时，这种信息就成为知识产权的客体。根据信息所承载、储存的价值、利益或功能的不同，知识产权又可以划分为著作权、专利权和商标权等不同细分权利。由此也可见，各种知识产权制度之间的本质差别不在于对象的差异，而在于其保障实现的价值、利益或功能的不同。因此，知识产权的客体应是形式与内容的统一。

---

❶ 朱楠. 从权利对象和权利客体之别析外观设计专利权和版权的保护 [J]. 北方法学，2016（5）：67.
❷ 张文显. 法学基本范畴研究 [M]. 北京：中国政法大学出版社，1993：176.
❸ 张文显. 法学基本范畴研究 [M]. 北京：中国政法大学出版社，1993：61.

就著作权而言，法律之所以要在作品上确认权利，是因为作品上承载了作者的意志、人类稀缺的创造性以及人类的尊严、自由等人本价值。法和权利的基础是以主体意志为出发点的精神方面的东西。❶ 是故，著作权法的宗旨应当以对这些主体自由意志的尊重为出发点，其中，又以作者的自由意志为核心。对这些主体自由意志的尊重并不是空泛的，具体应着重于对其因作品而产生的利益进行法律上的确认和保护，这便是著作权的权利内容。❷

著作权的实质是自然法基础与功利目的的有机结合。著作权不同于普通的财产权，它还包含了基本人权中的一部分，如创作与表达自由，以及艺术与科学自由等。而人权的取向是确立人类尊严处于保护的中心地位。从这个角度来看，著作权不仅关乎功能的履行，而且注重以人（特别是创作者）为目的。

因此，实质上，作品（客体）和著作权之间的关联与作者（主体）和著作权之间的关联是一个问题的两个方面。从主体的角度来看，如果创作者没有表达出创作的意思和意志，以及付出创造性劳动，该主体不能成为著作权上的作者；从客体的角度来看，如果相关表达不具有独创性，不能承载创作者的意志、人类稀缺的创造性以及人类的尊严、自由等人本价值，该表述也就不能构成著作权上的作品。

三、小结

著作权法层面的客体是法学层面客体的下位概念。人们对著

---

❶ 黑格尔. 法哲学原理［M］. 范扬，张企泰，译. 北京：商务印书馆，1961：10.
❷ 费安玲. 著作权权利体系之研究：以原始性利益人为主线的理论探讨［M］. 武汉：华中科技大学出版社，2011：28－29.

作权法层面客体的认识也存在物化思维和权利思维两种模式。在物化思维下，著作权客体是一种无体物，具有可复制性、可传播性、可再现性、可共享性等特征，其表现为一种形式、信息，或者是符号、符号组合。在权利思维下，著作权客体必须能够承载著作权特定的价值或功能——体现作者的意志、包含人类稀缺的创造性以及储存了人类的尊严、自由等人本价值。因此，对于人工智能生成内容的判定，应着重考察其是否能够承载著作权的这些核心价值，其是否成为权利本质的"凝结核"或"压舱物"。

第四节　人工智能生成内容作为著作权客体的适格性分析

人工智能生成的内容具有准财产属性和"类作品"属性。但仅凭借准财产属性和"类作品"属性并不能推导出人工智能生成的内容可以构成著作权法上的作品。

在哲学层面，人工智能生成的内容只有作品之"形"而无作品之"实"。从静态角度来看，其缺失了"创作者"和"世界"这两个要素；从动态角度来看，其跳过了"灵感降临"和"构思形成"这两个过程。因此，人工智能生成内容不构成哲学上的作品。在著作权法层面，人工智能生成内容不是人类智力活动直接产生的结果，其无法通过独创性的验证，也无法承载著作权最核心的价值——人本价值。因此，人工智能生成内容不能被纳入著作权客体范畴，即不能被定性为作品。

一、人工智能生成内容的准财产属性和"类作品"属性

人工智能生成内容具有准财产属性，其是有用之物，具有使用价值。与此同时，其是人工智能编程者、投资者或使用者付诸投入的结果，凝结了社会必要劳动时间，具有一定的价值。虽然人工智能生成内容本身不稀缺，但其可以被人为地规定为稀缺。人工智能生成内容还具有"类作品"属性。其是一种从外观上看与人类作品无异的信息符号组合，具有非物质、可复制、可传播以及可感知或欣赏等特点。

（一）人工智能生成内容的准财产属性

首先，部分人工智能生成内容是具备使用价值的。对于人类主体而言，人工智能生成内容无疑是有用之物，其可以供人们以不同的方式使用，如阅读、观看、欣赏等，还可以被吸收到后续作品中，或衍生出后续作品，甚至作为人工智能再次"创作"的输入数据。在实践中，人工智能写作软件，如 Dreamwriter、Wordsmith[1]、Quakebot[2] 等，已经为人们提供了大量且丰富的财经类、体育类或气象类新闻信息；人工智能音乐生成器，如 Flow Machines、Amper Music 等，生成的音乐也已经作为插曲嵌入了电影之中[3]。由于人工智能生成内容可以满足人类某些需求，因此在哲学层面，人工智能生成内容可以成为人类主体的客体。

其次，人工智能生成内容具有价值。根据马克思劳动价值理

---

[1] 美国联合通讯社与人工智能公司合作开发的自动化撰稿软件。
[2] 美国《洛杉矶时报》的 Quakebot 机器人"记者"。
[3] 耳闻. IBM 人工智能系统为科幻电影《摩根》制作预告片 [EB/OL]. (2016 – 09 – 04) [2020 – 09 – 04]. http://shuzix.com/4173.html.

论，商品的价值取决于它所包含的社会必要劳动和所利用的原料的价值。虽然人类并不直接进行创作，但人工智能生成内容是不可能在没有任何人类介入的情形下产生的。在生成的过程中，人类可能在数据训练或参数设置阶段进行干预，也可能在成果生成的最终阶段进行选择或修改。人工智能进行"创作"所需的原材料，如人类在先作品或其他数据资料，是具有价值的，需要投资者或者操作者进行收集、分类或购买。因此，人工智能生成内容之上凝结了一定价值。另外，围绕、针对人工智能生成内容可能发生利益冲突（涉及人工智能生成内容的侵权纠纷业已发生），这也从侧面反映了人工智能生成内容所具有的价值。

（二）人工智能生成内容的"类作品"属性

在物化思维下，人工智能生成内容具有知识产权客体的一般属性。如人工智能生成内容是一种信息，具有无形性或非物质性、非实体性，并且可以无限复制，具有再现性、传递性、扩散性、公开性等属性，其不能独立存在，需要附着于载体之上。

人工智能生成内容，具有和作品相仿甚至相同的外在表达形式，其可以带来与人类作品相似甚至相同的审美或知觉体验。若不问及来源，这些人工智能生成内容极可能以假乱真，达到障眼之效。因此，人工智能生成内容具有"类作品"的属性。

二、人工智能生成内容不构成哲学层面的作品

著作权法上的作品，是指文学、艺术和科学范畴的作品。[1]

---

[1] 文学、艺术和科学领域中的作品在构成以及创作、欣赏或理解方面有极大不同。由于作品中占比较大的是文学、艺术作品，并且它们相对而言要比科学作品复杂得多，因此本书主要探讨文学、艺术作品，并以此为基础来分析作品。

其实，不仅知识产权领域的学者们对作品的内涵进行研究，文学、艺术领域的学者们以及哲学家们也在对作品的概念进行研究。不同之处在于，前者侧重于探讨如何保护作品，即作品保护的规律性，而后者着眼于探讨作品（作为一种文艺现象）产生、发展、欣赏或使用的规律。由于著作权法的目的是促进作品的创作和利用而进行的法律调整，因此文学、艺术领域的作品概念更为基本，它是研究著作权法上作品概念的基础和起点。而文学、艺术家们往往站在哲学的高度对作品进行研究。

（一）哲学上的作品是"符号所指"与"符号能指"的统一

哲学上的作品具有强烈的主体性。不论从静态还是动态的角度，文学、艺术、哲学上的作品都是"符号所指"与"符号能指"的统一。

1. 静态和动态视角下的作品

在该视角下，学者主要从静态和动态两个角度对作品的概念进行研究。从静态角度来看，文学、艺术作品包括世界（或自然）、创作者、作品、欣赏者四个要素；从动态角度来看，文学、艺术作品涵盖了灵感降临、构思形成和物化产生三个过程。不论是静态视角还是动态视角，即便创作已经完成，作品都脱离不了与世界、创作者和欣赏者之间的联系。只不过静态视角是从同一时空来看这四个元素（作品、创作者、世界、欣赏者）之间的关系，而在动态视角下，这四个元素的出现是有时间先后顺序的。因此，分析、理解作品，不仅要涉及作品本身，而且要涉及作品的创作过程以及作品对人们产生影响的过程。

（1）静态视角下的作品

美国文艺批评家迈尔·霍华德·艾布拉姆斯从静态视角对文学、艺术作品进行了分析，他指出文学、艺术作品必须包含四个要素：①作品；②生产者，即艺术家；③世界或自然，一般认为，作品总是直接或间接源自现实世界中的客观事物或真实事件；④欣赏者，即听众、观众、读者。❶

（2）动态视角下的作品

美学家莫·卡冈则是从动态的角度提出了作品的内涵。他指出，创作是一个动态的过程。任何作品都酝酿于艺术家的脑海当中，然后再物化于某个载体之上。它同时承载了现实价值和艺术价值。因此，只有对于知觉——即欣赏者，这个"物"才称得上作品。

作品的产生过程，即创作过程，是一项复杂的创造性劳动，一般而言，需要经历灵感降临、构思形成和物化产生这三个阶段。❷

"灵感"是一种独特的思维活动，它以一种直觉式的顿悟体现出来，其实它已长期潜伏于创作者的意识之中，只是需要在某种机缘下降临。❸ 创作者的灵感是创作的导火索，灵感降临意味着创作的开端。正是由于灵感的降临，创作者的心中涌现了一种表达某种思想或情感的冲动。夏之放先生用"意象的受孕"这一表达，形象地描述了灵感降临的特征。受精卵尽管不同于胎儿、出生后的婴儿以及长大成人，但它具备了其后的胎儿、婴

---

❶ 艾布拉姆斯. 镜与灯：浪漫主义文论及批评传统 [M]. 郦稚牛，张照进，童庆生，译. 北京：北京大学出版社，1989：5.
❷ 孙美兰. 艺术概论 [M]. 北京：高等教育出版社，1989：126-141.
❸ 孙美兰. 艺术概论 [M]. 北京：高等教育出版社，1989：142.

儿、成人的全套基因。而灵感与受精卵一般，尽管它只是一种模糊的意识，但它承载了作品的全部基因，它不仅包含了作品内容和情感方面的雏形，而且包含了作品形式与表现方面的雏形。

　　灵感降临之后，创作者们开始在脑海中将灵感逐渐孕育以至发育成作品，这一过程就是构思形成的过程。构思还不具有现实的物质躯壳，只是纯粹的精神成像，因此，它仍有别于作品本身。在构思形成的过程中，具体的形象逐渐浮现。❶ 在这一过程中，思想内容与形式表现同时发展。❷ 但这两者的发展是不平衡的，在构思开始阶段，形式表现落后于思想内容的发展，随后，形式表现不断"追赶"思想内容，思想内容也在形式表现浮现的过程中不断完善，最终思想内容与其形式表现逐渐融合、趋于统一。

　　构思形成之后，最终要体现在物质之上，作品才算完成，如画布上的画、纸上的书法等。这就是物化的过程。在这个过程中，形式表现进一步"追赶"思想内容。当形式表现从构思这一"牢笼"中释放出来之后，创作者可能会发现物化之后的符号与想象中的有所不同，如画布上的颜色不如想象中明媚，或演奏出的音乐不如想象中动听，所以创作者会一边将构思物化，一边调整构思。随着形式表现逐步完成符号化，内容与形式、思想与表现无法被分开，从而达到完美的统一。❸ 至此，作品诞生，

---

❶ 卡冈. 卡冈美学教程 [M]. 凌继尧，洪天富，李实，译. 北京：北京大学出版社，1990：414.
❷ 孙美兰. 艺术概论 [M]. 北京：高等教育出版社，1989：144–150.
❸ 卡冈. 卡冈美学教程 [M]. 凌继尧，洪天富，李实，译. 北京：北京大学出版社，1990：421.

创作结束。作品脱离创作者开始"独立于世",为知觉的对象发挥作用。

2. 作品是符号能指与符号所指的统一

当符号学被运用于文艺理论,作品就成为一种艺术符号。❶艺术符号是表示成分(即符号能指)与被表示成分(即符号所指)的有机结合物。前者构成了作品的表达方面,后者构成了作品的内容方面。❷其中符号能指是作品的外观,即构成作品的声音、节奏、色彩、线条等,它们能被人类主体所感知的物理成分;而符号所指则是作品的内涵,是人类的思想与普遍情感。

卡冈先生曾说,作品是由各要素、层次和方面构成的有机统一体。❸作品同时具有"灵魂"与"外在"。作品的"灵魂"就是作品的思想、内容与情感,作品的"外在"就是作品的形式与表现。换言之,作品的"灵魂"是作品的符号能指,作品的"外在"是作品的符号所指。作品是符号能指与所指的辩证统一。

作品的思想、内容和情感与作品的形式和表现是相互对立的两大范畴。思想、内容和情感是作品内在的东西,若不借助于外在的形式和表现,它们是无法被人所感知的。但作品外在的形式和表现,其功能并不是展示其自身,而是表达作品的思想、内容和情感。因此,这两大范畴也是辩证统一、不可割裂的。作品的

---

❶ 巴特. 符号学美学 [M]. 董学文, 王葵, 译. 沈阳:辽宁人民出版社, 1987.
❷ 巴特. 符号学美学 [M]. 董学文, 王葵, 译. 沈阳:辽宁人民出版社, 1987:35.
❸ 卡冈. 卡冈美学教程 [M]. 凌继尧, 洪天富, 李实, 译. 北京:北京大学出版社, 1990:434.

内容是其形式的内容，作品的形式是其内容的形式。❶ 在创作过程中，作品的思想、内容和情感与作品的形式和表现是相互渗透的，二者之间没有绝对的界限。

作品是一种对内在主观世界加以表现的形式。作家列夫·托尔斯泰强调作品要表现情感，雕刻家奥古斯特·罗丹也强调作品要表现灵魂和思想；当代美学家苏珊·朗格则提出艺术是人类内在情感的外在符号。❷ 实际上，一件作品就是一个供人们去感知或想象的表现性形式，而它所传递的东西就是人类的普遍情感。❸ 正如一位音乐家所言，音乐"事实上就是情感本身"。同样，绘画、雕塑和建筑中，也饱含了生命的张力。❹ 语言的实质，就是它与思想共有之意义。❺

此外，作品本身与外部世界也有着密不可分的联系。作品不能凭空产生，只能来自和反映外部世界。创作是一个经由内在主观世界来表达外部客观世界的过程。

（二）人工智能生成内容缺乏"符号能指"

人工智能生成内容是人工智能在数据和算法下的生成物。它是沿着机械的预设逻辑计算轨道生成的。从静态角度看，人工智能生成内容不具有作品四个要素中的"作者"和"自然或世界"

---

❶ 卡冈. 卡冈美学教程 [M]. 凌继尧，洪天富，李实，译. 北京：北京大学出版社，1990：435.
❷ 孙美兰. 艺术概论 [M]. 北京：高等教育出版社，1989：128 – 129.
❸ 朗格. 艺术问题 [M]. 滕宋光，牛疆源，译. 北京：中国社会科学出版社，1983：13 – 14.
❹ 朗格. 艺术问题 [M]. 滕宋光，牛疆源，译. 北京：中国社会科学出版社，1983：24 – 25.
❺ 朱光潜. 诗论 [M]. 北京：生活·读书·新知三联书店，1984：93.

这两个关键要素。从动态角度看，人工智能生成内容不是经由"客观世界映射入主体－主体形成主观世界－主体将主观世界表达于作品之上"这一路径生成的，其缺少了作品创作中的"灵感降临"和"构思形成"这两个重要过程。因此，人工智能生成内容与外部客观世界和内在主观世界都是断联的。它无法体现"由外部世界映射到主体脑海中形成的主观内在世界"。

人工智能生成内容虽然具备"符号所指"，但缺乏"符号能指"。它缺少了作品的基因和雏形，只具有作品的"面具"。它不包含人类的思想与普遍情感，也无法体现生命的张力。简而言之，人工智能生成内容只具有作品的"外在"，而没有作品的"灵魂"。

三、人工智能生成内容不构成著作权法层面的作品

著作权的客体——作品，不仅是具有外在表现形式的客观存在的符号排列组合，而且承载和储存了著作权所要求的特定价值或功能的"凝结核"或"压舱物"。

从本质而言，著作权保护的是人类稀缺的创造性，以及人类独有的积极追求自身自由和全面发展的可贵性。作品正是承载和储存了这些内在价值，才成为著作权的客体。人工智能生成内容无法构成著作权法上的作品，根本原因在于其无法承载著作权最核心的法律价值——人本价值。

著作权法之所以授予作者著作权，终极原因是为了促进人类自由而全面地发展。人类除了基本的生存方面的需要，还有精神上的追求，比如自由、快乐、充实、尊严、认同、情爱、创造、自我超越等。虽然这些追求都是以生存为前提的，但人若缺少了这些追求，则和任何其他动物没有本质上的区别。这些追求正是

人所特有的东西，是人之为人的特殊所在；是人所特有的生活的内在需求，是理性存在主体的内在规定。[1]

能够按照自己的意图自觉自为地生活，以及按照自己的意愿去表达内心的世界，是一个人的尊严所在。人是具有自由意志的生命体，自由意志让人具有了主体性，并使其与被动客体区别开来。人的尊严的内核是，能够按照自我意志而不是外在的意志去行动、去表达。创造性是对人的主体性的一种直接肯定。创造性有其自足的内在价值，它是主体（人）对外在客体的把握和改造。通过创造性活动，人把自由意志刻在客体上，并留下意义。正是因为创造性活动，人类得以与动物区别开来，从而变为"万物之灵长"。自我超越亦是一种人的内在价值和内在需求，它让主体不断挣脱现状向设定的理想接近，这是一种不断通过否定来达到自我肯定的过程。经历这个过程，人类使自己成为自在自为的存在。[2]

著作权法之所以对作品提出"具有独创性"的要求，是因为"独创性"是作者"主体性"的体现。作品"具有独创性"体现了作品源自思维的创造性力量，是人类创造性劳动的结晶。[3] 如果只是人类机械的体力劳动，则不能产生作品。换言之，能够让具有原创性作品诞生的是不同于机械劳动的创作行为——机械性劳动具有可复制性，而创作行为不具有可复制性。于人类整体而言，创作行为是没有边界的，是无限的；于人类个体而言，创作行为受作者思想、经历、才情等因素的影响和制约，带有明显的个体烙印。如果作品的"主体性"被削弱甚至

---

[1] 翟振明. 论艺术的价值结构 [J]. 哲学研究, 2006 (1)：85-91, 128.
[2] 翟振明. 论艺术的价值结构 [J]. 哲学研究, 2006 (1)：85-91.
[3] 吴汉东. 知识产权法新论 [M]. 武汉：湖北人民出版社, 1995：82.

抽离，那么作品的创作就和一般商品的生产没有差别，作品也沦为生产线上批量化、机械化产出的产品。

有学者认为，将人工智能生成内容纳入作品范畴，能够丰富文化、艺术、科学领域，进而促进人类文明繁荣。其实不然，若将人工智能生成内容完全等同于人类作品，很可能会抑制人类的创作，进而阻碍人类自由、全面地发展。由于人工智能在数据存储、处理和运算等方面都成千上万倍地超过人类，因此人工智能生成内容可以大规模、批量化，甚至可以以集合的形式生成。较之人类作品的单个"出炉"，人工智能在效率上具有碾压人类的优势。若将人工智能生成内容定性为作品，排他性的著作权将会限缩公有领域创作资源的数量和范围。而公有领域是作者们进行创作所需素材和资料的来源，公有领域的限缩会导致人类创作门槛的无形抬高，进而抑制人类的创作。❶ 人类作品的减少，人工智能"作品"的激增，将会导致文化、艺术领域独特性作品的削减以及同质性作品的泛滥，最终形成"反公地悲剧"。到时，著作权法对人类创作的激励作用将减弱甚至阻碍人类的创作。

"以读者为中心"或"以客观为标准"对人工智能生成内容进行定性的方法，完全忽略了著作权的内核，背离了著作权的宗旨。人工智能生成内容不具有"独创性""主体性"，其不能体现"人本"价值，不能反映作者的意志，不能承载人类的尊严和自由，不符合著作权所要求的人格属性、创造力稀缺性以及对人类文明发展的不可或缺性，总而言之，其无法构成权利的"凝结核"或"压舱物"。因此，人工智能生成内容不是著作权的客体——作品。

---

❶ 朱梦云. 人工智能生成物的著作权保护可行性研究 [J]. 出版科学, 2019, 27 (3): 55.

本章小结

　　客体的概念源自哲学。在哲学上，客体经历了与主体成"互渗关系""相对关系"和"偏正关系"三个阶段。在"互渗关系"下，客体的概念还未独立出来，它与宇宙、自然、物质、客观实在，甚至与人类混同为一体；在"相对关系"下，客体是主体的相对范畴，是主体"外在的东西"，是主体之外的客观自然，是主体作用的对象；在"偏正关系"下，客体与主体以偏正结构存在，即客体以主体为中心、为基础，客体映射着主体的作用力，渗透着主体的本质力量，实现着自身的主体（人）化，客体成了主体内在本质力量的物化和凝结。在哲学层面，作品是与主体成"偏正关系"的精神客体，是符号能指与符号所指的统一，其必须经由"客观世界映射入主体－主体形成主观世界－主体将主观世界表达于作品之上"这一路径生成。而人工智能生成内容缺失了这一过程，其只有作品之"形"而无作品之"实"，不构成哲学上的作品。

　　法学上的客体虽然是哲学上客体的延伸，但其与哲学上的客体不是同一概念。因为法学是调整主体（人）与主体（人）之间关系的范畴，所以法学上的客体只不过是连接主体的中介罢了，其存在只是为了说明权利是基于什么而产生和存在的。在法学发展之初，法学上客体的概念几乎等同于人们日常生活中具体、客观、实在的"物"的概念。随着越来越多的"物"成了人们交易和诉讼的对象，法学上的"物"在自然性的基础上开始有了抽象性。古罗马人在"有体物"的基础上发展了"无体物",将权利以"无体物"之名纳入了法学客体的范畴。在罗马法的基础上,擅长抽象思维的德国人创造性地建构了"主体－权利－客体"的逻辑体系,从此,法学上的客体不再是简单的"物文主义"之"物",而成了"人文主义"下以"权利"为核心的利益或价值的载体。在权利思维下,权利客体连接的"人－人"之间的关系,而不是"人－物"之间的关系。权利客体对权利具有指向性和说明性,是权利的外在载体,而权利又是主体自由意志的外在载体。因此,权利客体最终要回归"人本"视域。

在历史维度上,著作权客体从《安娜女王法令》中的"稿本"发展为具有独创性的能以一定形式表现的文学、艺术和科学领域中的智力成果。其独创性标准从最初的"额头出汗"原则演变为了现今"copyright"体系中的"额头出汗＋一点点创造性火花"的标准,以及"author's right"体系中的"反映作者思想、情感和个性"的标准。在逻辑维度,物化思维下的著作权客体是具有可复制、可再现、可传播等特征的"无体物"或形式化的符号排列组合,而权利思维下的著作权客体则是承载了作者的意志、人类稀缺的创造性以及人类的尊严、自由等人本价值的智力成果。一言以蔽之,著作权的客体是形式与意义的统一。人工智能生成内容虽具有"类作品"属性,但其只是"算法＋数据"的产物,不是作者对外部世界的内在反映的表达和呈现,不具有作品的精神功能,也无法通过著作权法的"独创性"标准检验,更重要的是,人工智能生成内容无法承载著作权最核心的价值——人本价值。因此,人工智能生成内容不能被定性为作品。

第五章 CHAPTER 05>>

人本主义视角下人工智能生成内容的法律保护模式

　　人工智能生成内容是投资者、编程者甚至使用者付出的经济性、技术性、组织性投入的产物。人工智能生成内容的价值和使用价值决定了人工智能生成内容是利益的载体，进而使人工智能生成内容成为潜在的诉争对象。

　　利益具有多元性，甚至冲突性。在法律上，不同的利益折射出不同的法律价值。立法者在确定利益的保护顺位时，往往考虑法律的价值位阶。著作权是以人类创作者为中心建构起来的、针对人类创造稀缺性设立的权利，在著作权所载有的公平、正义、创新、人本等诸多法律价值之中，人本价值是著作权法最核心价值，当著作权的其他价值与人本价值相冲突时，应让位于人本价值。由于人工智能生成内容是逻辑、算法、数据的产物，不存在与意识和情感之间的关联，只具有财产属性，不具有人身属性，其无法承载著作权所要求的人本价值，因此不应对人工智能生成内容予以著作权保护。

但人工智能生成内容之上的确存在法益，在以人为本的指导思想下，可以对人工智能生成内容予以非人身属性的财产性保护。在现存的法律制度下，反不正当竞争法可以为人工智能生成内容提供一定程度的保护。此外，技术措施作为一种自我防护手段，也可以被权利人用来对人工智能生成内容进行保护。由于人工智能生成内容与民法上的孳息、邻接权的客体具有相通之处，因此有学者认为，人工智能生成内容或可作为一种新型孳息或邻接权客体纳入孳息或邻接权的保护范畴。还有一些学者认为，为人工智能生成内容单独创设类似于欧盟数据库指令所设立的特别权，是一个综合性的"长久之计"。❶ 本章将对各种模式的合理性和缺陷进行分析，并提出适合我国人工智能生成内容发展的法律保护模式。

第一节　人本主义视角下人工智能生成内容的法律保护原则

人工智能生成内容虽具有作品之形，但缺乏作品之实，不能成为著作权保护的对象。人工智能生成内容具有财产权客体的属性，可以被纳入财产权保护的范畴。简言之，对人工智能生成内容的法律保护，应以人本主义为准绳；具体而言，对人工智能生

---

❶ MCCUTCHEON J. Curing the authorless void: protecting computer – generated works following ice TV and phone directories [J]. Melbourne University Law Review, 2013, 37 (1): 94.

成内容所提供的保护应与作品之保护分而治之,并弱于作品之保护。

一、"分而治之"原则

根据所承载和储存的价值或利益的不同,权利客体被划分到不同领域。作品是承载了作者的意志、人类稀缺的创造性以及人类的尊严、自由等人本价值的智力成果。而人工智能生成内容无法承载著作权的这些核心价值,其不能被纳入著作权的客体范畴。

因为人工智能生成内容之上的确存在利益,是潜在的诉争对象,所以有必要对其进行法律保护。虽然人工智能生成内容在外观形态上可以达到与人类作品非常相似甚至无异,但其终归只是运用(大)数据、算法、逻辑的结果,而非来自人工智能设计者、所有者或使用者主观世界的表达,其不存在与自由意志、思想情感之间的内在关联。以"阿尔法零"生成的棋谱为例,该棋谱并非按照或传递人类意志的产物,而是人工智能自我学习和进化下的产物。因此,人工智能生成内容无法承载著作权所要求的人格属性、创造力稀缺性以及对人类文明发展的不可或缺性,其被保护的依据、意义,与作品获得著作权保护的依据、意义有着显著区别,因而对人工智能生成内容不能予以著作权性质的法律保护。❶

价值和利益具有多元性,根据所承载的价值和利益的不同,客体被划分到不同权利之下。按照不同权益不同保护的立法原

---

❶ 曾白凌. 目的之"人":论人工智能创作物的弱保护 [J]. 现代出版,2020 (7):56–64.

则，对人工智能生成内容应提供与人类作品并行不悖、分而治之的保护路径。由于人工智能生成内容包含了财产权客体的属性，可以从财产权的角度，为人工智能生成内容提供非人身属性的法律保护。❶

二、"弱保护"原则

作品来自人类的创造性劳动。人类是具有智慧的生物，创造性是人类独有的特性，是人类作为"宇宙之精华，万物之灵长"❷的重要依据之一。从原始的树穴洞居、刀耕火种到如今的摩天大厦、机械化作业，人类社会的每一次飞跃，都是在人类创造力的推动之下完成的。创造力是人何以为人的最高能力。正是因为拥有创造力，人类才得以爬上进化树的最高端。

人工智能的"机脑"与人类的大脑在器质与结构上都存在巨大差异。前者是在模拟后者的基础上产生的。因为人类对人类大脑的了解还只是冰山一角，所以谈不上能够模拟人类大脑制造出具有人类般创造力的机脑。

立法者在设定权利对法益进行保护时，应确定利益之顺位、遵循价值之位阶，以此区分不同法益的保护等级。❸ 从本质而言，著作权保护的是人类独有的至高无上的创造力。以人的自由、全面的发展为核心的人本价值是著作权法的终极价值。人类能够依其自由意志进行创作是人权的重要体现。在创作过程中，人类的机能得到发挥，身心得到舒展，创造力潜能得到激发和

---

❶ 曾白凌. 目的之"人"：论人工智能创作物的弱保护 [J]. 现代出版，2020（7）：56-64.
❷ 威廉·莎士比亚. 哈姆雷特 [M]. 朱生豪，译. 南京：译林出版社，2018.
❸ 王利民. 民法上的利益位阶及其考量 [J]. 法学家，2014（1）：81.

释放。

与人本价值相比,其他法律价值,如效率、公平、秩序等,都是派生的、次要的,都必须服从人本价值的支配。由于人工智能生成内容不能承载人本价值,因此对人工智能生成内容的法律保护应弱于对作品的法律保护。对人工智能生成内容采用"弱保护"原则,是为了维护人类进行创作的尊严和自由,防止人工智能削弱或取代人类的主体地位。❶ 否则,人类作为"万物之灵长"的尊严与地位何在?❷

第二节 人工智能生成内容的法律保护路径探讨

在人本主义的指导思想下,对人工智能生成内容的保护应坚持弱于人类作品的保护,并且仅提供非人身属性的财产权保护。在此前提下,人工智能生成内容的保护存在多种模式,有反不正当竞争法保护、技术措施保护、民法孳息保护、单独立法保护以及邻接权保护。下文将对以上保护模式逐一进行分析。

一、人工智能生成内容的反不正当竞争法保护路径及其评析

反不正当竞争法对知识产权特别法起着补充作用,对于一些

---

❶ 参见《人工智能行业自律公约(征求意见稿)》第一章。
❷ 冯象. 我是阿尔法:论法和人工智能 [M]. 北京:中国政法大学出版社,2018:195.

无法纳入专有权范畴但又需要获得法律救济的知识产品，反不正当竞争法发挥了兜底保护的功能。

(一) 反不正当竞争法对人工智能生成内容的保护

反不正当竞争法调整的是市场经济中的不正当竞争行为。在市场经济中，正当的竞争是竞争者遵循诚实信用原则和社会公认商业道德进行的竞争，即竞争得来的成果必须是竞争者通过自己诚实劳动的结晶。如果竞争者通过不正当方式利用他人劳动成果获得竞争上的优势，从而构成一种不正当竞争行为，即"搭便车"行为。而反不正当竞争法的立法宗旨之一，就是制止不正当竞争，鼓励和保护公平竞争。

根据反不正当竞争法调整人工智能生成内容权益主体和相关竞争者之间的关系具有正当性。人工智能生成内容并非天然存在之物，其产生凝结了软件编程者、投资者甚至使用者大量的投入，但人工智能生成内容具有易被复制的特点，容易被相关竞争者在未经许可的情况下以近乎零成本的复制行为不当"窃取"，进而导致人工智能生成内容的权益主体丧失商业先机、市场被替代等不利后果。相关竞争者的这种"搭便车"行为完全属于反不正当竞争法的调整范围，无疑可以通过反不正当竞争法加以规制。

(二) 人工智能生成内容的反不正当竞争法保护路径之评析

然而，以反不正当竞争法保护人工智能生成内容上的法益具有局限性。

其一，反不正当竞争法无法干预非竞争关系下未经许可利用人工智能生成内容的行为。适用反不正当竞争法，一般要求相关主体必须是经营者，经营者之间存在竞争关系，其中一方实施了有可能损害他人利益的不正当竞争行为。因此，当"搭便车"的投机者与人工智能生成内容权益人之间不存在竞争关系，或者投机者的行为并不违反诚实信用原则以及公认商业道德，或者未给权益人造成现实或潜在的损害时，会因投机者的行为不构成不正当竞争行为而难以适用反不正当竞争法的一般条款。例如非竞争关系下的个人使用情形。

其二，反不正当竞争法的非设权模式只授予了权益人债权性质的请求权，因而反不正当竞争法只能从消极的角度为人工智能生成内容的权益人提供救济。没有被精确界定的财产权往往会增加法律上的不确定性。[1] 反不正当竞争法对人工智能生成内容法益的保护是通过适用一般条款得以实现的，一般条款所具有的原则性和模糊性，决定了此种保护带有不确定性。一般条款的高度抽象、难以操作以及法官认知的分歧，极易导致"同案不同判"的结果。因此，在反不正当竞争法下，人工智能生成内容权益人享有的仅是一种不稳定的法律权益，而不是一种充分的法律权利。在反不正当竞争法之下，人工智能生成内容的法益难以得到充分、明确、稳定的保护。

二、人工智能生成内容的技术措施保护路径及其评析

技术措施是版权人或者相关权益人为了保护自己的权益，运用技术方法或手段防止他人未经授权接触或使用其知识产品而采取的一种私力救济方式。在数字技术下，人工智能生成内容的权

---

[1] HELLER M. The gridlock economy: how too much ownership wrecks markets, stops innovation, and costs lives [M]. New York: Basic Books, 2008: 22.

益人可以通过技术措施限制第三方接触或使用人工智能生成内容。

(一) 技术措施对人工智能生成内容的保护

大多数著作权学者按照功能的不同，将技术措施分为控制访问（作品或信息）的技术措施和限制使用（作品或信息）的技术措施。❶ 控制访问的技术措施是指用于防止未经许可即对知识产品进行访问（如收视收听）的技术措施❷，主要有口令技术措施和问题化技术措施。❸ 限制使用的技术措施，是指用于控制未经许可即对知识产品进行著作权及邻接权意义上的"使用"而采取的技术措施❹，例如电子签名、电子水印、电子文档指示软件等。

大多数人工智能生成内容是在数字技术环境下生成的。在人工智能生成内容无法被定性为作品，不能被纳入著作权保护的情形下，相关权益人可以通过设置控制访问或限制使用的技术措施进行自我保护。较之著作权保护是一种事后救济方法，技术措施是一种防范侵权于未然的主动保护方式。

(二) 人工智能生成内容的技术措施保护路径之评析

人工智能生成内容的权益人可以采取技术措施对其进行保护，但是，法律是否对权益人所采取的技术措施予以保护还存有疑问。随着技术措施日益先进，破解技术措施的手段也不断推陈出新。如果法律不对权益人所采取的技术措施进行保护，那么权

---

❶ 李扬. 数据库法律保护研究 [M]. 北京：中国政法大学出版社，2004：99.
❷ 孙雷. 邻接权研究 [M]. 北京：中国民主法制出版社，2009：237.
❸ 李扬. 数据库法律保护研究 [M]. 北京：中国政法大学出版社，2004：101.
❹ 孙雷. 邻接权研究 [M]. 北京：中国民主法制出版社，2009：236.

益人的这种自我保护将形同虚设。

即使法律对人工智能生成内容权益人所采取的技术措施予以保护，该种保护模式仍存在缺陷。技术措施有可能将人工智能生成内容的保护推进到最严苛和最不利于其使用和传播的地步。由于权益人采取技术措施可以不受时间期限的制约，权益人可以无期限地占有人工智能生成内容，这将导致公众难以接触和利用人工智能生成内容。然而，人工智能生成内容除了具有私有属性，还具有公共产品属性，其在一定程度上排斥独占或私有。因此，从促进知识产品的利用和传播角度，采取技术措施并非保护人工智能生成内容的最优模式。

三、人工智能生成内容的民法孳息保护路径及其评析

人工智能本身属于物的范畴，其生成的内容也属于物的范畴。在传统民法体系中，早已存在"（原）物生（新）物"的情形。孳息，就是这里所指的"新物"。人工智能生成内容与孳息具有相通之处，也是原物（人工智能）所产生并且独立于原物（人工智能）的新物。那么，人工智能生成内容是否可以被视为民法上的孳息？

（一）人工智能生成内容作为民法孳息的保护模式

孳息，是一种基于原物的自然属性或一定法律关系衍生出来的，但又独立于原物的一种新的财产，是源自原物或权利的额外收益，例如果实、利息等。上文已经论证了，作品与作者之间的关联不能切断。因为人工智能生成内容不是源自人类的思想、情感，无法承载人本价值，所以不能被视为作品。将人工智能生成内容视为民法上的孳息，可以规避著作权法上作者与作品之间

"人生物"的关系。

孳息的含义随时代的发展呈现扩张之势。在古罗马时代，孳息是指土地按期产生的供人、畜食用之物❶（如谷物、作物等），即土地产出的有机物。之后，随着人们生活范围的扩大，动物产物，如牛奶、羊毛等，也被吸收到孳息概念之中。再后来，孳息的概念延伸到资本运作产生的收益之上。至此，孳息的含义由最初仅限于有形财产拓展到无形财产的范畴。❷ 如今，多国民法典采用"收益"（而不是"物"）一词对孳息进行描述，也体现了孳息对无形财产具有包容性。❸ 或许，随着时代的变迁，在传统孳息制度之上有可能再次发展出新型孳息。因此，人工智能生成内容作为一种无形财产，并不天然地为孳息理论所排斥。

（二）人工智能生成内容的民法孳息保护路径之评析

民法上的孳息理论是为权利归属关系而设立，将人工智能生成内容视为孳息，有助于明确人工智能生成内容的权利归属和利益分配。但是，这种保护路径仍存在一些问题。

若将人工智能生成内容视为孳息，那么其属于何种孳息？民法上的孳息有天然孳息和法定孳息两种，天然孳息是原物按照自然规律所产生的收益，法定孳息是根据相关法律规定，由法律关系所产生的收益。由于人工智能生成内容既不是按照自然规律所产生也不是由法律关系所产生，因此将人工智能生成内容归入天然孳息或法定孳息都不合适。

---

❶ 周枏. 罗马法原论：上册 [M]. 北京：商务印书馆，1994：314.
❷ 李双元，温世扬. 比较民法学 [M]. 武汉：武汉大学出版社，1998：254.
❸ 黄玉烨，司马航. 孳息视角下人工智能生成作品的权利归属 [J]. 河南师范大学学报（哲学社会科学版），2018，45（4）：27.

除此之外，孳息的交易是一次性的转让。但人工智能生成内容除了可以进行一次性的转让，其还可以被授予不同主体许可使用。若将人工智能生成内容视为孳息，则不利于其利用和传播。

四、人工智能生成内容的单独立法保护路径及其评析

对人工智能生成内容采取新的独立于著作权的单独立法保护模式，立法者可以对保护客体、保护条件、权利主体、权利范围等进行全盘的考虑。这被认为是一种长远的综合性的改革方法。但是，单独立法保护的成本过于高昂。从立法成本考虑，这种保护路径未必是最适宜的选择。

（一）为人工智能生成内容单独立法的保护模式

欧盟为数据库设立了一种新的独立于著作权的特殊权利。有学者认为，可以借鉴欧盟数据库的单独立法保护模式，也为人工智能生成内容单独创设一种特别权。这样从长远来看，人们可以对保护客体、保护条件、权利主体、权利范围等进行全盘的考虑。[1]

（二）人工智能生成内容的单独立法保护路径之评析

然而，从立法成本的角度看，为人工智能生成内容单独立法并不科学。在外观上，人工智能生成内容与著作权的客体——作品——高度相似，都是无形、可传播、易被复制和侵权、具有私

---

[1] MCCUTCHEON J. Curing the authorless void: protecting computer-generated works following ice TV and phone directories [J]. Melbourne University Law Review, 2013, 37 (1): 46, 78-79.

有属性和公共属性的信息符号组合。除了外观上高度相似,人工智能生成内容与人类作品还有着千丝万缕的联系,例如,人工智能生成内容是在给人工智能软件输入大量人类作品的基础上生成的,在"出炉"的人工智能生成内容之上,人类又可以创作出大量的衍生作品,即在人类作品和人工智能生成内容之间交织着复制和演绎。再者,人工智能生成内容和人类作品可以共同适用合理使用、法定许可等制度,单独为人工智能生成内容创设一套与著作权法平行的法律体系,很可能会付出巨大而完全没有必要的立法成本。

五、人工智能生成内容的邻接权保护路径及其评析

以邻接权模式保护人工智能生成内容的呼声也非常高。有学者认为鉴于人工智能生成内容的法益与邻接权制度的价值相契合,可以将人工智能生成内容作为一种邻接权客体。❶

(一)人工智能生成内容的邻接权保护路径

在不同的历史背景下,对作品的保护延伸出了以英国、美国为代表的"copyright"体系和以法国、德国为代表的"author's right"体系。由于"author's right"体系坚守"以作者为中心",只对具有"独创性"的作品予以保护,因此在采用"author's right"体系的国家,不具有"独创性"的其他"类作品"的信息产品被纳入了邻接权的保护范畴。

人工智能生成内容也是一种"类作品"的信息产品,对其

---

❶ 陶乾. 论著作权法对人工智能生成成果的保护:作为邻接权的数据处理者权之证立 [J]. 法学, 2018 (4): 3-15.

予以邻接权保护或是一种可行的方式。

(二)人工智能生成内容的邻接权保护路径之评析

对人工智能生成内容予以邻接权保护,不仅可以开拓人类作品的派生市场、增加人类作品的价值,而且可以保护和激励人工智能产业以及文化产业的投资。人工智能生成内容的权益人一般是付出"非创作性投入"的大型机构,与邻接权注重保护投资者利益相适应。人工智能生成内容不具有人类作品构成要素中的"独创性",与邻接权客体的"无独创性"相适应。人工智能生成内容不适用精神权利,其权利范围应小于人类作品,相比于邻接权的权利内容,著作权更为狭窄相适应。对人工智能生成内容的保护强度要弱于人类作品,与著作权法对邻接权的保护强度弱于著作权相适应。因此,从制度功能、保护投资者利益、不要求"独创性"以及保护范围与保护强度等方面,人工智能生成内容与邻接权制度都高度适应。

但问题在于,传统的邻接权是传播者的权利,其存在的前提是对原始作品或作品相近信息进行传播。例如,表演者权基于表演者向公众表演了原始作品;录音录像制作者权是录音录像制作者对原始作品进行录制而获得的权利;广播组织权是因广播组织者传送载有原始作品的广播信号而获得的权利。没有原始作品的存在,没有表演、录制和广播等传播行为的存在,邻接权就如无源之水、无本之木。人工智能生成内容的权益人不是作品的传播者,人工智能生成内容也不是在对原始作品进行传播的过程中形成的。因此,将人工智能生成内容纳入我国传统狭义邻接权的保护范畴存在制度上的障碍。

第三节 人工智能生成内容纳入广义邻接权保护范畴的可行性

其实,传统邻接权表现为"作品传播者权"具有历史偶然性——某些法律概念之所以体现为现在的形式,几乎完全归功于历史。除被视为历史产物之外,它们无从被解释。[1] 在本质上,邻接权是传播技术推动下利益博弈与妥协的产物。

随着时代的发展,世界上多个国家已在传统邻接权的基础上,发展了新的邻接权种类。邻接权呈现出扩张的态势。新型邻接权与"原始作品"以及"传播"的关联正逐渐淡化,而新型邻接权客体的"无独创性"和"相关性"(与作品或作品相近信息相关)正日益凸显。这为以"无独创性"和"相关性"为特征的人工智能生成内容纳入广义邻接权的保护范畴提供了可行性。

一、传统邻接权表现为"作品传播者权"具有历史偶然性

邻接权通常又被称为"作品传播者权"。这种表达源自传统三大邻接权[2]的主体(分别是表演者、录音录像制作者和广播组织者)有一个共同的"因式"——都是作品的传播者。"作品传

---

[1] 卡多佐. 司法过程的性质 [M]. 苏力, 译. 北京: 商务印书馆, 1998: 31.
[2] 包括表演者权、录音制品制作者权及广播组织者权。

播者权"这样的表述正是从这三大传统邻接权的主体中提炼出来的。

(一) 邻接权在传播技术推动下产生

邻接权是在传播技术的推动下产生的。19 世纪末到 20 世纪初, 录音、录像和远程传播技术快速发展: 1857 年, 里昂·斯科特发明了声波振记器 (最早的原始录音机); 1877 年, 托马斯·阿尔瓦·爱迪生发明了留声机——声音被成功固定在机械设备之上; 1890 年, 爱迪生发明了活动电影摄像机; 1925 年, 约翰·洛吉·贝尔德发明了机械电视机——图片得以以静止或活动的方式再现; 1886 年, 海因里希·鲁道夫·赫兹证实了电磁波的存在; 1894 年, 伽利尔摩·马可尼发明了无线电发射机; 1917 年, 吕西安·莱维发明了无线电收音机; 1927 年, 美国电报公司对电视图像进行了有线传送——声音和图像实现了远程播放。传播技术的发明与运用, 彻底改变了作品的传播方式。与传统的纸质媒介 (图书、报纸与期刊等) 相比, 新的无纸媒介 (磁带、录像带、广播及电视等) 传播速度更快、范围更广、效果更佳, 深受人们的青睐。与此同时, 新的行业与利益集团应运而生。作者的复制权也受到了自近代印刷技术以来的新一轮冲击 (例如录音、录像技术引发了大量复制行为)。作者们认为, 自己的作品在被使用而产生利益时, 自己应有权分配其中的利益。于是, 作者们开始呼吁扩大自身的权利范围, 以此获取作品因被使用而产生的利益。❶

在作者的复制权遭受冲击之际, 表演者的权利也陷入了困

---

❶ 刘洁. 邻接权归宿论 [M]. 北京: 知识产权出版社, 2013: 14 – 16.

境。在上述传播技术产生之前，表演者通过现场亲身表演获取报酬。随着新兴技术的出现，表演者的表演不仅可以存储、复制，而且可以远程传播。观众可以不用购票亲临现场，取而代之通过唱片、录像带、电台欣赏到表演者的表演。表演者的收入大幅锐减，但表演者却无法限制他人对其表演的录制和直播。面对严峻的形势与危机，表演者们也提出了禁止他人未经许可复制、传播其表演、尊重其精神权利以及获得报酬补偿的权利要求。❶ 与作者以及表演者的处境相似，录制者的权利也面临着竞争对手盗版以及私人复制的双重威胁。继录制技术之后出现的远程传播技术，也带来了广播组织信号在传送中被盗用以及广播组织节目被随意转播、私自录制的现象。于是，广播组织也开始要求用广播组织者权保护自己的利益。❷

（二）邻接权的本质是利益博弈与妥协的产物

传播技术对英美法系国家和大陆法系国家的冲击是同等的，然而邻接权却是大陆法系国家所特有的制度。这与两大法系的理念和价值取向有关。

由于英美法系注重对作品的利用以及作品经济利益的实现，将传播者传播作品的劳动与作者创作作品的劳动等同视之，因此英美法系国家授予传播者与作者相同性质的权利保护。例如，英国版权、外观设计和专利法将录音制品、广播、出版物的版式设计纳入作品范畴，美国版权法也将录音、录像定性为作品。因此，英美法系国家很少引入邻接权的法律概念。

---

❶ 利普希克. 著作权与邻接权 [M]. 联合国教科文组织，译. 北京：中国对外翻译出版公司，2000：277.
❷ 李永明. 知识产权法 [M]. 杭州：浙江大学出版社，2000：185.

大陆法系推崇作者本位主义，特别是作者独特的智力贡献，同时注重对作者创造性劳动的保护。在"author's right"体系下，传播者传播作品所付出的劳动或者其他投入与作者创作作品中带有个性的创造性劳动存在本质上的差别。❶ 作者利益团体持"蛋糕理论"，认为作品所产生的利益是定量的，若允许他人对作品上的利益进行分享，会减损作者利益团体的利益；在作品的价值链上，存在的权利主体越多，作者所得的利益就越少。由于表演者、录音录像制作者和广播组织者的权利都是建立在原始作品之上的，因此他们的权利要求被认为与作者针对同一作品进行利益争夺和分割。在作者利益团体眼中，邻接权主体是其利益的瓜分者和掠夺者。

由于作者利益集团的竭力抵制，邻接权几经努力仍无法进入《伯尔尼公约》。无奈之下，邻接权主体只能选择制定专门的邻接权公约——《罗马公约》。为了打消作者利益团体的顾虑，邻接权主体在制定《罗马公约》时，还专门进行了调查研究，以此证明，作者的收益并不会因为向邻接权人支付报酬而减少，相反，因作品被充分利用，作者的总体收益还得到了提高。❷ 除此之外，《罗马公约》最终文本的首条作出承诺，其所提供的保护将不会触动或影响著作权所提供的保护。

《罗马公约》的缔结，直接推动了"author's right"体系国家将邻接权从著作权中分离出来。经过邻接权人长达半个世纪的努力，邻接权制度终于建立起来。从《罗马公约》的缔结历程以

---

❶ 利普希克. 著作权与邻接权 [M]. 联合国教科文组织，译. 北京：中国对外翻译出版公司，2000：306-307.
❷ 吴汉东，等. 西方诸国著作权制度研究 [M]. 北京：中国政法大学出版社，1998：151.

及最终文本的首条承诺都可以看出，这一过程历经艰难。邻接权与著作权的划分更多是利益博弈与妥协的结果，是邻接权主体因其利益遭受作者利益集团排斥而被迫做出的一种历史选择。

在著作权法中设置邻接权制度是"author's right"体系国家在当时历史背景下做出的最经济也是最合理的路径选择。若不对表演者、录音录像制作者和广播组织者的权利予以保护，他们的成果会被轻易复制和传播，进而导致不公平的结果；若将他们的权利纳入狭义著作权的范围，则意味着给予邻接权人以作者同等的权利保护，这亦会带来不平。邻接权制度作为求同存异的产物，在这种矛盾中夹缝而生，不仅为邻接权人提供了充分、适当的保护，而且维护了作者因创造性贡献而取得的至上地位。著作权与邻接权的分立，是作者权体系在应对技术变迁中的理论创新和逻辑自足。❶

由此可知，虽然邻接权制度是"author's right"体系国家在历史进程中的一种无奈之举，但几十年过去，邻接权制度也经受了一定的合理性验证。邻接权制度的合理性不仅在"author's right"体系国家得到认可，一些英美法系国家的学者也认识到邻接权制度是一种"相对合理的中间地带"，甚至是一种更有效的平衡各方利益的方式。❷

二、邻接权呈扩张之态

《罗马公约》是世界上第一部关于邻接权的国际条约，其中

---

❶ 李陶. 媒体融合背景下报刊出版者权利保护：以德国报刊出版者邻接权立法为考察对象 [J]. 法学，2016，413（4）：99–110.
❷ 王丽娜. 邻接权扩张研究 [D]. 上海：华东政法大学，2017：61–63.

规定了三种不同的邻接权——表演者权、录音录像制作者权及广播组织者权。如今，虽有不少大陆法系国家（如巴西、埃及、韩国等）仍按照国际条约的最低保护标准，仅设定了三种传统的邻接权，但还有不少国家（如德国、意大利等）突破了传统邻接权的范畴，将一些具有保护价值、与作品密切相关的非作品信息成果纳入了邻接权的保护范围。

表 5-1　部分大陆法系国家在三种传统邻接权之外设置的其他邻接权[1]

国家及著作权法律制度	三种传统邻接权之外的其他邻接权
《中华人民共和国著作权法》	①录像制作者权； ②版式设计权
日本著作权法	有线广播组织的权利
法国知识产权法典（法律部分）	①录像制作者权； ②卫星播放及有线转播者权
俄罗斯民法典（著作权部分）	①数据库制作者的权利； ②科学、文学及艺术作品发表人的权利
德国著作权法	①科学版本的邻接权； ②遗作的出版者或首次公开再现者的邻接权； ③普通照片的摄制者权； ④数据库制作者权； ⑤电影制片人的邻接权； ⑥活动图片摄制者权； ⑦报刊出版者权

[1] 王丽娜. 邻接权扩张研究 [D]. 上海：华东政法大学，2017：66-69.

续表

国家及著作权法律制度	三种传统邻接权之外的其他邻接权
意大利著作权法	①电影、视频、系列动画片制作者权； ②作者财产权消失后的作品的首次发表者或向公众传播者的邻接权； ③进入公有领域的作品的评论和学术研究版本的主编的邻接权； ④舞台布景设计者权； ⑤摄影者权； ⑥收信人和肖像人的邻接权； ⑦工程设计者权； ⑧作者对作品名称、报刊出版者对栏目标题和刊名以及新闻机构对事实信息的邻接权； ⑨数据库创建者权

由表 5-1 可见，较邻接权创设之初，现代邻接权的种类丰富了许多。虽然国际条约在并未增设新类型的邻接权，但在立法上各国已对传统邻接权有了较大程度的突破与扩张。

例如，《中华人民共和国著作权法》增设了录像制作者权、版权设计权；日本著作权法增设了有线广播组织的权利；❶ 法国知识产权法典（法律部分）增设了录像制作者权和卫星播放及有线转播者权；俄罗斯民法典（著作权部分）为数据库制作者以及转为公共财产的科学、文学和艺术作品的发表人增设了新的邻接权。

在大陆法系国家中，邻接权种类扩张最多的是德国和意大利。德国著作权法就"邻接权"单列了一章，专门为"非创作

---

❶ 参见日本著作权法第四章"著作邻接权"。田村善之. 日本知识产权法：第4版 [M]. 周超，李雨峰，李希同，译. 北京：知识产权出版社，2011：495.

性投入"设置了系统化的邻接权保护。除了传统的几大邻接权，德国著作权法还规定了科学版本的邻接权[1]、遗作的出版者或首次公开再现者的邻接权、普通照片的摄制者权、数据库制作者权、电影制片人的邻接权、活动图片摄制者权[2]以及第八修正案中新增的报刊出版者权[3]。意大利著作权法中邻接权扩张的程度也毫不逊色于德国著作权法，其为被狭义著作权所排除尚不构成作品的舞台布景设计、工程设计、作品名称、栏目标题、出版物刊名、新闻中的事实信息、数据库都予以了邻接权保护。此外，意大利著作权法还为视听制品制作者、发表者、主编、收信人和肖像人设置了相应的邻接权。[4]

三、邻接权与"原始作品"以及"传播"的关联逐渐淡化

邻接权的一般定义是，作品的传播者基于其在传播作品过程中所付出的劳动和投资所享有的权利。[5]简言之，传统意义上的邻接权即作品传播者权。由此可知，传统邻接权难以挣脱与"原始作品"以及"传播"的关联。但是，从各国邻接权扩张的整体之势来看，邻接权与"原始作品"和"传播"的关联正在逐渐淡化。

---

[1] 指不受著作权保护的作品或文本的版本编撰者享有的权利。
[2] 类似于我国的录像制品制作者权。
[3] 参见德国著作权法（修正案），其创设了报刊出版者权，即在报刊产品出版后一年内，报刊出版者对其享有以商业目的进行网络传播的专有权。
[4] 参见意大利著作权法，分别是电影、视频、系列动画片制作者权、作者财产权消失后的作品的首次发表者，或向公众传播者的邻接权、进入公有领域的作品的评论和学术研究版本的主编的邻接权，以及收信人和肖像人的邻接权。
[5] 李明德，许超. 著作权法 [M]. 北京：法律出版社，2003：177.

（一）与"原始作品"关联的淡化

有"传播"意味着存在传播之源——享有著作权的原始作品。但其实，邻接权具有一定的独立性，并不完全依赖享有著作权的原始作品的存在。例如，《罗马公约》规定，对处于公共领域的文学艺术作品（即不享有著作权的作品）进行表演可以获得表演者权的保护。再如，对自然界的声音或画面进行录制也可以获得录音录像制作者权。邻接权的独立性，源自邻接权人的劳动和付出。

如今，在一些大陆法系国家，邻接权已经冲破了"原始作品"的镣铐。例如，数据库制作者收集和编排的对象可以是不构成作品的信息、素材，普通照片摄制者拍摄对象可以是人物、自然界的景物，舞台布景设计者和工程设计图设计者更是可以直接从无到有地把舞台布景和工程设计图设计出来。再如，意大利著作权法对作品名称、栏目标题、出版物刊名的保护，也不存在对原始作品的再现。

（二）与"传播"关联的淡化

传统的邻接权保护的特定主体——表演者、录音制作者和广播组织者——都是传播者；保护的特定行为——向公众表演、将表演的活动固定在有形载体上向公众提供以及将作品通过广播信号发送到千家万户——都是传播行为。

如今，随着时代的发展，邻接权与"传播"的关联正在逐渐淡化。邻接权保护的主体并不局限于传播者，而出现了诸如数据库制作者、普通照片和活动图片的摄制者、舞台布景设计者、工程设计图设计者这样的主体。相应地，保护的行为也不局限于传播行为，而拓展到"制作""摄制""设计"等行为。

四、邻接权客体"无独创性"以及"与作品（或作品相近信息）相关"的特性越发凸显

"独创性"是作品的本质属性，是作品与邻接权客体之间的分界线。从另一个角度而言，"无独创性"即是邻接权客体的基本属性。同时，由于邻接权客体与作品共同处在广义的著作权法律制度体系之下，二者之间具有密不可分的联系，因此邻接权还表现出了"相关性"。[1]

（一）"无独创性"

"独创性"是著作权客体——作品——的核心构成要件。但"独创性"是一个较难界定的法律概念，各国都没有在立法中对独创性的含义和判定标准进行明确规定。受历史、文化等方面因素的影响，"copyright"体系和"author's right"体系的独创性标准存有差异。总体而言，"author's right"体系对独创性的要求相对要高于"copyright"体系。由于"author's right"体系国家特别强调作品中"人的因素"，因此，独创性不仅意味着作品是由作者独立创作出来，而且意味着作品带有作者独特的个性或某种特别的"想象力"。[2] 这样的要求抬高了"author's right"体系国家的"独创性"门槛，导致一些在"copyright"体系可以作为作品的客体（如表演、录音制品、广播等），因无法达到"author's right"体系的"独创性"要求而被排除在作品范畴之外。于是，

---

[1] 与作品或作品相近信息相关的特性。
[2] 雷炳德. 著作权法 [M]. 张恩民, 译. 北京：法律出版社，2004：117.

"author's right"体系国家在作品之外，为该部分客体建立了独立的邻接权（相关权）制度。将著作权与邻接权分立，是"author's right"体系在坚持"以人（作者）为中心"的前提下，应对技术变迁所作出的"对自身理论上的创新和逻辑上的自足"。❶

"无独创性"标准是一种从消极方面对邻接权客体作出的排除性限定，是对特定客体因达不到"独创性"要求不受著作权保护但可受邻接权保护的一种解释。其以作品为参照系，划分了著作权客体与邻接权客体之间的界限。虽然"无独创性"标准不能从正面积极地指出邻接权客体的构成要素，无法直接划定邻接权客体的范围，但这种排除性限定是从正面对邻接权客体进行界定的前提。邻接权是在著作权这一坐标体系建立之后，基于无损于著作权权利人的利益建构起来的。❷ 其他法律法规一般都会在首条列出立法目的，但《罗马公约》的首条却是明文"承诺"邻接权的设立绝不影响、触动、损害著作权。❸ 可见，邻接权制度从设立之初，就面临着如何协调其与著作权之间的关系这个问题。

从某种角度讲，邻接权和著作权在逻辑上是一种互补的关系。因此，"无独创性"标准有助于解释邻接权在保护范围上与著作权形成的相互补充、分而治之的局面。

（二）"与作品或作品相近信息相关"的特性

虽然有无"独创性"促成了著作权客体与邻接权客体之间

---

❶ 李陶. 媒体融合背景下报刊出版者权利保护：以德国报刊出版者邻接权立法为考察对象 [J]. 法学, 2016 (4): 99-110.

❷ 王国柱. 邻接权客体判断标准论 [J]. 法律科学（西北政法大学学报），2018, 36 (5): 165.

❸ 参见《罗马公约》第1条：该公约之下给予的保护不触动并无论如何不影响文学和艺术作品版权的保护。因此，该公约任何条款不可以作有损于此种保护的解释。

的区别，但邻接权与著作权仍能共存于广义著作权这一法律制度之下。二者之所以"分而不离"，是因为邻接权客体与著作权客体还存在密切的联系。邻接权制度是因应信息技术的发展而产生，在"以作者为中心、以作品为基点"的"author's right"体系之下，邻接权将一些因不具有独创性无法构成作品但又与作品存在密切相关因素的知识产品纳入了客体范畴。[1]

邻接权客体与著作权客体——作品——之间的密切联系体现在二者的物理相关性、利益相关性以及逻辑相关性这三个方面。二者的物理相关性是指，邻接权的客体与作品都不具有物质形态，但都能够为人所感知，都具有可复制性、可再现性、可传播性等特征。二者的利益相关性是指，由于邻接权客体的价值一般来源于作品价值上的利益增值，因此邻接权人的利益诉求与著作权人的利益主张会形成冲突。著作权人因担心邻接权人瓜分"蛋糕"，在历史上曾一度抵制邻接权制度的设立。二者的逻辑相关性体现在，外观表现上同属某一类符号（文字、声音、图像等）的客体，有可能会归属于不同的权利之下，符合独创性要求的会被定性为作品，而达不到独创性要求的则可能被认定为邻接权客体。[2] 例如视听作品和录像制品。

但并非所有的邻接权都来源于作品，邻接权还可能来源于某些不享有著作权的作品（如民间文学艺术、已进入公共领域的作品等）或其他与作品相近的信息（如自然界的声音、公益事件等）。这里所谓"与作品相近"的信息，具体指的是，在生成方

---

[1] 李小侠. 邻接权和著作权的衔接与协调发展：以独创性为视角 [J]. 科技与法律，2010（3）：47-50.
[2] 王国柱. 邻接权客体判断标准论 [J]. 法律科学（西北政法大学学报），2018，36（5）：166.

式上与作品不同，在记录和传播方式与作品没什么区别，在价值提供上同样可以满足人们精神需求的信息。由此可见，邻接权虽然伴随著作权而来，但它本身也具有一定的独立性。

五、人工智能生成内容与广义邻接权相适应

既然邻接权的本质是利益博弈与妥协的产物，而传统邻接权表现为"作品传播者权"仅仅是基于历史之偶然，那么广义上的邻接权就不应被加以"作品传播者权"的枷锁，进而不能以"人工智能生成内容不是在作品传播过程中产生的"为由，将其拒之于邻接权客体范畴之外。从邻接权所呈现的扩张之态可知，邻接权并非封闭的，而具有一定的开放性和包容性；从邻接权与"原始作品"和"传播"的关联逐渐淡化之势可知，在新技术出现时，邻接权可以将"与作品（或作品相近信息）相关"但"无独创性"的智力成果纳入其客体范畴。人工智能生成内容是新一轮技术革命下的产物，其与作品相关，但又不具有独创性，因此，将其纳入广义邻接权客体范畴具有一定的可行性，并不存在绝对的制度上的障碍。具体体现为，人工智能生成内容与著作权－邻接权二元分立体系、制度功能，与邻接权的主体和客体，以及邻接权的保护强度和保护范围相适应。

（一）人工智能生成内容与著作权－邻接权二元分立体系相适应

在不同历史背景下，对作品的保护延伸出"copyright"体系和"author's right"体系。在"copyright"体系下，"版权即财产权"，从复制权延伸出的财产权利几乎充斥着版权的全部内容，作者的精神权利几乎没有受到关注。由于"author's right"体系

受文艺复兴思想的影响，因此其将人权理念、人文关怀融入了著作权的立法当中，始终坚持"以作者为中心"以及较高的独创性标准。在应对技术变迁下出现的新主体（投资者）和新客体（达不到独创性标准的智力成果）时，"author's right"体系衍生出了与著作权分而治之的邻接权制度，从而形成了著作权－邻接权二元分立的体系。

鉴于人工智能生成内容无法承载著作权的人本价值或精神属性，对人工智能生成内容的保护应遵循"分而治之"原则和"弱保护"原则。著作权－邻接权二元分立体系为人工智能生成内容的保护提供了制度框架。在该制度框架下，可以实现将人工智能生成内容与人类作品分而治之，而不会扭曲著作权法律制度中的几大核心概念（如"独创性""作品""创作"等），以及贬损人类的尊严和价值。

（二）人工智能生成内容与邻接权制度功能相适应

传统邻接权是通过对既有作品（或信息）进行演绎、传播来创建派生市场以及增加作品（或信息）的价值。其中，"演绎"和"传播"只是手段，而创建派生市场、增加作品（或信息）价值才是邻接权更为根本的制度功能。

第一，人工智能成果生成的过程，是算法对在先作品（信息）进行"演绎"的过程。此种"演绎"与表演者之"演绎"有所不同。由于人工智能的"演绎"往往是批量进行的，而不是对特定在先作品的"演绎"，因此在人工智能生成内容之上可能已找寻不到原作品的影子，但仍可以找寻到原作品的风格。与表演者的"演绎"一样，此种"演绎"也创建了派生市场，增加了在先作品（信息）的价值。

第二，在投资者利益集团呼吁和推动下诞生的邻接权制度几乎是为保护投资、激励"非创作性投入"而存在的。法人等团体组织的出现，让创新从个体向团体演进，团体在利益的驱动下，呼吁其为创新所付出的经济、组织及技术等方面的投入得到补偿和回报，这种诉求，最终转化为一种权利主张。

人工智能生成内容蕴藏着不可估量的经济价值，然而，人工智能程序的研发存在风险高、周期长等特征。若投资者得不到可预期的、稳定的补偿和回报，其非常容易放弃对人工智能程序的投资和研发。因此，保障投资者的合理利益，是推动人工智能及其生成内容快速发展的重要动力之一，而邻接权制度可以承担起这一功能。

（三）人工智能生成内容与邻接权的权利主体相适应

著作权法是以作者为中心建构起来的。在所涉及的所有利益主体中，原始性利益主体（作者以及视为的作者）占据了核心地位。邻接权的主体，是居于次要地位，付出了经济、组织、技术等方面投入的派生性主体。

首先，人工智能不能成为或视为作者，其都不可能在完全没有人类介入的情形下运作。在人工智能的背后，站着一群真正的幕后操控者。虽然没有直接参与"创作"，但他们对程序和算法进行了开发，对数据进行了采集和培训，对生成内容进行了选择、修改和发布，甚至在后续的商业化利用和市场布局方面都做出了不少贡献。即使是仅仅按下"启动"按钮的操作者，也对"创作"过程进行了控制。人类在人工智能成果生成过程中的参与（介入）行为，并不能称为真正意义上的"创作"行为，但这些行为与邻接权人对邻接权客体产生过程中的贡献度和控制力相似。

其次，人工智能生成内容主要来自人工智能对数据（在先作品或其他信息）的批量演绎与利用。若没有"喂给"人工智能以数据，人工智能则如"无米之巧妇"。因此，人工智能生成内容的权益主体是基于既有数据的派生性利益主体。

最后，邻接权的主体（除了个人表演者）主要是法人等团体组织。较之自然人个体，团体组织在经济实力以及技术实力上更具有优势。人工智能生成内容的产出需要大量资金与技术的投入，而自然人对此难以承受或胜任。在现实中，人工智能生成内容的权益主体基本是百度、腾讯、谷歌、微软这样的大型团体。这些主体与邻接权主体较为适应，都是付出了经济、技术和组织等方面的"非创作性投入"，都是派生性利益主体。

（四）人工智能生成内容与邻接权的权利客体相适应

权利的客体是权利的表达、呈现和外部定在，是权利上的价值和利益的载体，是权利类型划分和体系建构的关键因素。

邻接权的客体与作品在物理方面、利益方面以及逻辑方面都存在相关性，但不具有独创性，无法达到著作权门槛的智力成果。人工智能生成内容是具有非物质性、可复制性、可传播性、可再现性等知识产权客体一般属性的智力成果，其与作品相关甚至相似。但由于人工智能生成内容不是源自人类创作，其产生带有机械化批量生产的气息，无法承载作者的意志、人类稀缺的创造性以及人类的尊严和自由等人本价值，因此不宜将其纳入著作权客体范畴。而广义邻接权随技术发展所呈现的扩张态势，体现了邻接权的非封闭性和一定的包容性。随着邻接权与"原始作品"和"传播"之间的关联逐渐淡化，对于不是基于传播作品而产生的人工智能生成内容而言，将其纳入广义邻接权不存在根本上的制度障碍。此外，不具有独创性、从外观表现上与作品无异的人工智能生成内容也与邻接权客体逐渐凸显的"无独创性"和"与作品的相关性"特征相适应。

（五）人工智能生成内容与邻接权保护强度和范围相适应

在注重"独创性"的"author's right"体系中，以组织、经济和技术为投入的邻接权人无法与以创造性智力为投入的著作权人比肩。因此，邻接权的保护强度和范围都要弱于著作权。人工智能生成内容产出速度之快、效率之高，有可能对人类创作空间造成挤压，不宜予以程度过强或超出财产权利范围的保护。人工智能生成内容的这些特点与邻接权的保护强度和保护范围相适应。

1. 与邻接权保护强度相适应

邻接权是步著作权之后尘而产生的，在以作者、作品为中心构筑起来的著作权法体系中，邻接权与著作权之间存在"等级关系"，其从诞生之初就受到著作权的限制——在《罗马公约》等国际条约中，就有专门的条款明确规定邻接权的行使不得损害著作权人的权益。❶ 在各国著作权法中，邻接权的保护强度要弱于著作权，主要表现为邻接权的保护期限更短。人工智能生成内容的保护应遵循"弱保护"原则，其产出速度之快、效率之高，

---

❶ 参见《罗马公约》第1条：该公约之下给予的保护不触动并无论如何不影响文学和艺术作品版权的保护。因此，该公约任何条款不可以作有损于此种保护的解释。《保护唱片制作者防止唱片被擅自复制公约》开篇即规定：关切未经授权复制唱片的广泛存在和不断增加以及给作者、表演者和唱片制作者利益带来的损害，相信保护唱片制作者防止此种行为还将有益于录制在唱片上的表演和作品的表演者和作者。

不宜对其予以过长时间的保护。因此，人工智能生成内容与邻接权的保护强度较为适应。

2. 与邻接权保护范围相适应

较之著作权的保护范围，邻接权的保护范围更为狭窄——著作权的权利内容包括了精神权利和财产权利两方面，而在三大传统邻接权中，只有表演者权涵盖了精神权利。人工智能生成内容无法承载"人本"价值，只适宜为其提供非人身属性的财产权利保护，如向公众复制和传播的权利等。

第四节 人工智能生成内容邻接权保护的具体安排

人工智能生成内容的邻接权保护应设置一定的保护条件，较以往的信息符号组合需要人工智能生成内容必须具有"可区别变化"，并且对其进行保护的前提是强制登记注册。人工智能生成内容的保护还设置有一定的保护期限，但应短于人类作品的保护期限，具体时间长度应与其市场领跑时间相吻合。此外，还可以利用年费、续展费用之杠杆将无价值或低价值的人工智能生成内容排除保护范围之外。人工智能生成内容的权利归属应分情形设定不同的归属原则，即在合作关系下按照约定优先原则，在主从关系上遵循保护投资原则，在流转关系上依据直接控制原则。在对人工智能生成内容予以保护的同时，还需对其进行权利限制，以此平衡社会利益与私人利益。

一、人工智能生成内容的保护条件

客体的非物质性是知识产权的本质属性所在，这意味着智力成果所有人无法凭借民法上实物占有方法进行控制，而有赖于法律授予独占权利的方式来取得利益。如表5-2所示，不论是著作权、专利权或商标权，想要获得法律的保护都必须符合一定的实质条件和形式条件。

表5-2 知识产权客体获得保护一般需要符合一定的实质条件和形式条件

分类	实质条件	形式条件
著作权	①独创性；②可复制性；③属于特定领域的智力表达	自然产生，不需要向政府登记注册或履行任何手续
专利权	发明或者实用新型：①新颖性；②创造性；③实用性。外观设计专利：①新颖性；②美观性；③合法性	依申请取得
商标权	①可视性；②显著性；③非禁止性	依注册取得

（一）人工智能生成内容保护的实质要件——"可区别的变化"

知识产权对其客体具有创新性要求。只是就某个具体的知识产权客体而言，这种创新性程度的要求和表述各不相同。[1] 对专利的创新性要求主要体现在"新颖性"和"创造性"。"新颖性"

---

[1] 吴汉东. 试论"实质性相似+接触"的侵权认定规则 [J]. 法学，2015（8）：63-64.

可称为"前所未有性",是指某一技术方案未在国内外公开出版物上发表、公开使用或以其他方式为公众所知,属于未包含在现有技术状况中的技术发明;"创造性"是指同现有技术相比,该发明或实用新型具有实质性特点和显著进步。现有技术,即关于某一技术领域、某一时间节点(专利申请日以前)在国内外"为公众所知"的技术知识总和为参照。对商标的创新性要求主要体现在"显著性"。申请商标与既有商标之间的关系,要求其不能与既有商标相同或近似。

若无条件对人工智能生成内容予以法律保护,则有可能发生重复保护,进而导致保护的泛滥。为了避免重复保护和保护的泛滥,可以设定以客观的标准——与在先作品或人工智能生成信息的"可区别的变化"——为人工智能生成内容的保护条件。

(二)人工智能生成内容保护的形式要件——强制登记注册

著作权法上之所以没有无效宣告制度,一是与创作和发表自由的价值共识有关,二是囿于经济成本的考量。❶

大多数国家著作权法根据《伯尔尼公约》的"禁止履行手续"原则,没有规定著作权登记制度,而适用不以登记注册为先决要件的自动保护原则。著作权既包含财产权,又包含人身权,人身权在精神层面有着固有性、天然性、绝对性、不可转让性,不需要以授权或认证,也不需要以公开发表为前提。由于人工智能生成内容是财产性质的权利,不具有人身属性,不具备与生俱来的属性,其权利关系人对权利的主张源于法律的赋予和确认。

---

❶ 曹博. 人工智能生成物的智力财产属性辨析 [J]. 比较法研究, 2019 (4): 149.

因此，法律应对人工智能生成内容实行强制登记注册制度，并以此作为人工智能生成内容取得法律保护的必要条件。[1] 强制登记注册制度可以让市场主体获得他人准确的和可信赖的权利信息，从而实现对他人权利理性的尊重。[2] 与登记注册制度同步，法律还应跟上相应的配套制度，例如，统一登记管理机构、让权利人交存人工智能生成内容以及向权利人收取费用。

1. 统一登记管理机构

统一人工智能生成内容的登记管理机构，可以让人工智能生成内容在统一的平台上保管以及供公众查询。此外，还可以指定一个主管机构，并由其牵头组织其他民间机构参与平台建设，从而实现"1 + N"多机构协同管理平台的统一运作。

2. 交存人工智能生成内容

交存人工智能生成内容具有多重作用。在举证方面，可以证明所登记人工智能生成内容的存在，起到类似公证的作用；在交易方面，交存人工智能生成内容有利于增强交易的确定性；在文化传承方面，留存具有价值的人工智能生成内容，具有一定历史和文化意义。所以，可以在立法中要求申请人具有交存人工智能生成内容并对交存的成果作出相应说明的义务。

3. 收取费用

对人工智能生成内容的注册登记收取费用，相当于无形中设置了保护门槛，可以拦截利用价值不高的成果，从而减少不具有保护价值或保护价值不高的垃圾成果，并且可以鼓励申请人仅对

---

[1] 曾白凌. 目的之"人"：论人工智能创作物的弱保护 [J]. 现代出版，2020 (7)：56-64.
[2] 吴伟光. 商标权注册取得制度的体系性理解及其制度异化的纠正 [J]. 现代法学，2019，41 (1)：96-109.

有价值的人工智能生成内容进行注册登记❶。

二、人工智能生成内容的保护期限

应严格限制人工智能生成内容的保护期限，在时间上应该短于人类作品的著作权保护期限。由于人工智能生成内容具有很强的公共性，对其合理使用可以推动文化和产业的发展，因此，其不宜为个人长时间独占。❷ 法律对知识产品的保护是一种限制性的保护，类似地，法律对人工智能生成内容的保护，也应注意在个人私权与社会公共利益之间进行平衡。

（一）保护期限的长度

人工智能生成内容的保护期限，应短于人类作品，并与市场领跑时间相吻合。

1. 应短于人类作品保护期限

首先，若对人工智能生成内容设置固定的、过长的保护期限将会对人类创作空间造成严重挤压。为了保护人类创作者，在同一领域内，人工智能生成内容的保护期限应短于人类作品的保护期限。具体而言，可以参照数据库的保护期限。欧盟数据库指令规定，数据库制作者可享有15年的保护期，并且该期限可以根据对数据库内容的实质性变更——包括由于添加、删除或更改而引起的实质性变更，无限期地延长。❸ 另有提议为数据库的处理

---

❶ 刘利. 作品登记的不同实践与我国作品登记制度的完善 [J]. 中国出版, 2017 (5): 19-20.
❷ 谢怀栻. 论民事权利体系 [J]. 法学研究, 1996 (2): 74.
❸ YU P K. Data producer's right and the protection of machine-generated data [J]. Tulane Law Review, 2019, 93 (4): 908-909.

者创设数据库处理者权（data producer's right）的欧洲评论员认为，数据库处理者权"保护期限可以短至 2~5 年，并可以延长。"❶

2. 应与市场领跑时间相吻合

法律和经济学文献表明，抢占市场先机可帮助创新者建立竞争优势。❷❸ 为人工智能生成内容提供专有权保护可以为相关主体人为地提供一段合理的市场领先时间，以回收、分担其研究、开发和操作成本，并获得必要的投资回报，从而直接或间接地鼓励他们进行研发、投资和使用。因此，可以根据抢占的市场先机为人工智能生成内容的权利人设定权利保护期限。在 *NBA v. Motorola, Inc.* 案中，美国联邦第二巡回上诉法院就创建了"热门新闻"（hot news）原则，以允许职业篮球比赛的智能新闻"生产者"对这些正在传输的智能新闻保持有限的控制。❹

（二）保护期限的续展

对于符合保护条件、取得著作权登记的人工智能生成内容，可以借鉴专利的年费缴纳制度以及商标的续展制度。

人工智能生成内容遍及文学、音乐、绘画、电影甚至建筑等各个领域。因为所属领域不同，所以人工智能生成内容的生成成本、保护价值以及淘汰周期也是不同的。对于不同类型的人工智

---

❶ KERBER W. A new (intellectual) property right for non-personal data? An economic analysis [EB/OL]. (2016-10-27) [2020-06-18]. https://econpapers.repec.org/paper/marmagkse/201637.htm.

❷ JEROME H R, PAMELA S. Intellectual property rights in data? [J]. Vanderbilt Law Review, 1997, 50 (1): 49-166.

❸ BREYER S. The uneasy case for copyright: a study of copyright in books, photocopies, and computer programs [J]. Harvard Law Review, 1970, 84 (2): 281, 299-308.

❹ MCMANIS C R. Database protection in the digital information age [J]. Roger Williams University Law Review, 2001, 7 (1): 7-45.

能生成内容,可以利用年费、续展费用之杠杆,将没有保护价值的人工智能生成内容排除于保护范围,使其尽早地流入公共领域供人们免费自由使用。具体的年费、续展次数和续展保护期限的设置应根据智能成果的不同类型进行有差别的安排。这种量入为出的规则,不仅有助于公共领域的拓展,而且有助于公众对人工智能生成内容的获取和利用。

三、人工智能生成内容的权利归属

根据法律经济学的基本原理,边界清晰、主体明确的产权体系将有助于实现社会财富的最大化。"当交易成本大于零时,资源配置的效率将取决于产权的安排"❶,而法律制度的目标之一就是设立明晰的权利界限,从而使权利能够在此框架下转移与重组。❷

人工智能生成内容的产生涉及多方主体,如编程设计者、投资者、使用者等,这使得人工智能生成内容的权利归属变得复杂。

(一)人工智能生成内容的利益相关方及其权利主张

人工智能生成内容的利益相关方主要有编程设计者(或软件开发者)、投资者(或所有者)、使用者(或操作者)。他们都试图对人工智能生成内容主张权利。

---

❶ 考特,尤伦. 法和经济学:第 5 版 [M]. 史晋川,董雪兵,等,译. 上海:格致出版社,上海三联书店,上海人民出版社,2010:76.

❷ 张乃根. 经济学分析法学 [M]. 上海:上海三联书店,1995:68.

1. 编程设计者

人工智能生成内容的生成依赖于相应的程序、软件或算法。人工智能的编程设计者构思了"制作""作品"的程序，生成了必要的编码，并排除了阻止程序正常执行的所有错误，被认为是人工智能生成内容背后真正的"主谋"。正是基于人工智能编程设计者的智力劳动，人工智能生成内容方得生成。人工智能的编程设计者被认为在人工智能生成内容生成的整个过程中进行了最具"创造性的控制"，以及付出了最具"实质性的贡献"。尤其是与使用者相比，人工智能编程设计者付出了更多、更为突出的创造性贡献。甚至，在某些情况下，编程设计者是唯一付出创造性贡献的主体。根据以上阐述，似乎将权利赋予编程设计者具有充分的合理性，不仅可以激励其投入更多的智力创造性努力，而且可以使其通过直接的信息反馈不断优化升级人工智能系统。

2. 投资者

投资者被认为是创新市场的直接推动者。将人工智能生成内容的权利赋予人工智能的投资者，保障其合理的应得收益，可以鼓励他们从编程设计者处购买（或许可）人工智能，从而促进人工智能的开发和应用。有学者认为，如果不将权利赋予人工智能的所有者，那么市场中的理性主体很可能选择不购买人工智能；相应地，如果投资人不购买人工智能，那么人工智能设计者的研发成本将无法收回，设计者也将选择不进行研发。❶ 进而，人工智能产业的研发和应用无法推进和落地，人工智能产业的发展自然无从谈起。因此，投资者主张，只有构建以投资者为核心

---

❶ 孙山. 人工智能生成内容著作权法保护的困境与出路 [J]. 知识产权，2018 (11): 60–65.

的权利体系，保障其合理、稳定、可预期的利益，人工智能生成内容相关的产业才能积极、健康、快速的发展。

3. 使用者

人工智能的使用者被认为是对人工智能"创作"过程干预最多的主体。具体而言，人工智能的使用者的干预行为包括以下一项或多项：为人工智能提供机器学习的数据（和信息）；对数据（和信息）进行训练（选择和/或标记）；在生成过程中输入指令或设置参数；对生成内容进行了选择、修改、审查、编排及公开发表等。使用者是启动人工智能系统、直接导致成果生成，并将最终成果固定于某种介质上的主体。使用者是人工智能生成内容的直接控制者和实际支配者。人工智能生成内容在不同程度上都体现了使用者的创作意图。对于产生哪一种类别或形式的人工智能生成内容，初始及最终决定权都掌握在使用者的手中。例如，是生成欢快的曲子还是悲伤的旋律，是导出明亮还是暗淡的画面，取决于人工智能使用者的意图。因此，赋予最终使用者人工智能生成内容产权似乎具有最实际的意义。

（二）人工智能生成内容的利益相关方相互之间的关系

人工智能生成内容的利益相关方之间可能存在合作关系、主从关系以及流转关系。

1. 合作关系

人工智能的编程设计者、投资人和使用者之间可以通过签订合作合同的方式进行合作，多方之间几乎在同一时间对人工智能生成内容的生成共同进行"必要的安排"。例如，美国联合通讯社与人工智能公司合作开发了人工智能新闻撰写平台 Wordsmith；再如，艺术史学家、软件工程师、数据科学家、广告公司一起合作开发了绘图人工智能 Next Rembrandt。在这种情形下，人工智能的编程设计者、投资人和使用者之间是合作关系。

2. 主从关系

人工智能的编程设计者、投资人和使用者之间也可能存在投资人占主导地位、编程设计者和使用者占从属地位的主从关系。投资人通过聘用、委托编程设计者和使用者进行程序设计和使用。占主导地位的投资人向编程设计者和使用者支付报酬，编程设计者和使用者向投资人提供劳务。编程设计者和使用者的行为必须符合投资人的意图。

3. 流转关系

编程设计者、投资人和使用者之间可以对人工智能进行转让或许可。由于三者之间对最终生成内容的投入存在时间上的差序，人工智能的所有权或使用权可以从一方流转到另一方，本书将三者之间的关系描述为流转关系。例如，编程设计者可以把人工智能出售或许可给投资人，投资人可以直接使用或再将人工智能许可给使用者使用。在直接使用情形下，投资人与使用者的身份是重叠的。例如，微软用人工智能机器人"小冰"创作诗歌，美国联合通讯社用智能写作程序 Wordsmith 编写新闻报道。在许可使用模式下，投资人与使用者的身份是分离的。最常见的情形是投资人作为平台公司运营智能创作平台，使用人作为用户在投资人的授权下使用智能软件进行创作。例如，索尼推出的人工智能音乐制作服务系统 Flow Machines，Amper Music 供企业客户使用的端到端人工智能作曲平台 Amper Score。投资人可以对用户进行收费或者免费让其使用。在免费使用方式下，投资人通过吸引用户流量向第三方获取广告或其他收益的方式来吸引投资。

（三）人工智能生成内容在不同关系下的权利归属

人工智能生成内容的权利归属涉及多方利益主体。在多方利益主体之间分配他们基于人工智能生成内容所享有的权利，从而影响利益相关方之间的预期和收益，对立法者而言是一项巨大的挑战。对于多方利益主体的权利归属分配，可以借鉴民法中所有权取得的特别规定。民法中所有权取得的特别规定一般遵循约定优先、保护投资以及直接控制等原则。

1. 人工智能生成内容在合作关系下的权利归属——约定优先原则

约定优先原则是指当事人有约定的适用约定执行，无约定的按照法定执行。约定优先原则是民法意思自治原则的具体体现。根据我国《民法典》物权编规定，共有主体之间若有约定，除非意思表示不真实、内容不合法，否则就要优先适用约定。例如，在关于共有份额的确定、共有物的管理、处分、修缮和分割等方面，《民法典》物权编都规定了优先适用约定的原则。❶

在合作关系下，人工智能生成内容的权利归属按照"约定优先"原则具有一定的法理基础。约定优先原则是由民法契约自由原则引申出来的。著作权是私权中的一种，也应贯彻约定优先原则。约定优先于法定更有利于激发权利主体创造知识产品的动力，也更有利于当事人根据具体情形通过优势互补、分工协作作出资源分配的最佳方案。因此，约定优先于法定有利于提高智力成果的创造、管理和使用效率，从而实现智力成果的价值最大

---

❶ 参见《民法典》第300条、第301条、第303条、第304条。

化。❶ 在知识产权界，也多处可见约定优先原则的运用。例如，委托作品著作权的约定共有❷、职务发明专利权的约定共有❸等。

知识产权法定原则是指，除了特别授权之外，知识产权的权利内容必须由立法机关在法律中统一规定，而不允许个人在法律之外私自创设。❹ 法定原则树立和保持了知识产权法律规范的权威性和确定性，然而，与所有成文法一样，知识产权法天生具有滞后、僵硬等问题，面对科技和社会发展所带来的新问题，可能无法及时地做出回应。知识产权共有是现实中常有的现象，但由于知识产品的共有主体不易确认、共有主体之间的贡献比难以划分，因此共有份额的划分常常给人们带来难题。若一味坚持知识产权法定原则，可能在某些情形下会有失公平或引发纷争；若适用法定缓和约定优先，允许当事人通过约定建立共有关系、划分共有份额，共有主体之间的份额分配也就清楚明了了。

人工智能生成内容往往在编程者、投资人和使用者等多方合作之下生成。根据他们的合作意图——希望成为合作作者的意图以及希望能够分享合作产生的成果的意图，凡是人工智能生成内容生成过程的参与者，都有可能获得人工智能生成内容上的权利。在合作关系下，人工智能生成内容的权利归属以利益相关方的约定为先。

---

❶ 王瑞龙. 知识产权共有的约定优先原则 [J]. 政法论丛，2014（5）：42-50.
❷ 参见《著作权法》第19条："受委托创作的作品，著作权的归属由委托人和受托人通过合同约定。合同未作明确约定或者没有订立合同的，著作权属于受托人。"参见《著作权法》第18条，作者可以与单位约定著作权的归属。
❸ 参见《中华人民共和国专利法》第6条，发明人可以与单位约定申请专利的权利以及专利权的归属。
❹ 除了法律特别授权的情形，任何人不得在法律之外创设知识产权。郑胜利. 论知识产权法定主义 [J]. 中国发展，2006（3）：49-54.

2. 人工智能生成内容在主从关系下的权利归属——保护投资原则

1896年，德国民法典首次确立了法人的民事主体地位。至此，民法上开启了自然人和非自然人并立的二元主体结构。在著作权领域，随着智力成果产生和传播方式的复杂化和商业化，著作权产业链上的主体开始分化、融合，法人以资本投入者的身份参与到著作权活动中，为智力成果的产生和传播提供资金、技术和组织安排等。[1] 越来越多的智力成果已经无法依靠单个自然人的力量生成和传播，而需依赖大型企业的资本投入，如电影作品、音像制品、广播节目、数据库等。为了保障投资者利益的回报，也为了提高知识产品的传播和利用效率，一般将此类作品的权利依法直接赋予投资方。

随着资本投入者发挥的作用日益重要，它们在著作权法中的地位也逐渐上升。在著作权－邻接权二元分立之后，邻接权制度更是担起了保护投资者利益的重任。在1996年欧盟数据库指令颁布后，欧盟也将数据库的权利赋予了数据库制作者（maker of database），理由是它们对数据库内容的获取、选择和验实作出了实质性的贡献。[2] 该指令在序言中指明，受委托人不属于数据库的制作者，而发起并承担投资风险之人可以作为制作者。由此可见，欧盟数据库特殊权利的设立目标之一就是保护这种"实质性

---

[1] 王曦．著作权权利配置研究：以权利人和利益相关者为视角［M］．北京：中国民主法制出版社，2017：97．

[2] 参见欧盟数据库指令第7条第1款：各成员国应为经定性和/或定量证明，在数据库内容的获取、检验核实或表述输出方面做出实质性投入的数据库制作者规定一种权利，即制止对数据库内容的全部或经定性和/或定量证明为实质性的部分进行摘录和/或再利用的权利。

投入"。❶ 此处的规定体现了欧盟数据库法律制度的构建以保护投资人利益为核心。

在主从关系下，人工智能生成内容的投资者作为统筹者和组织者，直接影响人工智能生成内容生成、传播和利用。其在人工智能生成内容生成、传播和利用过程中，付出了经济、组织和技术等方面的实质性投入。为了确保投资者的付出得到合理的回报，以及提高人工智能生成内容生成、传播和利用的效率，在主从关系下，应将人工智能生成内容的权利归属于投资者。

3. 人工智能生成内容在流转关系下的权利归属——直接控制原则

人工智能的最终成果不可能在完全没有人类的任何干预下生成。至少需要人类来当操作者，按下"启动"按钮，以及对生成的内容进行选择和公开。若仅以创造性劳动或投资为人工智能生成内容权利归属的依据，没有付出任何实质性贡献的操作者是没有正当理由取得人工智能生成内容之上的权利的。那么，没有付出任何实质性贡献的操作者是否就没有可能获得人工智能生成内容之上的权利？如果存在这种可能，是基于何种正当性依据获得此种权利？

私有财产的基础来源于对物的占有。有体物天然地具有物理上的排他性，对于有体物，一般是通过对物的占有实现物上权利——虽然在有体物的权利之中，占有只是一种事实状态，表明物的管领与控制的自然关系，而只有为法所确认或有法律依据

---

❶ 许春明. 数据库的知识产权保护 [M]. 北京：法律出版社，2007：114.

时，才表现为一种依附于财产之上的占有权利。[1] 与有体物不同，知识产权的客体信息具有无体性、非物质性，同时，信息需要在传播和共享中实现其价值。那么对于知识产权的客体是否可以根据"直接控制"原则推定其权利归属？

作为一种无体物，智力成果与它的主体之间也存在管领与控制关系。智力成果之上的财产权利也是依占有而成立，只是这种占有的形态及方式与有体物在事实上的有形占有不同。它是一种无形占有，往往表现为知悉与保密，当其为法律所确认而表现为占有权利时，这一自然关系中的占有便具有法律意义上的独占性，进而，智力成果作为一种权利客体也就具备了排他占有性。

德国著作权法中设置了遗作出版者或首次公开再现者的邻接权，意大利著作权法设置了作者财产权消失后的作品的首次发表者或向公众传播者的邻接权，俄罗斯民法典在著作权部分专门设置了作品发表人的权利。以上邻接权的权利人都只进行了公开、发表的动作，并依此获得相应的权利。该类权利包含了积极的"行使"权能（行使发表等权利）和消极的"禁止"权能（请求他人停止侵害等权利）。[2] 之所以设立该类权利，是为了追踪遗作或作者财产权消失后作品的保护者和责任者。

在我国著作权法律法规中，也可以找到基于管领和控制而享有智力成果之上权利的依据。根据《著作权法实施条例》规定，在作品作者身份不明的情况下，法律将作品有关的著作权予以作

---

[1] 私有财产的真正基础即实际占有，是一个不可解释的事实，而不是权利。只是由于社会赋予实际占有以法律规定，实际占有才具有合法性。
[2] 李杨. 论遗作发表权的"行使"和"保护"：兼谈《著作权法（修订草案送审稿）》第24条的立法完善［J］. 北京社会科学，2015（5）：98–105.

品原件的实际持有人。[1] 作品原件是作品所依附的有形载体，是一种有形物，此条规定将著作权的行使与有形载体结合起来，是物权法中占有制度在著作权法上的适用。此外，著作权和邻接权不仅含有一项权利，而且包含了一组权利，而这些权利是可以分开行使的。例如，根据《著作权法》规定，美术作品原件的展览权归属于原件（作品载体）的实际控制和占有人，而非美术作品的著作权人。[2] 因此，虽然载体的控制与占有并非权利的表征，但在权利主体难以确认的情形下，可以推定作品载体的直接控制人为权利人。

除了信息载体的直接控制人可以推定为权利人，对信息进行直接控制和独占的人也可以推定为权利人。对商业秘密和计算机软件的保护，也经常适用"直接控制"原则。商业秘密采取人为的保密措施进行保护，在正常情况下，商业秘密所有人以外的其他人是无法获知该商业秘密内容的。商业秘密的保密措施就是该商业秘密产权的边界。由此可以推知，能够掌控该商业秘密的人，应当是该商业秘密的所有人。

因此，没有付出任何实质性贡献的操作者可能获得人工智能生成内容之上的权利。只要人工智能生成内容符合一定的实质和形式要件，鉴于操作者促成了该成果的生成，决定了该成果的公布，是该成果的实际支配者与传播决策者，其可以是该成果的权利所有者和责任承担者。

---

[1] 参见《著作权法实施条例》第13条："作者身份不明的作品，由作品原件的所有人行使除署名权以外的著作权。"
[2] 参见《著作权法》第20条："作品原件所有权的转移，不改变作品著作权的归属，但美术、摄影作品原件的展览权由原件所有人享有。"

本章小结

　　权利客体是根据其所承载的核心价值的不同而被划分到不同范畴的。因为人工智能生成内容无法承载作者的意志、人类稀缺的创造性以及人类的尊严和自由等人本价值，所以对人工智能生成内容应提供与人类作品并行不悖、分而治之的保护路径。对人工智能生成内容的法律保护除了应遵循"分而治之"原则，还应遵循"弱保护"原则。从根本上而言，著作权保护的是人类独有的至高无上的创造力。著作权法的最高价值是以人的自由全面的发展为核心的人本价值。与人本价值相比，其他法律价值都是派生的、次要的。由于人工智能生成内容不能承载人本价值，因此，对人工智能生成内容的法律保护应弱于对作品的法律保护。

　　人工智能生成内容的法律保护存在多种模式，有反不正当竞争法保护、技术措施保护、民法孳息保护、单独立法保护以及邻接权保护。但这些保护模式都存有一些局限性或制度障碍。反不正当竞争法无法干预非竞争关系下的行为，只能从禁止的消极角度为人工智能生成内容的权益人提供救济。技术措施有可能陷入两种极端——让权益人的自我保护形同虚设，或是将人工智能生成内容推进到最严苛和最不利于其使用和传播的地步。若将人工智能生成内容视为孳息，则存在将其归入天然孳息还是法定孳息的难题，以及权益人不享有许可权等问题。为人工智能生成内容单独创设一种特别权，虽然可以对保护客体、保护条件、权利主体、权利范围等进行全盘设计，但这种单独立法的保护模式成本过于高昂。对人工智能生成内容予以邻接权保护，则存在如下解释困难——传统的邻接权是一种作品传播者权，而人工智能生成内容不是对原始作品进行传播而得到的结果。

但其实，传统邻接权表现为"作品传播者权"具有历史偶然性——某些法律概念之所以体现为现在的形式，几乎完全归功于历史。从本质而言，邻接权是传播技术推动下利益博弈与妥协的产物。随着时代的发展，世界上多个国家已在传统邻接权的基础上，发展了新的邻接权种类。邻接权呈现扩张的态势。新型邻接权与"原始作品"以及"传播"的关联正逐渐淡化，而新型邻接权客体的"无独创性"和"相关性"正日益凸显。这些为以"无独创性"和"相关性"为特征的人工智能生成内容纳入广义邻接权的保护范畴提供了可行性。

我国是采取著作权-邻接权二元分立体系的国家，以广义邻接权保护人工智能生成内容在我国是最合理、可行的路径。人工智能生成内容与广义邻接权的制度功能、权利主体、权利客体、保护强度和保护范围都高度契合。

对于人工智能生成内容邻接权制度的具体安排，笔者认为，应设立一定的保护门槛，这样可以将没有保护价值的人工智能生成内容排除于保护范围，使其尽早地流入公共领域供人们免费自由使用。具体而言，可以将"可区别的变化"设置为人工智能生成内容保护的实质要件，将强制登记注册设置为人工智能生成内容保护的形式要件。此外，还应严格限制人工智能生成内容的保护期限。人工智能生成内容邻接权的保护期限应短于人类作品著作权的保护期限，并使其与人工智能生成内容的市场领跑时间相一致。还可以借鉴专利的年费缴纳制度以及商标的续展制度，利用年费、续展费用的杠杆作用，将低价值的人工智能生成内容淘汰出保护范围。人工智能生成内容的权利归属也是一个复杂的问题，之所以复杂是因为其涉及了多方利益主体，并且他们之间存在错综复杂的关系。经过梳理，本章将人工智能生成内容利益相关方的关系归纳为合作关系、主从关系和流转关系。在不同的关系下，人工智能生成内容的权利归属应遵循不同的原则。在合作关系下，人工智能生成内容的权利归属应按照约定优先原则；在主从关系上，应遵循保护投资原则；在流转关系上，应根据直接控制原则。

第六章

人本主义视角下人工智能"创作"的著作权侵权问题

人工智能"创作"需要经历文本数据的获取、数据的训练和最终成果的生成三个阶段。这三个阶段都有可能涉及复杂的著作权侵权问题。在研究这些著作权侵权问题时,仍需贯穿人本主义思想,在尊重人类创作者的价值和促进科技进步之间选取平衡。

第一节 人工智能"创作"的著作权侵权问题之提出

人工智能是模仿人类的思维过程进行"创作"的。人工智能"创作"依赖于机器学习。机器学习是人工智能"创作"中最关键的环节。如图6-1所示,人工智能机器学习的机理与人类学习的过程类似。第一，需要输入大量数据；第二，将这些数据在机器学习算法下进行处理（即"训练"），处理后的结果（即"模型"）可以被用来对新的数据进行"预测"（即人工智能生成新的成果）。"训练"与"预测"是机器学习的两个过程，"模型"则是中间输出结果，"训练"产生"模型"，"模型"指导"预测"。❶

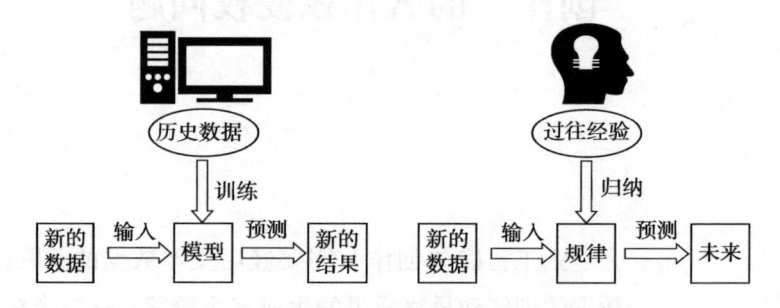

图 6-1　机器学习的过程与人类归纳经验的对比

数据的输入、处理与输出贯穿了人工智能"创作"的整个过程。这个过程将涉及非常复杂的著作权法律问题，并很可能引起著作权侵权纠纷。具体而言，人工智能"创作"可能侵犯在先作品著作权人的复制权、演绎权（翻译权、改编权、汇编权）和向公众传播权等。❷

一、文本数据获取阶段的著作权侵权问题

人工智能在进行机器学习之前，先要爬取、收集用以训练的文本数据。文本数据是一种半结构化的数据。用以训练的文本数

---

❶ 中尉. 一篇文章了解机器学习 [EB/OL]. (2017-07-06) [2020-05-21]. https://www.sohu.com/a/154907124_114819.

❷ 万勇. 人工智能时代著作权法合理使用制度的困境与出路 [J]. 社会科学辑刊, 2021 (5): 94-95.

据包括处于公共领域的素材、以商业秘密形式存在或以技术措施保护的数据库，以及在著作权保护期内受著作权法保护的作品。获取处于公共领域的素材不仅不会构成著作权侵权，而且会促进这些素材的利用，而未经同意或授权，对以商业秘密形式存在或以技术措施保护的数据库以及仍在著作权保护期内受著作权法保护的作品进行使用，则有可能构成著作权侵权或不正当竞争。

获取、收集文本数据的途径与方法主要包括：通过爬虫技术抓取网站文本数据、通过不正当手段获取商业秘密信息、通过规避或破坏技术措施获取数据库信息和通过数字化非电子数据获取文本数据。[1] 以不正当手段获取商业秘密信息，以及通过规避或破坏技术措施获取数据库信息的行为已较为明确，前者可构成侵犯商业秘密罪或不正当竞争，后者可构成著作权侵权。通过数字化的方法，将非数字格式的在先作品转化为机器可读的数字格式数据，存在对原作品的复制行为，根据 2020 年修正的《著作权法》第 10 条规定，复制权是指以印刷、复印、拓印、录音、录像、翻录、翻拍、数字化等方式将作品制作一份或者多份的权利，说明数字化复制行为已被纳入了复制权的涵盖范围。因此，未经同意或授权，数字化非电子作品将构成对原作品的复制权侵权。但通过爬虫技术抓取网站文本数据的行为是否合法以及合法性边界在哪里，还处于探讨阶段，有待理论界和学术界进一步研究和明确。

二、数据训练阶段的著作权侵权问题

如图 6-2 所示，在机器学习数据训练阶段，涉及对训练数

---

[1] 刘友华，魏远山. 机器学习的著作权侵权问题及其解决 [J]. 华东政法大学学报，2019，22 (2)：71-72.

据的复制❶、翻译、改编或汇编等。这是人工智能进行"创作"的必要中间环节。

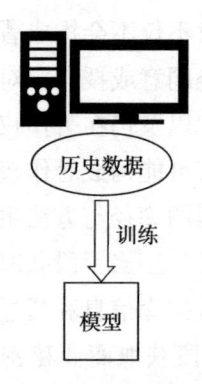

图 6-2　人工智能数据训练阶段示意

人工智能在机器学习阶段的复制包括临时复制和永久复制。各国对临时复制是否属于复制权的涵盖范围也存在很大争议。在 1996 年的《世界知识产权组织版权条约》会议上，美国和欧盟代表团曾强烈要求将临时复制纳入复制权的范围，但由于中国和非洲代表团的反对，《世界知识产权组织版权条约》正式文本最终没有把代表美国和欧盟立场的《供外交会议考虑的〈有关保护文学艺术作品特定问题的条约〉实体规定的基础提案》(Basic Proposal for the Substantive Provisions of the Treaty on Certain Questions Concerning the Protection of Literary and Artistic Works to be Considered by the Deplomatic Conference，以下简称《基础提案》)

---

❶ 此处的"复制"与输入阶段的"复制"在目的上有所不同，输入阶段的"复制"主要是将非电子作品复制为数字化作品以便模型"训练"，而机器学习阶段的"复制"是人工智能处理训练数据的必要中间环节。刘友华，魏远山. 机器学习的著作权侵权问题及其解决 [J]. 华东政法大学学报，2019，22 (2)：73.

中关于永久性和临时性复制的条款纳入其中。因为临时复制在国际条约中并没有明确的法律定位,所以对于临时复制是否属于复制权的范围取决于具体法域的规定或解释。我国在立法层面至今未承认临时复制属于复制权的控制范畴,在我国法律中,人工智能机器学习阶段的临时复制不属于侵权。[1] 除了临时复制,人工智能机器学习还涉及永久复制。对于永久复制属于复制权的控制范畴这一点,各国已达成一致。因此,除非能将人工智能机器学习过程中的永久复制在合理使用制度下进行解释,进而获得侵权抗辩,否则这种复制构成著作权侵权。

除了涉及复制,该阶段还涉及人工智能对训练数据的演绎,即翻译、改编或汇编等。此外,研究人员为了进行数据挖掘或为了实现研究结果的可验证性,将数据文本上传至"云端"或通过互联网进行传输,也可能侵权在先作品的向公众传播权。[2] 具体而言,若数据文本是即时公开,可能涉及广播权侵权;若数据文本是延时发布,则可能涉及信息网络传播权侵权。但机器学习数据训练阶段是人工智能"创作"的中间环节,中间环节所涉及的复制、演绎和向公众传播行为是否构成著作权侵权,还是一个有待讨论的话题。

---

[1] 但欧盟将临时复制纳入了复制权的控制范围,参见欧盟信息社会版权指令第2条,成员国应授予作者就其作品享有授权或禁止直接地或间接地、临时地或永久地以任何方式或形式全部或部分复制的专有权。因此,在欧盟法域下,人工智能机器学习阶段的临时复制是否落入侵权还需另外分析。
[2] 万勇. 人工智能时代著作权法合理使用制度的困境与出路 [J]. 社会科学辑刊,2021 (5): 95.

三、人工智能内容生成阶段的著作权侵权问题

如图 6-3 所示,人工智能生成内容是算法对输入文本数据进行处理之后输出的结果。因此,人工智能生成的内容有可能在风格或内容方面与在先作品存在实质性相似。由于文本数据基本是以数据集的形式批量化地输入人工智能系统的,因此人工智能生成内容一般不会与单个在先作品在内容上构成实质性相似,而表现为在整体风格上与在先作品存在实质性相似。

新的数据 →输入→ 模型 →预测→ 新的结果

图 6-3 人工智能内容生成阶段示意

若人工智能生成内容在风格方面与在先作品存在实质性相似,根据著作权法"只保护表达不保护思想"的"思想/表达二分法",人工智能生成内容并不构成对在先作品的侵权。然而,人工智能"创作"较之人类创作,在时间、产量上都具有碾压性优势,同类风格的人工智能生成内容很可能会替代在先作品的市场份额,减损在先作品权利人的利益。例如,一位喜欢周杰伦歌曲风格的音乐爱好者,把周杰伦创作的所有歌曲输入一款强化学习型人工智能进行编创❶,在很短时间内人工智能就可以输出与周杰伦风格相近的新歌曲。这些新歌曲有可能替代周杰伦歌曲的市场份额。因此,如果无条件地允许人工智能模仿人类作品进

---

❶ 这位音乐爱好者可以给人工智能每一次生成的歌曲打分(假设 0 分是最不接近周杰伦风格,10 分是最接近周杰伦风格),在不断地循环打分之下,人工智能会进行自动强化型学习,使得输出的歌曲越发接近周杰伦的风格。

行"创作",很可能会挤压人类的创作空间,对人类作者造成威胁。

第二节 人工智能"创作"的著作权侵权问题之困境

人工智能"创作"的著作权侵权问题,给著作权法律制度带来了新的挑战。著作权法内部既有的利益平衡将被打破,著作权侵权与侵权例外之间的判定也会变得更加复杂。

一、既有的利益平衡将被打破

著作权法被认为是一种精密的利益平衡制度,其在作品创作者、传播者和使用者之间均衡地配置了各方的权利和义务。然而,人工智能"创作"的出现,将打破这种既有的平衡。

第一,人类创作者的利益将受到极大的威胁。一方面,由于人工智能在数据存储、处理、运算速度等方面成千上万倍地超过人类,在"创作"效率上,人工智能较之人类具有碾压性的优势。有别于人类作品的单个出炉,人工智能生成内容可以大规模、批量化地以集合的形式生成。这些人工智能生成内容很可能会替代部分低质、缺乏独创性的人类作品,那时人类的创作空间可能受到人工智能的挤压和侵占。人类创作者将要承受来自人工智能的竞争压力。另一方面,著作权人对作品的控制力也受到威胁。人工智能通过爬虫技术或数字化技术,可以高效、低成本地将著作权人的作品抓取或转化为供人工智能训练的文本数据,而这个过程具有高度的隐蔽性，甚至可以在完全不被著作权人发现的状态下进行。此外，人工智能的开发者一般都是在资金、技术方面具有巨大优势的大型商业巨头，而作品的创作者或著作权人，一般都是势单力薄的个体。面对前者，后者在谈判能力与维权救济方面都处于弱势地位，因此，当他们的作品被用作人工智能的训练数据时，他们很难从中获得合理的补偿。[1]

第二，既有的著作权制度有可能对人工智能技术的发展构成阻碍。根据我国《著作权法》规定，除了合理使用情形和法定许可情形，未经著作权人同意（法定许可还需支付相应的报酬）使用其作品，构成著作权侵权。人工智能在机器学习的过程中，需要海量的训练数据，若按照这种严苛的著作权保护模式，人工智能训练者需要甄别哪些训练材料是受著作权法保护的作品，并且需要一一地征求原作品权利人的同意并支付报酬；否则，人工智能"创作"过程将引发多处著作权侵权。然而，这种耗费巨大时间成本的做法是不现实的。因此，若继续现行的著作权制度，人工智能技术的开发、利用将在一定程度上受到制约和阻碍。

各国著作权法律制度都设置了侵权例外条款。这些例外条款可以包容一些特殊情形下对作品的使用。但如何设置这些例外条款，使得著作权法律制度既能发挥激励、保护人类创作的制度效能，又不阻碍机器学习技术的发展，还有待多方位的考虑和多维度的权衡。若完全倾向严格保护著作权人，将会不利于人工智能技术的发展；但若允许人工智能研发公司无条件或超低成本地使

---

[1] 刘友华，魏远山. 机器学习的著作权侵权问题及其解决 [J]. 华东政法大学学报，2019, 22 (2): 75–76.

用人类创作者的作品，又将会导致人类创作劳动无法获得足够的回报，进而严重抑制人类创作者的创作热情——这不仅与著作权法的立法初衷相违，也与"以人为本"的社会价值导向相左。

二、侵权与侵权例外的判定更为复杂

第一，传统分析合理使用的单项行为考察模式难以适用于人工智能"创作"场景。在著作权法下，合理使用是对侵权的抗辩。这也意味着适用合理使用的前提是相关行为落入了某一专有权的控制范围。法官在具体个案中适用合理使用制度前，一般会根据著作权法所列举的专有权类型对涉案行为进行拆分，判断其是否落入了著作权法规定的专有权范围。❶ 然而，在人工智能生成最终成果的过程中，涉及的流程非常复杂，牵涉的行为也远不止一项。如果在进行合理使用分析时仅考虑某个单项行为，可能会出现事实还原存在偏差、管辖权确立存在障碍或后续行为合法性判定失去意义等问题。❷ 因此，传统的拆分方法和单项行为考察模式难以适用于人工智能"创作"场景。人工智能"创作"过程中的复制、翻译、改编、汇编行为是属于侵权还是侵权例外，需要结合人工智能最终输出的成果是否会对原作品权利人的利益造成影响进行综合判断。

第二，既有著作权侵权例外制度难以适用于人工智能技术。在我国法律中，著作权侵权例外制度包括了合理使用制度和法定许可制度。《著作权法》规定的法定许可类型包括了编写出版教

---

❶ 万勇. 人工智能时代著作权法合理使用制度的困境与出路 [J]. 社会科学辑刊，2021（5）：98.

❷ 蒋舸. 论合理使用中的"行为"：兼评谷歌图书案 [J]. 法学评论，2015，33（6）：185–193.

科书使用作品的法定许可、报刊转载、摘编已刊登作品的法定许可，以及录音制作者使用已发表作品、广播电台、电视台播放已发表作品和已出版录音制品的法定许可。人工智能机器学习不属于以上任何一种类型。同样，人工智能机器学习也难以适用《著作权法》规定的 12 种合理使用类型。以最接近的三种合理使用类型"个人学习、研究""科学研究""适当引用"为例进行分析：①人工智能机器学习不符合"个人学习、研究"的主体要求和目的要件，"个人学习、研究"的主体限于单个自然人，而进行机器学习的是人工智能系统，操控人工智能系统进行机器学习的又是具备一定实力的组织机构，并非单个自然人主体；"个人学习、研究"还限于非商业性使用，而这些机构对人工智能"创作"进行研发和运用基本上是基于商业性目的。②人工智能机器学习难以符合"科学研究"服务公共利益的目的和"少量复制"的要求，《著作权法》规定的"科学研究"合理使用情形限于国家设立的教育、科研事业单位以公共利益为目的进行的科学研究❶，而当前主导人工智能"创作"的多为大型科技企业。该类型合理使用对作品的复制仅是"少量复制"，而人工智能"创作"中的复制是大批量的全文复制。③人工智能机器学习不符合"适当引用"条款的目的要件和"适当性要件"。根据《著作权法》第 24 条规定，为介绍、评论某一作品或者说明某一问题，在作品中适当引用他人已经发表的作品，可以不经著作权人许可，不向其支付报酬。"适当引用"的目的限于"为介绍、评论某一作品或者说明某一问题"，而人工智能"创作"使用原作

---

❶ 李明德，管育鹰，唐广良.《著作权法》专家建议稿说明［M］. 北京：法律出版社，2012：252.

品的阶段性目的是将原作品作为训练素材，最终目的是生成新的成果。此外，"适当引用"是在必要的基础上对原作品限于一定"数量、方式和范围"的使用，这种使用并不会对原作品的利益造成损害或威胁，而人工智能生成内容则有可能与原作品产生竞争，甚至替代原作品的市场份额。[1]

第三节　人工智能"创作"的著作权侵权问题之出路

人工智能"创作"中使用人类创作者在先作品的著作权问题非常复杂，不能"一刀切"地将这些"使用"都认定为著作权侵权，或都认定为合理使用等侵权例外。

有美国学者认为，对版权作品的使用有着表达性使用（expressive use）和非表达性使用（non-expressive use）之分。[2] 在过去，人们复制作品的直接或间接目的与人们对该作品所表达内容的欣赏有关。例如，人们下载电影是为了观看，复印杂志是为了阅读。作品被作者赋予个人思想、情感之后，读者通过欣赏作品的表达与作者产生共鸣。此种对版权作品的使用方式即为表达性使用。而非表达性使用是指任何不以人们欣赏作品为目的的使用。非表达性使用并不会将原始表达传递给公众，其针对的是作

---

[1] 焦和平. 人工智能创作中数据获取与利用的著作权风险及化解路径 [J]. 当代法学, 2022, 36 (4): 133-134.
[2] SAG M. Copyright and copy-reliant technology [J]. Northwestern University Law Review, 2009 (4): 1607-1682.

品中的事实性信息或文本数据的物理特征。因而，对作品的非表达性使用不会产生作品利用和传播的负面效应，也不影响在先作品的正常使用。非表达性使用是一种"非消费性使用"。对作品的表达性使用和非表达性使用之间最大的区别在于，表达性使用会对在先作品构成市场替代，而非表达性使用不构成表达性替代。❶

人工智能在"创作"中对人类在先作品的使用也有表达性使用和非表达性使用之分。因此，人工智能在"创作"中对人类在先作品的某种使用是否构成著作权侵权应着重考察这种使用是否会替代原作品的市场份额，是否会影响原作品权利人的利益。作为一种精密的利益平衡工具，著作权法律制度需要在保护、激励人类创作的基础上，兼顾人工智能技术的发展，以达到社会总体效益的最大化。但这种"兼容"的前提是，人类的创作空间不被侵占，人类的创作热情不被浇灭，人类创作者的尊严、价值不被贬损。

一、文本数据获取阶段著作权侵权问题的出路

在文本数据获取阶段，人工智能通过"爬虫技术"、数字化非电子数据、规避或破坏技术措施以及非法获取商业秘密等手段获取数据文本。以规避或破坏技术措施、非法获取商业秘密等手段获取数据文本，分别构成著作权侵权、构成侵犯商业秘密罪或不正当竞争。数字化非电子数据虽然涉及对在先作品的复制，如果没有对数字化后的作品进行传播，则不构成著作权侵权。但人

---

❶ SAG M. The new legal landscape for text mining and machine learning [J]. Journal of the Copyright Society of the USA, 2019, 66 (2): 291–vi.

工智能通过爬虫技术获取文本数据是否合法则存在很大争议。为了减少该阶段的著作权侵权纠纷，一方面需要对"网络爬虫"的合法性边界予以明确，另一方面可以引入区块链技术对权利人的作品加以保护。

（一）明确"网络爬虫"的合法性条件

人工智能"创作"中的数据获取阶段，很可能涉及人工智能利用爬虫技术对公开数据进行访问和收集。利用爬虫技术抓取公开数据的行为是否合法以及合法性边界在哪里，理论界和实务界还存在很大的争议。在 2007 年的 *Healthcare Advocates, Inc. v. Harding, Earley, Follmer & Frailey* 案中，美国宾夕法尼亚州东区联邦法院首次指出，爬虫协议有可能构成版权法上控制作品访问的技术措施。[1] 而在权利人未采取爬虫协议的案例中，法院一般推定权利人默示许可了搜索引擎对其作品进行检索、复制和下载。无独有偶，德国相关法院在类似案件中，也将原告可以采取爬虫协议等措施保护其作品而不采取的行为推定为默示许可。[2] 我国法院也在浙江泛亚电子商务公司诉百度网讯科技公司著作权侵权案中认为，既然涉案作品处于开放网络服务器中，就意味着对该网站可以互联互通、信息共享，因此，百度的搜索引擎服务不构成著作权侵权。[3]

但随着爬虫技术升级为"爬虫+"技术，爬虫技术不再是单纯的中立技术，成为具有"侵入性"的获取数据进而牟取利

---

[1] *Healthcare Advocates, Inc. v. Harding, Earley, Follmer & Frailey*, 497 F. Supp. 2d 627（E. D. Pa. 2007）.
[2] 张金平. 有关爬虫协议的国外案例评析 [J]. 电子知识产权，2012（12）：85.
[3] 参见北京市高级人民法院（2007）高民终字第 118 号民事判决书。

益的手段。❶ 在近年的"爬虫+转码"❷ "爬虫+深度链接"❸ 案件中，我国法院将"爬虫+"行为定性为侵权。❹

单纯的爬虫技术只是运用自动软件获取网络信息资源的行为，其是否构成违法还难以判定。有学者提出，可以根据数据获取对象是否开放、数据获取手段是否具有侵入性和数据获取目的是否正当来界定网络爬虫是否合法。❺ 有的法院则从竞争法的角度，考察特定数据集是否构成"必需设施"，进而适用"必需设施理论"对爬虫行为进行法律定性。欧洲法院曾指出，适用"必需设施理论"至少要满足以下四个条件：①数据对下游商品是必不可少的；②上游与下游市场不存在有效的竞争；③拒绝共享数据会妨碍副产品的产生；④不存在拒绝共享数据的客观原因。❻

为减少人工智能获取数据阶段的侵权纠纷，应进一步明确利用爬虫技术爬取数据行为的合法性条件。笔者认为，若权利人没有在爬虫协议中限制人工智能爬取其数据并运用于人工智能"创作"，并且权利人没有采用技术措施，即权利人的作品是出于公开的状态，仅是单纯运用爬虫技术进行数据抓取，并不能推断其

---

❶ 苏青. 网络爬虫的演变及其合法性限定 [J]. 比较法研究，2021（3）：94-95.
❷ 通过爬虫技术获取他人作品并形成索引目录，再通过转码程序进行文本样式转码，并将转码后的内容缓存到自己的服务器。
❸ 利用爬虫技术获取第三方网站的视频资源目录、索引等，再通过深度链接技术，在不脱离设链网站的情况下，供用户在线浏览或下载第三方网站所存储的特定文件。
❹ 参见上海市浦东新区人民法院（2014）浦刑（知）初字第24号刑事判决书、上海市浦东新区人民法院（2015）浦刑（知）初字第12号刑事判决书、上海市徐汇区人民法院（2017）沪0104刑初325号刑事判决书。
❺ 苏青. 网络爬虫的演变及其合法性限定 [J]. 比较法研究，2021（3）：97-104.
❻ 吴伟光. 网络、电子商务与数据法 [M]. 北京：清华大学出版社，2020：139-140.

侵犯了权利人的著作权。

（二）采用区块链技术

人工智能以爬虫技术、数字化非电子数据以及规避或破坏技术措施、非法获取商业秘密等手段获取数据文本的行为具有高度的隐蔽性，权利人难以发现其作品被复制和利用，即使发现了，也难以举证和维权。在这种情形下，以技术解决技术问题也许是最可行的办法。

区块链是一个分布式的数据存储系统，其可以根据时间顺序以区块的方式将作品数据进行固定，并以加密的方式保证其不可篡改和伪造。权利人通过区块链平台发布和推广作品，无需担心侵权问题。❶ 除了不可篡改和伪造，区块链数据还具有公开透明、过程可追溯等特点。区块链中加盖的时间戳可以证明特定文档在某个特定时间被某个特定的人访问了。在区块链技术下，数字作品在整个生产、传播和流转过程中的收费和用途都是透明和真实的。因此，采用区块链技术可以保护权利人的作品不被侵权以及保障权利人直接从其作品中获益。

二、数据训练阶段著作权侵权问题的出路

在数据训练阶段，人工智能对输入文本数据的使用是一种纯粹技术上的非表达性使用，该阶段的目的是构建"模型"，并非生成与在先作品构成竞争关系的文本。因此，人工智能在该阶段

---

❶ 中国大数据产业观察网. 首份《中国区块链技术和产业发展论坛. 中国区块链技术和应用发展白皮书（2016）》（解析＋PPT全文）[EB/OL].（2016-10-20）[2022-07-27]. https://www.sohu.com/a/116680506_353595.

对人类在先作品的使用不构成著作权法意义上的使用，可以作为一种合理使用纳入相关法律法规中。

（一）引入"技术性合理使用"[1]

在机器学习的"训练"阶段，人工智能将在先作品用作训练数据加以处理（复制或演绎等）的目的是构建模型，是一种"非表达性使用"。这种使用只是一种纯粹的技术上的使用。纯粹技术上的使用是一种客观技术现象，并不会落入著作权法意义上对作品"使用"的范畴。这种使用产生的成果是算法模型或其他中间产品，与具有可欣赏性的在先作品是非同类的，并不会对在先作品构成市场替代。除了在人工智能"创作"这个场景下，人工智能对作品的非表达性使用还被应用于其他场景，例如机器翻译软件的研发等。

"技术性合理使用"是指为了新的目的或增值目的，在技术创造、运行和产出过程中对版权作品进行使用的行为。[2]但也并非所有在技术创造、运行和产出过程中对版权作品的使用都能纳入合理使用的范畴——只有那些纯粹的功能性使用才能构成"技术性合理使用"。例如，在互联网传输过程中对版权作品的临时复制。这种技术上的使用并不会给原作品带来取代风险，相反，还有利于促进科技的进步和产业的发展。因此，"技术性合理使用"是与著作权法平衡私人权益和公共利益的目标相契合的。

---

[1] 万勇. 人工智能时代著作权法合理使用制度的困境与出路［J］. 社会科学辑刊，2021（5）：97–98.

[2] LEE E. Technological fair use［J］. Southern California Law Review，2010，83（4）：809–810，837–838，842–847.

（二）将"技术性合理使用"纳入《著作权法实施条例》

面对人工智能机器学习对著作权合理使用制度提出的挑战，域外一些国家和地区开始在立法层面进行制度改造。欧盟在2019年正式通过的欧盟数字化单一市场版权指令第3条和第4条中规定了适用于科研目的和一般情形下的文本数据挖掘例外。而日本著作权法早在2009年修改时就制定了专门的"计算机信息分析"数据挖掘例外。

我国《著作权法》在2020年修正之前，以列举的方式规定了12种适用合理使用制度的情形。显然，这种封闭列举模式已无法适应智能时代的发展要求了。为了解决封闭式立法下的合理使用适用困境，有的法院已在司法实践中尝试性地引入了美国版权法上的合理使用"四因素判断法"[1]和美国法官创造的"转换性合理使用"概念[2]进行判决。

我国《著作权法》在2020年修正之后，在规定的12种合理使用制度的情形中增设了"法律、行政法规规定的其他情形"，这意味着我国合理使用制度从"封闭式"结构转向了"半封闭式"结构。然而，这种改变还是没有明确地将人工智能机器学习中的技术性使用列为合理使用。因此，《著作权法》仍无法为人工智能机器学习保驾护航。由于该法修正时间不长，为了保持法律的稳定性，不宜于短期内频繁修改，所以笔者建议，可以在修订相关著作权法实施条例时，明确将人工智能机器学习中对在先作品纯粹技术上的非表达性使用纳入合理使用的范畴。

---

[1] 参见上海市普陀区人民法院（2018）沪0107民初334号民事判决书。
[2] 参见上海知识产权法院（2015）沪知民终字第730号民事判决书。

三、人工智能成果生成阶段著作权侵权问题的出路

在成果生成阶段，人工智能对在先文本数据的使用构成了一种表达性使用。该阶段生成的是与在先作品同类、具有竞争关系，甚至同种风格的人工智能生成内容。人工智能在该阶段对在先作品的使用会影响原作品的价值和原作品权利人的利益。因为这种使用不同于既往任何一种著作权法上的使用，所以可以创设一项与复制权、演绎权等并立的表达性机器学习权，赋予原作品著作权人分享其作品增值收益的权利。与此同时，考虑到人工智能是以批量化的方式使用在先作品的，由于人工智能操作者不可能逐一与原作品权利人进行协议、交易，因此有必要在一定程度上限制原作品的表达性机器学习权，即在原作品达到一定期限（权利衰减期）后，允许人工智能操作者未经原作品权利人同意有偿使用其作品。但如果权利人在接到作品使用通知后提出反对意见，这种使用应立即停止。

（一）创设与复制权、演绎权并立的表达性机器学习权

人工智能机器学习中对作品的表达性使用不同于既往任何一种著作权法意义上的作品使用方式。这种使用方式也会涉及复制，以及少数的演绎，但与以往的复制、演绎具有不同的内涵和目的。并且，这种表达性使用会在原作品的基础上衍生出新的市场。回顾著作权法的发展与演变历史，当原作品衍生出新的市场时，在著作权权利束这个"大家庭"中往往会产生新的著作权——复制权、改编权、表演权等都是这样诞生的。

人工智能机器学习对既存人类作品自动高效的融合性模仿，会影响原作品的市场份额和潜在价值，减损原作品著作权人的利

益。受制于著作权法上"思想/表达二分法",人工智能机器学习对在先作品的这种使用方式不在著作权法的规制范围之内。❶而人类作品是人工智能机器学习的素材,是人工智能"创作"的源头活水,若放任人工智能表达性使用人类作品,不对其进行规制,会导致竭泽而渔的严重后果。著作权法的立法初衷,是激励人类进行具有独创性的创作。如果大量同质性的人工智能生成内容充斥了文化市场,而人工智能对人类作品的表达性使用(若被视为合理使用)不需要付出任何成本的话,著作权法的基本制度效能将会减损甚至丧失。因此,有必要设置一种新型著作权——表达性机器学习权——对人工智能表达性使用人类既存作品进行规制。

表达性机器学习权是赋予人类创作者在一定期限内对其作品进行表达性使用的排他性垄断权。他人未经许可,不得将著作权人的作品运用于人工智能进行表达性使用;人类创作者有权分享对其作品进行表达性使用的增值收益。

(二) 采用"选择-退出"(opt-out)机制

"选择-退出"机制是对著作权的一种限制,是指在法定情形下,使用者只要支付了合理报酬,即使其未经著作权人的事前授权对作品进行使用,其行为并不违法,但如果著作权人将反对意愿告知使用者,使用者则不能再对其作品进行使用。"选择-退出"机制最早出自美国的 *Google Books* 案。2004 年,谷歌通过复制纸质或数字作品建立数据库,并建立"Google Books"搜索引擎为读者提供搜索服务。2005 年,被侵权人对谷歌提起了集

---

❶ 徐龙. 机器学习的著作权困境及制度方案 [J]. 东南学术, 2022 (2): 243.

体诉讼。2009年，谷歌和起诉者们达成了 Google Books 和解协议。该协议首次提出以"选择－退出"机制来解决上述问题。在大量商业性使用作品的情形下，"选择－退出"机制可以带来社会总体效益的最大化——不仅可以节省协商、交易成本，使批量化使用作品成为现实，而且可以在尊重权利人自我选择的基础上为权利人带来报酬，即在提高社会效率的同时，不影响著作权法对创作的激励。

著作权法律制度是一个精密的利益平衡工具，在保障著作权人利益的同时，还需兼顾人工智能技术的发展。与著作权权利束中的其他权利一样，"表达性机器学习权"之上也需要设置一定的权利限制。但合理使用与法定许可，这两种传统的著作权权利限制与例外制度，都完全忽略了权利人的主观意愿，完全剥夺了权利人的自主选择权。让人类创作者在人工智能"创作"面前丧失自我选择权，是一种本末倒置、竭泽而渔，且有损人类尊严与价值的做法。有学者提出，可以将"为了人工智能学习、创作使用版权作品"纳入合理使用的范畴。❶ 但笔者认为，合理使用制度不适用于人工智能对作品的表达性使用阶段（"生成"阶段）。哪怕最终输出的成果在内容上不会与在先作品构成实质性相似，但对人类而言，人工智能生成内容也会影响人类创作者的整体利益——替代人类作品或挤压人类创作空间。

由于人工智能是批量化地输入既存作品进行机器学习的，因此人工智能背后的操作者或组织机构，不可能逐一向作品的著作权人征求授权。原作品著作权人和人工智能操作者之间，需要一

---

❶ 林秀芹. 人工智能时代著作权合理使用制度的重塑［J］. 法学研究，2021（6）：170－185.

种更高效的协商、交易模式。在实践中，可由著作权管理组织或作品数据库（例如中国知网、万方数据知识服务平台等）代著作权人收取报酬。如果原作品权利人不愿意其作品被用于人工智能表达性机器学习，可以在其作品被使用之前做出"权利保留"声明（事前的"选择-退出"），或在接到被使用通知之后做出反对，从而退出对其作品的使用（事后的"选择-退出"）。较之合理使用与法定许可，"选择-退出"机制更尊重和保障著作权人的意思自治，并且，这种机制也不会影响著作权人获取报酬的权利。因此，在人工智能表达性使用作品阶段，采用"选择-退出"机制对著作权作出限制是一种更合理的办法。

此外，在采取"选择-退出"机制对"表达性机器学习权"作出限制之前，可以为"表达性机器学习权"设置一段权利衰减期，即在作品发表或连载完结满一定时期后才能对其进行"选择-退出"下的权利限制。在一件新作品刚发表的一段时间内，是作品吸引受到关注和流量的关键时期，而同质的人工智能生成内容会分散原作品的关注热度和流量。[1] 因此，在权利衰减期内，必须经得创作者的许可才能对作品进行表达性使用，而不能"先斩后奏"。

本章小结

人工智能在"创作"过程中会涉及对在先人类作品的复制、

---

[1] 徐龙. 机器学习的著作权困境及制度方案 [J]. 东南学术, 2022 (2): 244.

演绎等使用行为。这些使用是否属于著作权法意义上的使用？著作权法律制度是否可以为此增设侵权例外呢？以上问题是人工智能"创作"给著作权法律制度提出的新的挑战。

较之传统的著作权法律问题，人工智能"创作"中所涉及的著作权侵权问题异常复杂，主要有以下四点原因：①人工智能对在先作品的使用不是单项的，而是复合、多项的；②人工智能对在先作品的使用不仅涉及传统的表达性使用，而且涉及纯粹技术上的非表达性使用；③著作权法既有的合理使用制度和法定许可制度，无法适用于人工智能机器学习中对在先作品的使用；④面对人工智能的挑战，若著作权法律制度不作出调整，人工智能对在先作品的使用会因无法被著作权法上的侵权例外豁免而被判定为侵权，这将阻碍人工智能技术的发展；若将人工智能在机器学习中对在先作品的使用都简单地视为合理使用，又无异于让人类创作者的权益让渡于人工智能，这将减损人类作品的价值、挤压人类的创作空间、贬损人类的价值和尊严，以及违背著作权法律制度的立法初衷。

笔者认为，在文本数据获取阶段，为了减少著作权侵权纠纷，在法律上需要明确"网络爬虫"的合法性边界，在技术上，可以引入区块链技术。在数据训练阶段，由于人工智能对在先作品的使用系纯粹技术上的非表达性使用，因此这种使用的产物是算法"模型"，不会对在先作品构成替代。为了促进人工智能技术的进步，可以将该阶段人工智能对作品的使用视为合理使用。而在人工智能成果生成阶段，人工智能对在先作品的使用是一种表达性使用，这种使用输出的是与人类作品同类、具有竞争关系的人工智能生成内容，其有可能对人类创作构成威胁。本着"以人为本"的宗旨，不宜将这种使用视为著作权侵权例外。由于这种"使用"不同于任何一种传统著作权法上的使用,因此,可以增设与复制权、演绎权并立的表达性机器学习权——未经著作权人同意,人工智能不得将权利人的作品用于表达性机器学习使用,权利人还可以分享基于该种使用所获得的增值收益。与此同时,考虑人工智能对作品的使用都是批量化进行的,可以在表达性机器学习权过了权利衰减期之后,采用"选择-退出"机制对表达型机器学习权作出权利限制。较之合理使用和法定许可,这种权利限制方式对人类创作者的主体意愿和自主选择更为尊重。

参考文献

一、中文图书

[1] 徐洁磐. 人工智能导论［M］. 北京：中国铁道出版社，2019.

[2] 王万良. 人工智能导论［M］. 北京：高等教育出版社，2017.

[3] 彭健伯. 创新的源头工具：思维方法学［M］. 北京：光明日报出版社，2010.

[4] 钱学森. 关于思维科学［M］. 上海：上海人民出版社，1986.

[5] 李锡鹤. 民法原理论稿［M］. 北京：法律出版社，2009.

[6] 李永成. 经济法人本主义论［M］. 北京：法律出版社，2006.

[7] 唐君毅. 中华人文与当今世界：二［M］. 桂林：广西师范大学出版社，2005.

[8] 冯契. 哲学大辞典（分类修订本）：下［M］. 上海：上海辞书出版社，2007.

[9] 张晋藩. 中国法制史［M］. 北京：群众出版社，1991.

[10] 李龙. 人本法律观研究［M］. 北京：中国社会科学出版社，2006.

[11] 杨奕华. 法律人本主义：法理学研究泛论［M］. 台北：汉兴书局有限公司，1997.

[12] 孙国华. 法理学教程［M］. 北京：中国人民大学出版社，1994.

[13] 法学教材编辑部《西方法律思想史编写组》. 西方法律思想史资料选

编［M］．北京：北京大学出版社，1983．

［14］严存生．法律的人性基础［M］．北京：中国法制出版社，2016．

［15］詹建红，吴家峰，等．人本法律观下的检察职权配置及其实现［M］．北京：法律出版社，2014．

［16］李龙．良法论［M］．武汉：武汉大学出版社，2001．

［17］李连科．价值哲学引论［M］．北京：商务印书馆，1999．

［18］张文显．马克思主义法理学［M］．北京：高等教育出版社，2003．

［19］李琛．知识产权法关键词［M］．北京：法律出版社，2006．

［20］李雨峰．著作权的宪法之维［M］．北京：法律出版社，2012．

［21］朱谢群．郑成思知识产权文集（基本理论卷）［M］．北京：知识产权出版社，2017．

［22］吴汉东．无形财产权基本问题研究［M］．3版．北京：中国人民大学出版社，2013．

［23］郑成思．版权法［M］．北京：中国人民大学出版社，1997．

［24］联合国教科文组织．版权基本知识［M］．北京：中国对外翻译出版公司，1984．

［25］齐振海，袁贵仁．哲学中的主体和客体问题［M］．北京：中国人民大学出版社，1992．

［26］郑戈．法律与现代人的命运：马克斯·韦伯法律思想研究导论［M］．北京：法律出版社，2006．

［27］王洪友．版权制度异化研究［M］．北京：知识产权出版社，2018．

［28］漠耘．主体哲学的私法展开：权利能力研究［M］．北京：法律出版社，2012．

［29］刘金萍．主体形而上学批判与马克思哲学"主体性"思想［M］．北京：中国社会科学出版社，2009．

［30］倪梁康．自识与反思：近现代西方哲学的基本问题［M］．北京：商务印书馆，2002．

［31］杨祖陶，邓晓芒．康德《纯粹理性批判》指要［M］．北京：人民出

版社,2001.

[32] 朱慈蕴.公司法人格否认法理研究[M].北京:法律出版社,1998.

[33] 梁慧星.民法总论[M].北京:法律出版社,2011.

[34] 尹田.民事主体理论与立法研究[M].北京:法律出版社,2003.

[35] 孙建江,等.自然人法律制度研究[M].厦门:厦门大学出版社,2006.

[36] 徐国栋.人性论与市民法[M].北京:法律出版社,2006.

[37] 李宜琛.日耳曼法概说[M].北京:中国政法大学出版社,2003.

[38] 郑晓剑.自然人侵权责任能力制度研究[M].北京:法律出版社,2015.

[39] 江平.法人制度论[M].北京:中国政法大学出版社,1994.

[40] 蒋学跃.法人制度法理研究[M].北京:法律出版社,2007.

[41] 黄立.民法总则[M].台北:台湾三民书局,1994.

[42] 龙卫球.民法总论[M].2版.北京:中国法制出版社,2002.

[43] 马骏驹,余延满.民法原论:上[M].北京:法律出版社,1998.

[44] 王曦.著作权权利配置研究:以权利人和利益相关者为视角[M].北京:中国民主法制出版社,2017.

[45] 陈明涛.著作权主体身份确认与权利归属研究[M].北京:北京交通大学出版社,2015.

[46] 丁世飞.人工智能[M].北京:清华大学出版社,2011.

[47] 戴贝钰.从生物人到社会人:道德实践的人性基础研究[M].北京:人民出版社,2019.

[48] 成素梅,张帆,等.人工智能的哲学问题[M].上海:上海人民出版社,2020.

[49] 王泽鉴.民法总则[M].北京:北京大学出版社,2009.

[50] 方新军.权利客体论:历史和逻辑的双重视角[M].北京:中国政法大学出版社,2012.

[51] 李德顺.价值论[M].北京:中国人民大学出版社,2013.

［52］徐国栋. 中国民法典起草思路论战［M］. 北京：中国政法大学出版社，2001.

［53］法学教材编辑部《罗马法》编写组. 罗马法［M］. 北京：群众出版社，1983.

［54］周枏. 罗马法原论：上册［M］. 北京：商务印书馆，1994.

［55］陈华彬. 外国物权法［M］. 北京：法律出版社，2004.

［56］尹田. 法国物权法［M］. 北京：法律出版社，1998.

［57］何勤华. 西方法学史［M］. 北京：中国政法大学出版社，1996.

［58］张俊浩. 民法学原理：上册［M］. 北京：中国政法大学出版社，2000.

［59］费安玲. 著作权权利体系之研究：以原始性利益人为主线的理论探讨［M］. 北京：华中科技大学出版社，2011.

［60］林旭霞. 虚拟财产权研究［M］. 北京：法律出版社，2018.

［61］程燎原，王人博. 权利及其救济［M］. 济南：山东人民出版社，1998.

［62］吴汉东. 知识产权法新论［M］. 武汉：湖北人民出版社，1995.

［63］李琛. 论知识产权法的体系化［M］. 北京：北京大学出版社，2005.

［64］卢海君. 版权客体论［M］. 北京：知识产权出版社，2014.

［65］吴汉东. 知识产权法［M］. 北京：北京大学出版社，2014.

［66］郑成思. 知识产权：应用法学与基本理论［M］. 北京：人民出版社，2005.

［67］陶鑫良，袁真富. 知识产权法总论［M］. 北京：知识产权出版社，2005.

［68］孙美兰. 艺术概论［M］. 北京：高等教育出版社，1989.

［69］朱光潜. 诗论［M］. 北京：生活·读书·新知三联书店，1984.

［70］刘春田. 知识产权法［M］. 2版. 北京：中国人民大学出版社，2005.

［71］张文显. 法学基本范畴研究［M］. 北京：中国政法大学出版社，1993.

［72］张乃根. 经济学分析法学［M］. 上海：上海三联书店，1995.

［73］许春明. 数据库的知识产权保护［M］. 北京：法律出版社，2007.

［74］李明德，许超. 著作权法［M］. 北京：法律出版社，2003.
［75］李双元，温世扬. 比较民法学［M］. 武汉：武汉大学出版社，1998.
［76］刘洁. 邻接权归宿论［M］. 北京：知识产权出版社，2013.
［77］李永明. 知识产权法［M］. 杭州：浙江大学出版社，2000.
［78］吴汉东. 西方诸国著作权制度研究［M］. 北京：中国政法大学出版社，1998.
［79］冯象. 我是阿尔法：论法和人工智能［M］. 北京：中国政法大学出版社，2018.
［80］李扬. 数据库法律保护研究［M］. 北京：中国政法大学出版社，2004.
［81］孙雷. 邻接权研究［M］. 北京：中国民主法制出版社，2009.
［82］范忠信. 梁启超法学文集［M］. 北京：中国政法大学出版社，2000.
［83］德国民法典：第4版［M］. 陈卫佐，译注. 北京：法律出版社，2004.
［84］卡多佐. 司法过程的性质［M］. 苏力，译. 北京：商务印书馆，1998.
［85］蔡斯. 人工智革命：超级智能时代的人类命运［M］. 张尧然，译. 北京：机械工业出版社，2017.
［86］伊辛，特纳. 公民权研究手册［M］. 王小章，译. 杭州：浙江人民出版社，2007.
［87］布克哈特. 意大利文艺复兴时期的文化［M］. 何新，译. 北京：商务印书馆，1979.
［88］布洛克斯，瓦尔克. 德国民法总论［M］. 张艳，译. 北京：中国人民大学出版社，2012.
［89］罗斑. 希腊思想和科学精神的起源［M］. 陈修斋，译. 北京：商务印书馆，1965.
［90］罗素. 西方哲学史：上卷［M］. 何兆武，李约瑟，译. 北京：商务印书馆，1963.
［91］布洛克. 西方人文主义传统［M］. 董乐山，译. 北京：生活·读书·

新知三联书店，1997.

［92］康德. 实践理性批判［M］. 韩水法，译. 北京：商务印书馆，2005.

［93］拉德布鲁赫. 法学导论［M］. 米健，朱林，译. 北京：中国大百科全书出版社，1997.

［94］西塞罗. 论共和国　论法律［M］. 王焕生，译. 北京：中国政法大学出版社，1997.

［95］洛克. 政府论：下篇［M］. 叶启芳，瞿菊农，译. 北京：商务印书馆，1964.

［96］博登海默. 法理学：法律哲学与法律方法［M］. 邓正来，译. 北京：中国政法大学出版社，1999.

［97］阿奎那政治著作选［M］. 马清槐，译. 北京：商务印书馆，1963.

［98］孟德斯鸠. 论法的精神：下卷［M］. 许明龙，译. 北京：商务印书馆，2012.

［99］萨拜因. 政治学说史：上册［M］. 北京：商务印书馆，1986.

［100］康德. 道德形而上学基础［M］. 苗力田，译. 上海：上海人民出版社，2002.

［101］庞德. 法律史解释［M］. 邓正来，译. 北京：中国法制出版社，2002.

［102］霍布斯. 利维坦［M］. 黎思复，黎廷弼，译. 北京：商务印书馆，1985.

［103］狄骥. 宪法论：第1卷［M］. 钱克新，译. 北京：商务印书馆，1959.

［104］雷炳德. 著作权法［M］. 张恩民，译. 北京：法律出版社，2005.

［105］德克雷. 欧盟版权法之未来［M］. 徐红菊，译. 北京：知识产权出版社，2016.

［106］文德尔班. 哲学史教程：上卷［M］. 罗达仁，译. 北京：商务印书馆，1987.

［107］海德格尔. 尼采［M］. 孙周兴，译. 北京：商务印书馆，2002.

[108] 柏拉图. 柏拉图全集：第2卷 [M]. 王晓朝, 译. 北京：人民出版社, 2002.

[109] 策勒尔. 古希腊哲学史纲 [M]. 翁绍军, 译. 济南：山东人民出版社, 1992.

[110] 休谟. 人性论：上册 [M]. 关文运, 译. 北京：商务印书馆, 1980.

[111] 莱布尼茨. 人类理智新论：上册 [M]. 陈修斋, 译. 北京：商务印书馆, 1982.

[112] 费希特. 全部知识学的基础 [M]. 王玖兴, 译. 北京：商务印书馆, 1986.

[113] 谢林. 先验唯心论体系 [M]. 梁志学, 石泉, 译. 北京：法律出版社, 1976.

[114] 黑格尔. 哲学史讲演录：第四卷 [M]. 贺麟, 王太庆, 译. 北京：商务印书馆, 1959.

[115] 胡塞尔. 笛卡尔式的沉思 [M]. 张廷国, 译. 北京：中国城市出版社, 2002.

[116] 彭梵得. 罗马法教科书 [M]. 黄风, 译. 北京：中国政法大学出版社, 1992.

[117] 康德. 法的形而上学原理：权利的科学 [M]. 沈叔平, 译. 北京：商务印书馆, 1991.

[118] 凯尔森. 法与国家的一般理论 [M]. 沈宗灵, 译. 北京：中国大百科全书出版社, 1996.

[119] 黑格尔. 法哲学原理 [M]. 范杨, 张企泰, 译. 北京：商务印书馆, 1961.

[120] 哈耶克. 自由秩序原理：上 [M]. 邓正来, 译. 北京：生活·读书·新知三联书店, 1997.

[121] 四宫和夫. 日本民法总则 [M]. 唐晖, 钱孟珊, 译. 台北：台湾五南图书出版公司, 1995.

［122］梅迪库斯. 德国民法总论［M］. 邵建东, 译. 北京：法律出版社, 2000.

［123］巴尔. 欧洲比较侵权行为法：下卷［M］. 焦美华, 译. 北京：法律出版社, 2001.

［124］德国著作权法：德国著作权与邻接权法［M］. 范长军, 译. 北京：知识产权出版社, 2013.

［125］比克斯. 法理学：理论与语境［M］. 邱昭继, 译. 北京：法律出版社, 2008.

［126］马斯洛, 等. 人的潜能和价值［M］. 北京：华夏出版社, 1987.

［127］列维-布留尔. 原始思维［M］. 丁由, 译. 北京：商务印书馆, 1981.

［128］帕尔纽克. 作为哲学问题的主体和客体［M］. 刘继岳, 译. 北京：中国人民大学出版社, 1988.

［129］尼古拉斯. 罗马法概论［M］. 黄风, 译. 北京：法律出版社, 2004.

［130］摩尔根. 古代社会：下册［M］. 杨东莼, 马雍, 马巨, 译. 北京：商务印书馆, 1997.

［131］平托. 民法总则［M］. 澳门翻译公司, 译. 澳门：澳门大学法学院, 1999.

［132］拉伦茨. 德国民法通论：上册［M］. 王晓晔, 邵建东, 程建英, 等, 译. 北京：法律出版社, 2013.

［133］劳森, 拉登. 财产法：第2版［M］. 施天涛, 等, 译. 北京：中国大百科全书出版社, 1998.

［134］凯利. 西方法律思想史［M］. 王红笑, 译. 北京：法律出版社, 2002.

［135］魁奈. 魁奈经济著作选集［M］. 吴斐丹, 张草纫, 选译. 北京：商务印书馆, 1983.

［136］卡贝. 伊加利亚旅行记：第2卷［M］. 李雄飞, 译. 北京：商务印书馆, 1982.

[137]《十二国著作权法》翻译组. 十二国著作权法［M］. 北京：清华大学出版社，2011.

[138] 艾布拉姆斯. 镜与灯：浪漫主义文论及批评传统［M］. 郦稚牛，张照进，童庆生，译. 北京：北京大学出版社，1989.

[139] 卡冈. 卡冈美学教程［M］. 凌继尧，洪天富，李实，译. 北京：北京大学出版社，1990.

[140] 巴特. 符号学美学［M］. 董学文，王葵，译. 沈阳：辽宁人民出版社，1987.

[141] 朗格. 艺术问题［M］. 滕宋光，牛疆源，译. 北京：中国社会科学出版社，1983.

[142] 考特，尤伦. 法和经济学：第5版［M］. 史晋川，董雪兵，等，译. 上海：格致出版社，上海三联书店，上海人民出版社，2010.

[143] 田村善之. 日本知识产权法：第4版［M］. 周超，李雨峰，李希同，译. 北京：知识产权出版社，2011.

[144] 利普希克. 著作权与邻接权［M］. 联合国教科文组织，译. 北京：中国对外翻译出版公司，2000.

二、中文期刊、学术论文

[1] 刘铁光. 论著作权权项配置中兜底条款的废除：以著作权与传播技术发展的时间规律为中心［J］. 政治与法律，2012（8）：115.

[2] 李伟民. 人工智能智力成果在著作权法的正确定性：与王迁教授商榷［J］. 东方法学，2018（3）：149-160.

[3] 李伟民. 职务作品制度重构与人工智能作品著作权归属路径选择［J］. 法学评论，2020，38（3）：108-124.

[4] 刘云. 论人工智能的法律人格制度需求与多层应对［J］. 东方法学，2021（1）：61-73.

[5] 吴汉东，张平，张晓津. 人工智能对知识产权法律保护的挑战［J］. 中国法律评论，2018，（2）：1-24.

［6］李育侠. 人工智能生成物版权的主体归属辨正［J］. 出版广角，2020
（13）：57-59.

［7］苗成林. 马克思劳动论视域下人工智能生成物独创性之否证［J］. 编
辑之友，2020（5）：87-95.

［8］曹新明，咸晨旭. 人工智能作为知识产权主体的伦理探讨［J］. 西北
大学学报（哲学社会科学版），2020，50（1）：94-106.

［9］林爱珺，余家辉. 机器人写作的身份确权与责任归属研究［J］. 湖南
师范大学社会科学学报，2020，49（5）：126-132.

［10］马治国，刘桢. 人工智能创作物的著作权定性及制度安排［J］. 科
技与出版，2018（10）：107-114.

［11］孙正樑. 人工智能生成内容的著作权问题探析［J］. 清华法学，
2019，13（6）：190-204.

［12］黄姗姗. 论人工智能对著作权制度的冲击与应对［J］. 重庆大学学
报（社会科学版），2020，26（1）：159-169.

［13］郭欢欢. AI生成物版权问题再思考［J］. 出版广角，2020（14）：
37-39.

［14］王雪乔. 人工智能生成物的知识产权保护立法研究［J］. 湖南科技
大学学报（社会科学版），2020，23（2）：96-102.

［15］王涛. 人工智能生成内容的著作权归属探讨：以"菲林案"为例
［J］. 出版广角，2020（7）：71-73.

［16］袁博. 论文学领域人工智能著作权之证伪［J］. 电子知识产权，2018
（6）：20-30.

［17］宋红松. 纯粹"人工智能创作"的知识产权法定位［J］. 苏州大学
学报（哲学社会科学版），2018，39（6）：50-56，199.

［18］刘银良. 论人工智能作品的著作权法地位［J］. 政治与法律，2020
（3）：2-13.

［19］吴午东. 人工智能生成内容与传统版权制度的分歧［J］. 山东社会
科学，2020（7）：36-42.

[20] 江帆. 论人工智能创作物的公共性 [J]. 现代出版, 2020 (6): 29-36.

[21] 冯晓青, 潘柏华. 人工智能"创作"认定及其财产权益保护研究: 兼评"首例人工智能生成内容著作权侵权案" [J]. 西北大学学报 (哲学社会科学版), 2020, 50 (2): 39-52.

[22] 秦涛, 张旭东. 论人工智能创作物著作权法保护的逻辑与路径 [J]. 华东理工大学学报 (社会科学版), 2018, 33 (6): 77-87.

[23] 许辉猛. 人工智能生成内容保护模式选择研究: 兼论我国人工智能生成内容的邻接权保护 [J]. 西南民族大学学报 (人文社科版), 2019, 40 (3): 100-106.

[24] 向波. 论人工智能生成成果的邻接权保护 [J]. 科技与出版, 2020 (1): 70-75.

[25] 张惠彬, 刘诗蕾. 挑战与回应: 人工智能创作成果的版权议题 [J]. 大连理工大学学报 (社会科学版), 2020, 41 (1): 76-81.

[26] 郭如愿. 论人工智能生成内容的信息权保护 [J]. 知识产权, 2020 (2): 48-57.

[27] 饶先成. 困境与出路: 人工智能编创物的保护路径选择与构建 [J]. 出版发行研究, 2020 (11): 80-87.

[28] 姜成林. 直觉思维与逻辑思维 [J]. 社会科学辑刊, 1992 (4): 18-21.

[29] 李扬. 应从哲学高度探讨人工智能生成物著作权问题 [J]. 中国出版, 2019 (1): 1.

[30] 刘影. 人工智能生成物的著作权法保护初探 [J]. 知识产权, 2017 (9): 44-50.

[31] 许明月, 谭玲. 论人工智能创作物的邻接权保护: 理论证成与制度安排 [J]. 比较法研究, 2018 (6): 42-54.

[32] 吴高臣. 人工智能法律主体资格研究 [J]. 自然辩证法通讯, 2020, 42 (6): 20-26.

[33] 刘宪权. 智能机器人工具属性之法哲学思考［J］. 中国刑事法杂志，2020（5）：20-34.

[34] 陶乾. 论著作权法对人工智能生成成果的保护：作为邻接权的数据处理者权之证立［J］. 法学，2018（4）：3-15.

[35] 曹源. 人工智能创作物获得版权保护的合理性［J］. 科技与法律，2016（3）：488-508.

[36] 熊琦. 人工智能生成内容的著作权认定［J］. 知识产权，2017（3）：3-8.

[37] 李琛. 论人工智能的法学分析方法：以著作权为例［J］. 知识产权，2019（7）：14-22.

[38] 程广云. 从人机关系到跨人际主体间关系：人工智能的定义和策略［J］. 自然辩证法通讯，2019，41（1）：9-14.

[39] 袁曾. 人工智能有限法律人格审视［J］. 东方法学，2017（5）：50-57.

[40] 袁曾. 基于功能性视角的人工智能法律人格再审视［J］. 上海大学学报（社会科学版），2020，37（1）：16-26.

[41] 郭少飞. "电子人"法律主体论［J］. 东方法学，2018（3）：38-49.

[42] 郭剑平. 制度变迁史视域下人工智能法律主体地位的法理诠释［J］. 北方法学，2020，14（6）：123-133.

[43] 余德厚. 从主体资格到权责配置：人工智能法学研究视角的转换［J］. 江西社会科学，2020，40（6）：176-185.

[44] 唐林垚. 人工智能时代的算法规制：责任分层与义务合规［J］. 现代法学，2020，42（1）：194-209.

[45] 石冠彬. 论智能机器人创作物的著作权保护：以智能机器人的主体资格为视角［J］. 东方法学，2018（3）：140-148.

[46] 王小夏，付强. 人工智能创作物著作权问题探析［J］. 中国出版，2017（17）：33-36.

［47］龙文懋. 人工智能法律主体地位的法哲学思考［J］. 法律科学（西北政法大学学报），2018，36（5）：24－31.

［48］叶祝弟，张蕾. 新生命哲学：新兴科技与开放的伦理建构［J］. 探索与争鸣，2018（12）：4，149.

［49］韩大元. 当代科技发展的宪法界限［J］. 法治现代化研究，2018，2（5）：1－12.

［50］朱梦云. 人工智能生成物的著作权归属制度设计［J］. 山东大学学报（哲学社会科学版），2019（1）：118－126.

［51］李扬，李晓宇. 康德哲学视点下人工智能生成物的著作权问题探讨［J］. 法学杂志，2018，39（9）：43－54.

［52］梁志文. 论人工智能创造物的法律保护［J］. 法律科学（西北政法大学学报），2017，35（5）：156－165.

［53］易继明. 人工智能创作物是作品吗？［J］. 法律科学（西北政法大学学报），2017，35（5）：137－147.

［54］龙文懋，季善豪. 作品创造性本质以及人工智能生成物的创造性问题研究［J］. 电子知识产权，2019（5）：4－15.

［55］王迁. 论人工智能生成的内容在著作权法中的定性［J］. 法律科学（西北政法大学学报），2017，35（5）：148－155.

［56］吴汉东. 人工智能生成作品的著作权法之问［J］. 中外法学，2020，32（3）：653－673.

［57］熊琦. "用户创造内容"与作品转换性使用认定［J］. 法学评论，2017，35（3）：64－74.

［58］林秀芹，游凯杰. 版权制度应对人工智能创作物的路径选择：以民法孳息理论为视角［J］. 电子知识产权，2018（6）：13－19.

［59］黄玉烨，司马航. 孳息视角下人工智能生成作品的权利归属［J］. 河南师范大学学报（哲学社会科学版），2018，45（4）：23－29.

［60］马草. 人工智能艺术的美学挑战［J］. 民族艺术研究，2018，31（6）：90－97.

[61] 米健. 从人的本质看法的本质: 马克思主义法观念的原本认识 [J]. 法律科学 (西北政法学院学报), 1997 (1): 3–11.

[62] 刘先春, 朱延军. 科学发展观中"以人为本"的中国时代特色 [J]. 学术论坛, 2010, 33 (8): 16–19.

[63] 杨红军. 理性人标准在知识产权法中的规范性适用 [J]. 法律科学 (西北政法大学学报), 2017, 35 (3): 161–168.

[64] 汪太贤. 论中国法治的人文基础重构 [J]. 中国法学, 2001 (4): 7–19.

[65] 张分田. 关于深化民本思想研究的若干思考 [J]. 江西社会科学, 2004 (1): 159–165.

[66] 汪习根. 论人本法律观的科学含义: 发展权层面的反思 [J]. 政治与法律, 2007 (3): 64–71.

[67] 李龙. 人本法律观简论 [J]. 社会科学战线, 2004 (6): 198–206.

[68] 陈寿灿. 人本法律观的伦理意蕴 [J]. 政法论坛, 2007 (6): 172–177.

[69] 杜飞进. 法律价值概念论析 [J]. 学习与探索, 1994 (3): 97–104.

[70] 曾白凌. 目的之"人": 论人工智能创作物的弱保护 [J]. 现代出版, 2020 (4): 56–64.

[71] 钟义信. 人工智能: 概念·方法·机遇 [J]. 科学通报, 2017, 62 (22): 2473–2479.

[72] 李丰. 人工智能与艺术创作: 人工智能能够取代艺术家吗? [J]. 现代哲学, 2018 (6): 95–100.

[73] 刘波林, 刘春田. 著作权法的若干理论问题 [J]. 法律学习与研究, 1987 (2): 38–43.

[74] 何炼红. 网络著作人身权研究 [J]. 中国法学, 2006 (3): 69–82.

[75] 王坤. 著作人格权制度的反思与重构 [J]. 法律科学 (西北政法大学学报), 2010, 28 (6): 38–46.

[76] 冯晓青. 试论作者在著作权中的法律地位 [J]. 知识产权, 1995

(4)：16-18.

[77] 郭明哲，贾玲. 基于马克思人本思想视角下的人工智能技术哲学研究[J]. 经济研究导刊，2020（4）：189-190，196.

[78] 吴海江，武亚运. 人工智能与人的发展：基于马克思人学理论的考察[J]. 学术界，2019（3）：75-81，237.

[79] 张劲松. 人是机器的尺度：论人工智能与人类主体性[J]. 自然辩证法研究，2017，33（1）：49-54.

[80] 左亚文，王建新. 论"人本"和"物本"的悖反及其历史进化之路[J]. 哲学研究，2010（4）：32-37.

[81] 谢晖. 法律本质与法学家的追求[J]. 法商研究（中南政法学院学报），2000（3）：17-23.

[82] 周世中，陈雅凌. 法律异化研究[J]. 法律科学（西北政法大学学报），2011，29（6）：12-22.

[83] 夏扬. 法律移植、法律工具主义与制度异化：以近代著作权立法为背景[J]. 政法论坛，2013，31（4）：171-179.

[84] 许章润.《法治及其本土资源》随谈[J]. 比较法研究，1997（1）：111-113.

[85] 郑胜利. 论知识产权法定主义[J]. 中国发展，2006（3）：49-54.

[86] 丁南. 从"自由意志"到"社会利益"：民法制度变迁的法哲学解读[J]. 法制与社会发展，2004（2）：3-21.

[87] 江平，龙卫球. 法人本质及其基本构造研究：为拟制说辩护[J]. 中国法学，1998（3）：71-79.

[88] 陈现杰. 公司人格否认法理述评[J]. 外国法译评，1996（3）：79-92.

[89] 王勇. 团体人格观：公司法人制度的本体论基础：罗马法中的人格学说与中国现代企业制度建构[J]. 北京大学学报（哲学社会科学版），2001（S1）：245-249.

[90] 李清池. 商事组织的法律构造：经济功能的分析[J]. 中国社会科

学,2006(4):141-152,208.

[91] 彭诚信. 对法人若干基本理论的批判[J]. 吉林大学社会科学学报,1998(5):34-39.

[92] 蔡立东. 论法人之侵权行为能力:兼评《中华人民共和国民法典(草案)》的相关规定[J]. 法学评论,2005(1):66-72.

[93] 熊琦. 著作权法中投资者视为作者的制度安排[J]. 法学,2010(9):79-89.

[94] 冯晓青. 著作权法之激励理论研究:以经济学、社会福利理论与后现代主义为视角[J]. 法律科学(西北政法学院学报),2006(6):41-49.

[95] 时方. 人工智能刑事主体地位之否定[J]. 法律科学(西北政法大学学报),2018,36(6):67-75.

[96] 马衍明. 自主性:一个概念的哲学考察[J]. 长沙理工大学学报(社会科学版),2009,24(2):84-88.

[97] 房绍坤,林广会. 人工智能民事主体适格性之辨思[J]. 苏州大学学报(哲学社会科学版),2018,39(5):64-72,191.

[98] 冯洁. 人工智能体法律主体地位的法理反思[J]. 东方法学,2019(4):43-54.

[99] 李拥军. 从"人可非人"到"非人可人":民事主体制度与理念的历史变迁——对法律"人"的一种解析[J]. 法制与社会发展,2005(2):45-52.

[100] 杨立新,朱呈义. 动物法律人格之否定:兼论动物之法律"物格"[J]. 法学研究,2004(5):86-102.

[101] 陶锋. 人工智能美学如何可能[J]. 文艺争鸣,2018(5):78-85.

[102] 王利明. 民法上的利益位阶及其考量[J]. 法学家,2014(1):79-90,176-177.

[103] 程惠莲. 康德"哥白尼式革命"的主体能动性思想[J]. 湖北大学学报(哲学社会科学版),1989(3):33-38,32.

[104] 郑晓剑. 对民事法律关系"一元客体说"的反思: 兼论我国民事法律关系客体类型的应然选择 [J]. 现代法学, 2011, 33 (4): 59-67.

[105] 任平. 马克思主义交往实践观与主体性问题: 兼评"主体-客体"两极哲学模式的缺陷 [J]. 哲学研究, 1991 (10): 11-19.

[106] 吴汉东. 财产权客体制度论: 以无形财产权客体为主要研究对象 [J]. 法商研究 (中南政法学院学报), 2000 (4): 45-58.

[107] 蒙晓阳. 物的概念价值: 由物的历史演进归结 [J]. 安徽大学学报, 2006 (5): 51-56.

[108] 易继明. 论日耳曼财产法的团体主义特征 [J]. 比较法研究, 2001 (3): 72-80.

[109] 何敏. 知识产权客体新论 [J]. 中国法学, 2014 (6): 121-137.

[110] 梅夏英. 民法权利客体制度的体系价值及当代反思 [J]. 法学家, 2016 (6): 29-44, 176.

[111] 裴丽萍, 卢志刚. 广义民法物的立法模式分析 [J]. 中国社会科学院研究生院学报, 2012 (6): 77-81.

[112] 卢纯昕. 知识产权客体的概念之争与理论澄清: 兼论知识产权的"入典"模式 [J]. 政法学刊, 2017, 34 (1): 5-12.

[113] 郑晓剑. 对民事法律关系"一元客体说"的反思: 兼论我国民事法律关系客体类型的应然选择 [J]. 现代法学, 2011, 33 (4): 59-67.

[114] 曹相见. 民法上客体与对象的区分及意义 [J]. 法治研究, 2019 (3): 40-53.

[115] 张玉洁. 民事法律关系客体新探 [J]. 天水行政学院学报, 2011, 12 (3): 82-86.

[116] 曹相见. 权利客体的概念构造与理论统一 [J]. 法学论坛, 2017, 32 (5): 30-42.

[117] 刘德良. 民法学上权利客体与权利对象的区分及其意义 [J]. 暨南

学报（哲学社会科学版），2014，36（9）：1-13，160.

[118] 易健雄. "世界上第一部版权法"之反思：重读《安妮法》[J]. 知识产权，2008，103（1）：20-26.

[119] 宋慧献. 安妮女王版权法令的诞生：从特权到版权[J]. 中国出版，2010，252（19）：71-75.

[120] 李明德. 两大法系背景下的作品保护制度[J]. 知识产权，2020，233（7）：3-13.

[121] 刘春田. 知识财产权解析[J]. 中国社会科学，2003（4）：109-121，206.

[122] 郑成思. 信息、知识产权与中国知识产权战略若干问题[J]. 法律适用，2004（7）：11-15.

[123] 张玉敏，易健雄. 主观与客观之间：知识产权"信息说"的重新审视[J]. 现代法学，2009，161（1）：171-181.

[124] 张勤. 知识产权客体之哲学基础[J]. 知识产权，2010，20（2）：3-15.

[125] 张玉敏. 知识产权的概念和法律特征[J]. 现代法学，2001（5）：103-110.

[126] 翟振明. 论艺术的价值结构[J]. 哲学研究，2006（1）：85-91，128.

[127] 朱楠. 从权利对象和权利客体之别析外观设计专利权和版权的保护[J]. 北方法学，2016，10（5）：61-68.

[128] 朱梦云. 人工智能生成物的著作权保护可行性研究[J]. 出版科学，2019，27（3）：53-58.

[129] 李陶. 媒体融合背景下报刊出版者权利保护：以德国报刊出版者邻接权立法为考察对象[J]. 法学，2016，413（4）：99-110.

[130] 王国柱. 邻接权客体判断标准论[J]. 法律科学（西北政法大学学报），2018，36（5）：163-172.

[131] 李小侠. 邻接权和著作权的衔接与协调发展：以独创性为视角

[J]．科技与法律，2010（3）：47-50．

[132] 吴汉东．试论"实质性相似+接触"的侵权认定规则[J]．法学，2015（8）：63-72．

[133] 曹博．人工智能生成物的智力财产属性辨析[J]．比较法研究，2019（4）：138-150．

[134] 吴伟光．商标权注册取得制度的体系性理解及其制度异化的纠正[J]．现代法学，2019，41（1）：96-109．

[135] 刘利．作品登记的不同实践与我国作品登记制度的完善[J]．中国出版，2017（5）：17-20．

[136] 谢怀栻．论民事权利体系[J]．法学研究，1996（2）：67-76．

[137] 王瑞龙．知识产权共有的约定优先原则[J]．政法论丛，2014（5）：42-50．

[138] 李杨．论遗作发表权的"行使"和"保护"：兼谈《著作权法（修订草案送审稿）》第24条的立法完善[J]．北京社会科学，2015（5）：98-105．

[139] 李建华，王琳琳，麻锐．民法典人格权客体立法设计的理论选择[J]．社会科学战线，2013（11）：158-165．

[140] 张代恩．民事主体权利能力研究[D]．北京：中国政法大学，2001．

[141] 王丽娜．邻接权扩张研究[D]．上海：华东政法大学，2017．

[142] 姜福晓．数字网络技术背景下著作权法的困境与出路[D]．北京：对外经济贸易大学，2014．

[143] 黄汇．版权法上的公共领域研究[D]．重庆：西南政法大学，2009．

[144] 卢志刚．广义民法物研究[D]．武汉：华中科技大学，2013．

三、中文报纸、电子文献

[1] 韩大元．人的尊严是权力存在与运行的正当性与合法性基础：人的尊严是权利的渊源[N]．北京日报，2019-02-18（12）．

[2] 袁博．谁是人工智能"作品"的作者？[N]．中国知识产权报，2019-

07-22（12）.

［3］邹韧. 微信原创内容被擅自转载，作者维权有难度［N］. 中国新闻出版广电报，2016-05-12（5）.

［4］刘世军，李明灿，程伟礼，等. 论以人为本［N］. 人民日报，2005-03-30（9）.

［5］任翀. 腾讯财经开发自动化新闻写作机器人 Dreamwriter［EB/OL］.（2015-09-11）［2020-05-20］. http：//www.cac.gov.cn/2015-09/11/c_1116532821.htm.

［6］邬楚钰. 世界上第一张由 AI 制作的专辑诞生了，人工智能真的会取代人类吗？［EB/OL］.（2017-08-24）［2020-05-20］. https：//www.sohu.com/a/167047076_109401.

［7］佚名. 微软（亚洲）互联网工程院微软小冰诗集《阳光失了玻璃窗》［EB/OL］.（2017-05-22）［2020-05-20］. http：//www.xinhuanet.com/fashion/2017-05/22/c_1121012177.htm.

［8］高武平. 人本主义的宪法与宪法的人本主义［EB/OL］.（2005-05-03）［2020-10-25］. http：//www.aisixiang.com/data/6649.html.

［9］耳闻. IBM 人工智能系统为科幻电影《摩根》制作预告片［EB/OL］.（2016-09-14）［2020-09-04］. http：//shuzix.com/4173.html.

四、外文图书、期刊、学术论文、电子文献

［1］BLAGDEN C. The stationers' company：a history，1403—1959［M］. Cambridge：Harvard University Press，1960：148.

［2］LAMOS C. The philosophy of humanism［M］. New York：Frederick Ungar Press，1982.

［3］MERGES R P. Justifying intellectual property［M］. Cambridge：Harvard University Press，2011.

［4］VON-SAVIGNY F C. Jural relations：or the roman law of persons as subject of jural relations：being a translation of the second book of savigny's

system of modern roman law [M]. London: Wildy & Sons, 1884: 178.
[5] LESSIG L. Free culture: how big media uses technology and the law to lock down culture and control creativity [M]. New York: Penguin Press, 2004.
[6] Australian Copyright Council. Response to the copyright law review committee's draft report on computer software [R]. Australian Copyright Council, 1993: 18.
[7] CORNISH W R. Intellectual property: patents, copyright, trade marks and allied rights [M]. London: Sweet & Maxwell, 2007.
[8] HELLER M. The gridlock economy: how too much ownership wrecks markets, stops innovation, and costs lives [M]. New York: Basic Books, 2008.
[9] WATSON A. Roman law and comparative law, athens and lond [M]. Athens: The University of Georgia Press, 1991.
[10] SHERMAN B, BENTLY L. The making of modern intellectual property law: the British experience, 1760 – 1911 [M]. Cambridge: Cambridge University Press, 2008.
[11] GOLDSCHMIDT E. Medieval texts and their first appearance in print [M]. New York: Biblo & Tannen Booksellers & Publishers, 1943.
[12] TURING A M. Computing machinery and intelligence [J]. Mind, 1950, 59 (236): 433 –460.
[13] GRUBOW J V. O. K. Computer: the devolution of human creativity and granting musical copyrights to artificially intelligent joint authors [J]. Cardozo Law Review, 2018, 40 (1): 387 –424.
[14] PEARLMAN R. Recognizing artificial intelligence (AI) as authors and investors under U. S. intellectual property law [J]. Richmond Journal of Law & Technology, 2018, 24 (2): i –38.
[15] BRIDY A. Coding creativity: copyright and the artificially intelligent author [J]. Stanford Technology Law Review, 2012 (5): 1 –28.
[16] BRIDY A. The evolution of authorship: work made by code [J]. Colum-

bia Journal of Law & the Arts, 2016, 39 (3): 395 – 402.

[17] KAMINSKI M E. Authorship, disrupted: AI authors in copyright and first amendment law [J]. UC Davis Law Review, 2017 (51): 589 – 616.

[18] YANISKY – RAVID S, VELEZ – HERNANDEZ L A. Copyrightability of artworks produced by creative robots and originality: the formality – objective model [J]. Minnesota Journal of Law Science & Technology, 2018, 19 (1): 1 – 54.

[19] MILLER A R. Copyright protection for computer programs, databases, and computer – generated works: is anything new since contu? [J]. Harvard Law Review, 1993, 106 (5): 977 – 1073.

[20] WU A J. From video games to artificial intelligence: assigning copyright ownership to works generated by increasingly sophisticated computer programs [J]. AIPLA Quarterly Journal, 1997, 25 (1): 131 – 180.

[21] SAMUELSON P. Allocating ownership rights in computer – generated works [J]. University of Pittsburgh Law Review, 1986, 47 (4): 1185 – 1228.

[22] FARR E H. Copyright ability of computer – created works [J]. Rutgers Computer & Technology Law Journal, 1989, 15 (1): 63 – 80.

[23] WENZEL R. Ownership in technology – facilitated works: exploring the relationship between programmers and users through virtual worlds [J]. Intellectual Property Law Bulletin, 2013, 17 (2): 183 – 202.

[24] HRISTOV K. Artificial intelligence and the copyright dilemma [J]. IDEA: The Journal of the Franklin Pierce Center for Intellectual Property, 2017, 57 (3): 431 – 454.

[25] MCCUTCHEON J. The vanishing author in computer – generated works: a critical analysis of recent Australian case law [J]. Melbourne University Law Review, 2013, 36 (3): 915 – 969.

[26] YU R. The machine author: what level of copyright protection is appropriate for fully independent computer generated works [J]. University of

Pennsylvania Law Review, 2017, 165 (5): 1245 – 1270.

[27] DENICOLA R C. Ex machina: copyright protection for computer generated works [J]. Rutgers University Law Review, 2016, 69 (1): 251 – 288.

[28] YANISKY – RAVID S. Generating rembrandt: artificial intelligence, copyright, and accountability in the 3a era – the human – like authors are already here – a new model [J]. Michigan State Law Review, 2017 (4): 659 – 726.

[29] BALGANESH S. Causing copyright [J]. Columbia Law Review, 2017, 117 (1): 1 – 4.

[30] BUCCAFUSCO C. A theory of copyright authorship [J]. Virginia Law Review, 2016, 102 (5): 1229 – 1232.

[31] GINSBURG J C. The concept of authorship in comparative copyright law [J]. DePaul Law Review, 2003, 52 (4): 1063 – 1092.

[32] SOLUM L B. Legal personhood for artificial intelligence [J]. North Carolina Law Review, 2019, 70 (4): 1231 – 1288.

[33] PALACE V M. What if artificial intelligence wrote this: artificial intelligence and copyright law [J]. Florida Law Review, 2019, 71 (1): 217 – 242.

[34] BUTLER T L. Can a computer be an author – copyright aspects of artificial intelligence [J]. Hastings Communications and Entertainment Law Journal, 1982, 4 (4): 707 – 748.

[35] DENG A. An antitrust lawyer's guide to machine learning [J] Antitrust, 2018, 32 (2): 82 – 88.

[36] BREYER S. The uneasy case for copyright: a study of copyright in books, photocopies, and computer programs [J]. Harvard Law Review, 1970, 84 (2): 281, 299 – 308.

[37] SAG M. Copyright and copy – reliant technology [J]. Northwestern University Law Review, 2009, 103 (4): 1607 – 1682.

[38] WOODMANSEE M. The genius and the copyright: economic and legal

conditions of the emergence of the "Author" [J]. Eighteenth - Century Studies, 1984, 17 (4): 425-448.

[39] International Association for the Protection of Intellectual Property. 2019 - study question - copyright/data copyright in artificially generated works summary report [EB/OL]. (2019 - 11 - 13) [2021 - 05 - 12]. http://114.247.84.87/AIPPI/ztyj/jy/201911/t20191113_236228.html.

[40] ASARO P M. Robots and responsibilities from a legal perspective [EB/OL]. (2007 - 07 - 20) [2020 - 05 - 20]. http://www.peterasaro.org/writing/ASANO%20Legal%20Perspective.pdf.

[41] DELTORN J M, MACREZ F. Authorship in the age of machine learning and artificial intelligence [EB/OL]. [2020 - 04 - 29]. http://papers.ssrn.com/abstract=3261329.

后 记

我对人工智能著作权法律问题的研究兴趣，源自于2017年夏天在厦门大学知识产权研究院聆听的一场讲座——由外籍专家马丁·森夫特莱本（Martin Senftleben）教授带来的"机器人与知识产权"（Robots and IP Right）。从那个夏天起，我开始对人工智能著作权法律问题予以关注、跟踪和思考。本书正是这些年对该领域思考的阶段性成果。

本书截稿之际，既有一丝轻松，也有诸多遗憾。一方面，由于我的学术功底和时间有限，本书仍有论证不周全、不深入、不严密之处；另一方面，由于人工智能技术迭代之快，本书以著作的形式问世，存在一定的滞后性，还有许多未尽讨论的问题。2023年，以ChatGPT为代表的生成式人工智能席卷全网，再度引起了人们对人工智能法律问题的高度关注。可以肯定，在未来的几十年里，对人工智能的监管和法律规制，仍会是学界热议的话题。

本书的最终出版，要特别感谢厦门大学林秀芹教授、周赟教授、刘志云教授、各位专家给予的指导，以及华侨大学法学院各位领导、同仁给予的帮助。此外，还要感谢知识产权出版社责任编辑的认真审校，感谢佟朝锋、姜丽伉俪在人生重要转折点的悉心指点，感谢家人在身后一如既往地支持！

2023 年 7 月